夫童心者，真心也。若以童心为不可，是以真心为不可也。夫童心者，绝假纯真，最初一念之本心也。若失却童心，便失却真心；失却真心，便失却真人。人而非真，全不复有初矣。

——李贽《童心说》

大自然希望儿童在成人以前就要像儿童的样子。如果我们打乱了这个次序，我们就会造成一些早熟的果实，它们长得既不丰满也不甜美，而且很快就会腐烂。

——卢梭《爱弥尔》

发现伟大儿童

从童年哲学到儿童主义

刘晓东 著

生活·讀書·新知 三联书店

Copyright © 2021 by SDX Joint Publishing Company.
All Rights Reserved.

本作品版权由生活·读书·新知三联书店所有。
未经许可，不得翻印。

图书在版编目（CIP）数据

发现伟大儿童：从童年哲学到儿童主义／刘晓东著．—北京：
生活·读书·新知三联书店，2021.10
ISBN 978-7-108-07195-8

Ⅰ．①发… Ⅱ．①刘… Ⅲ．①儿童教育－教育哲学
Ⅳ．① G61-02

中国版本图书馆 CIP 数据核字（2021）第 125912 号

责任编辑	胡群英
装帧设计	刘　洋
责任校对	龚黔兰
责任印制	宋　家

出版发行　生活·讀書·新知 三联书店
　　　　　（北京市东城区美术馆东街 22 号 100010）

网　　址	www.sdxjpc.com
经　　销	新华书店
印　　刷	河北鹏润印刷有限公司
版　　次	2021 年 10 月北京第 1 版
	2021 年 10 月北京第 1 次印刷
开　　本	635 毫米 × 965 毫米 1/16 印张 23.25
字　　数	278 千字
印　　数	0,001－3,000 册
定　　价	69.00 元

（印装查询：01064002715；邮购查询：01084010542）

目 录

前　言 ... 1

序　曲 ... 1
童年的月夜 ... 3

第一章　丰饶的童年，伟大的儿童 ... 11
从贫乏的童年到丰饶的童年 ... 13
童年是人生的井 ... 24
婴儿的话语 ... 38
童年何以如此丰饶 ... 46
向童年致敬 ... 67

第二章　儿童本位：从教育到社会、文化 ... 87
童年在人生中的位置 ... 89
幼态持续学说及其人文意蕴 ... 108
童年资源与儿童本位 ... 135

发现儿童与儿童本位　　　　　　　　　　　147
　　儿童本位：从教育原则、文化原则到理想社会　157

第三章　从童心主义到儿童主义　　　　　　181
　　童心哲学论要　　　　　　　　　　　　　　183
　　童心哲学史论　　　　　　　　　　　　　　198
　　李贽童心哲学　　　　　　　　　　　　　　229
　　日本童心主义　　　　　　　　　　　　　　253
　　儿童主义论　　　　　　　　　　　　　　　285

尾　声　　　　　　　　　　　　　　　　　311
　　开辟通往"伟大儿童"的道路　　　　　　　313

参考文献　　　　　　　　　　　　　　　　　　343
说　明　　　　　　　　　　　　　　　　　　　355
致　谢　　　　　　　　　　　　　　　　　　　359
后　记　　　　　　　　　　　　　　　　　　　363

前　言

一

本书是对我的童年研究历程的阶段性小结。

所谓"发现伟大儿童"，是试图阐释童年的丰饶以及儿童的伟大，并接续"发现儿童"的历史，进一步阐释儿童不只是"教育的太阳"，也是社会、文化进步的基础和须臾不可分离的根系，还是人文学科的开端和目的，直至对中西儿童观进行爬梳、融汇，让童年哲学走向一种观念体系：儿童主义。

所谓"从童年哲学到儿童主义"，是描述我个人的学术变迁，即从研究童年哲学，到研究童心哲学，到发现中国的童心主义，再到发现中西思想史均有一种可以称为儿童主义的思想线索。

二

所谓主义，是指某种特定的理论宗旨、思想主张、观念体系和学术方法论。在爬梳思想史的过程中，隐约可见以儿童为核心的一套"主义"正在衍生、壮大。就中国来说，从老子、孟子到陆九渊、王阳明，再到泰州学派，尤其是到罗汝芳、李卓吾二人那里，童心主义（儿童主义）在历史推进中逐渐成熟。而在西方，儿童主义萌生于赫拉克利特的"儿童统治"思想，文艺复兴运动以后，在教育学、哲学、文学等领域又浮现"发现儿童"的历史进程（包括著名的"儿童研究运动"），直至尼采、海德格尔在各自的哲学体系中进一步高扬赫拉克利特"儿童统治"的思想。

所谓儿童主义，是"发现伟大儿童"思想史的展开、结晶、积淀，是话语体系、基本原则，是道路与方向，是社会、文化、教育的理想，是呼唤吁求，是对儿童、童年、赤子童心的应和与应合。在儿童主义的观照里，儿童与成人，教育、社会、文化、伦理，天地神人，等等，得以各就其位，星罗棋布，如日月运行。赤子其心，星斗其文，此之谓乎！

儿童主义亦可名之为童心主义、赤子主义、儿童中心主义、儿童本位主义。儿童主义可视为自然主义、人本主义、浪漫主义、存在主义等思想的整合与发展。我以为，儿童主义可被视为彻底的自然主义和彻底的人本主义。①

在人类思想史上，中国与西方均浮现出儿童主义。儿童主义可提供新的视角以理解中西哲学史，可提供新的线索以贯通中西思想史。它与活跃于20世纪生物进化论领域的幼态持续学说可以相互支援。这是值得思想界关注的。

三

在英文中，"儿童主义"的对应词 childism，至今依然有歧视

---

① 马克思. 1844年经济学—哲学手稿[M]. 刘丕坤，译. 北京：人民出版社，1979：73.

儿童的意味。政治理论家杨-布鲁尔将儿童主义定义为"对儿童的偏见,它是基于这样的信念:儿童是财产,可以(甚至应当)被控制、奴役或剥夺,以满足成人的需要"①。不过,也有人认为杨-布鲁尔定义的儿童主义其实是成人主义(adultism),因此应当翻转传统用法,而赋予儿童主义以正面的含义。

在古代中国,"童心"一度也有贬义。②《左传》有"昭公十九年矣,犹有童心"的说法,东汉服虔释之:"言无成人之志,而有童子之心。"(《春秋左氏传》"襄公三十一年"服虔注)足见此处的"童心"是贬义词。李贽作《童心说》热情讴歌童心,但他的同时代人往往将"童心"视为做人之大忌。例如,王畿《与林介山》曰:"昨承手教,……其中间客气、童心、任情作恶,……兄所当速改。"(《龙溪王先生全集》卷十二《与林介山》)李贽《童心说》开篇即转述以下这句话并作为批驳的靶标:"龙洞山农叙《西厢》,末语云:'知者勿谓我尚有童心可也。'"吕坤亦有云:"童心最是作人一大病弊,只脱了童心,便是大人君子。"(《呻吟语》卷一《存心》)又云:"童心、俗态,此二者,士人之大耻也。二耻不脱,终不可以入君子之路。"(《呻吟语》卷二《修身》)可见,他们均以童心为恶。即便当今,依然有人以"童心"一词来讽喻"欠成熟""不老到"。

可见,要彻底清除"童心""儿童主义"所蒙受的历史尘垢,并非易事。

四

当今中国,尤其是教育学界,不能简单地满足于"对人的发

---

① Young-Bruehl, Elisabeth. Childism: Confronting Prejudice Against Children [M]. New Haven, CT and London, England: Yale University Press, 2012: 37.
② 许苏民. 李贽的真与奇 [M]. 南京:南京出版社,1998:108—109.

现"，还应向前跨越一步，那就是"对儿童的发现"。也就是说，不应简单地止步于通常的人本主义，还应当意识到"人"有其"本"，以及"以人为本""人本主义"自身依然有其"根""本"。"儿童统治"（赫拉克利特残篇第五十二）、"复归婴儿"（《老子》）、"大人者，不失其赤子之心者也"（《孟子》）、"儿童是成人之父"（华兹华斯《彩虹》）等思想资源有助于我们发现"人本""人本主义"自身的"根""本"。

五

我以为，看文化软实力，关键是看那守护赤子童心的一揽子措施和文化力量。《尚书·康诰》有云："若保赤子，惟民其康乂。"（孔颖达疏："《释诂》云：康，安也；乂，治也。"）《大学》对此有所征引，云："《康诰》曰：'如保赤子。'心诚求之，虽不中，不远矣。"（按，"如保赤子"是"若保赤子"的异文。）由此亦可见古代中国人的儿童主义情怀与诉求。

一个民族向自己的幼儿所提供的教育、文化产品，哪怕是一册薄薄的绘本，即可体现这个民族的文化魅力和文化实力。那能让幼儿感动的，必能感动成人的赤子之心；那能让自家幼儿感动的，必能感动天下的幼儿。能感动赤子，必能感动天下。若能保赤子护童心，便可得见天下归心。

刘晓东
2020年6月于沪上

序　曲

童年的月夜[1]

> 这里,谁是作者并不重要,其他任何一首伟大的诗篇都是这样。甚至可以说一首诗的伟大正在于,它能够掩盖诗人这个人和诗人的名字。
>
> ——海德格尔:《语言》

> 幼年的我不知世界怎么会如此神秘和美妙!长大后才知道,那种感受,那种发现,就是所谓美,就是天地的话语、大自然的秘密,就是那无穷无尽的曼妙诗文的最终源头,并且,还会继续催发无穷无尽的感受与发现,继续催生无数美轮美奂的作品。
>
> ——作者题记

我曾多次回忆童年的那一个个月夜,总想用最美的文字如实表

---

[1] 或许有读者认为,这是篇散文,可我更愿视其为一篇学术作品。既然有"语文"课,为什么不能以语文课所展示的语文的要素和文学的手法来表述灵魂、写作论文呢?这篇论文表述了我的童年经验在我的童年哲学研究中的地位,展示了我的学术方法的一个侧面。我不是有意以散文形式写作,而是不借此文体不足以表述与理性探索不可须臾相离的情感体验。

述那种种景象，完整表达当时最真切的感受，然而，正如我在一次次努力后写的一首小诗《第一次》所云——"全都失败"。

>多少次了
>我想描摹
>　第一次
>进入世界的
>感觉　然而
>全都失败
>那意向
>不是语言所能编织
>那是感动和诗

尽管难以成功描摹那童年的月夜，但描摹的努力却从未放弃过。在小诗《童年的言说》中，我曾写下这样的诗句：

>在傍晚　月光洒遍我的世界
>洒遍世界的每一个角落
>那么多无名而又熟悉的小虫
>　在歌唱

>我是月亮河里的小小鱼
>冷暖自知
>充满感恩
>却难以言说

那小孩难以言说的
是这大自然的秘密

也许那童年的月夜是语言无法抵达的。也许我对那一个个月夜的重建,每次都赋予了新的体验、新的感受。也许月夜本身是无意识生命的体现和象征,它像一口老井,你确然看清了井面,似乎已经面目了然,然而它的深度,你用肉眼等其他感官却难以彻底探知。

尽管如此,我依然试图继续描摹童年的月夜,试图还原那种种的神秘感受。下面的文字就是另一次试图还原童年月夜的又一份记录。

月光如水,涌入房门。让我突然想到童年,想到童年那一个个有月的夜晚。那时的月光应如今夜一样。

然而我却不由得怀疑起来,怀疑这光是灯光。不远处就是广州路和宁海路交界处的古南都大酒店,她高高顶楼的广告灯箱也是乳白色,颇似月光。

我走到阳台探个究竟。——是月光。我看到了天上高悬的那枚月亮。

"床前明月光,疑是地上霜。举头望明月,低头思故乡。"这月光让我想起古代的那位游子思乡的《静夜思》。

一样的月夜,同一枚月亮,我的感受应当如一千年前那位诗人一样。

月光让我怀念故乡,让我想到童年,让我思念那一个个月光如水的童年的夜、迷人的夜。

那时的我,多少次陶醉在月夜,陶醉在月下的村庄;多少次陶醉在婆娑又恍惚的光影中。

月光将所有能直视她的树叶、树干、青草、房屋、小桥、庄稼、沟渠等等涂上"奶"的颜色,夜风将乳白色的光的涟漪轻轻抖动,幻化为迷迷离离的一片又一片光影……

小虫呢喃,蛙声一片。夏的小夜曲幽游地铺散开来,弥散开来,铺天盖地……

在这种背景中,我安静地倾听大人们聊天。

当大人们在小院里聊累了,困乏了,开始漱洗准备休息的时候,我一个人坐在小凳上,望着地上斑驳的月光,望着眼前婆娑的树影,迷醉而惊叹,我似乎发现了什么。那发现的东西实实在在、明明白白就在那里,在那里婆娑舞动吟唱……

那个村庄小院中的我,当时是四岁、五岁,还是六岁、七岁?已经难以分辨,但我知道,我自己的世界,就如那时的月亮,悄悄地升起在人生的天空中。

从发现这样的世界起,我便渴盼明月高悬、树影婆娑的那些夜晚的来临。过去是这样,现在还是如此。

但那时我年幼,不会说,不会写,不会告诉别人我的感受、我的发现。[①]现在会写,会说,但岁月已经将童年的记忆,涂抹上了一层又一层的色彩,正可谓"此情可待成追忆,只是当时已惘然"。

那是我的秘密,我发现的秘密。但那时,我如鱼饮水,冷暖自知。我又如身边那婆娑着的枝叶以及草叶上呢喃的小虫,对阳光雨

[①] 我的童年经验印证了爱尔兰诗人、1995年诺贝尔文学奖得主西默斯·希尼的一种说法。希尼说:"我喜欢英语中一个用于很小的孩子的词——'婴儿'(infant),是从拉丁文来的,意思是'不说出来的'(unspoken),'婴儿'意为'不说'。……'婴儿'的话语即是诗的来源,那就是不说出的那部分。"(吴德安.'婴儿'的启迪——都柏林访谈世界著名诗人希尼[M]//西默斯·希尼. 希尼诗文集. 吴德安,等,译. 北京:作家出版社,2001:444.)

露自有一番它们的感受，那是你我再难以感受的感受。那是它们的秘密。

我自己的世界是这样诞生的，我相信，所有人的世界都是这样诞生的。那确乎是我的世界。然而，古往今来，这个世界，你的世界，我的世界，又诞生于别人的人生里，正如我所见到的月亮，是你的月亮，亦是李白《静夜思》中的那个月亮。

古人、前人的类似感慨并非难觅。例如，唐朝诗人刘希夷的《代悲白头翁》中有这样的诗句：

> 古人无复洛城东，
> 今人还对落花风。
> 年年岁岁花相似，
> 岁岁年年人不同。

再如，东晋王羲之在《兰亭集序》中写道：

> 每览昔人兴感之由，若合一契，未尝不临文嗟悼，不能喻之于怀。……后之视今，亦犹今之视昔。……虽世殊事异，所以兴怀，其致一也。后之览者，亦将有感于斯文。

好一个"后之览者，亦将有感于斯文"！后世有多少读者青灯之下，面对此卷，若合一契，兴怀嗟悼。

幼年的我不知世界怎么会如此神秘和美妙！长大后才知道，那种感受，那种发现，就是所谓美，就是天地的话语、大自然的秘密，就是那无穷无尽的曼妙诗文的最终源头，并且还会继续催发无穷无尽的感受与发现，继续催生无数美轮美奂的作品。现在我知道，一方面，美一定是客观存在的；另一方面，美一定是主观存在的。前者是本体之美，后者是审美之美。我曾发表过《本体之美与审美之美》的论文。我有这样的想法，是因为我曾有如此的童年体验。是的，在童年的月夜，我似乎发现了什么，那发现的东西确确实实、明明白白就在那里。

作为童年研究的专业人员，我知道，当我发现了那外在的令我感动的东西，我便发现了我的感动，发现了那个感动的我。那外在的月夜激发了"我"，让"我"发现甚至建造了这神秘美妙的月夜。鸡生蛋，蛋生鸡。我和月夜有点类似于此的关系。

月光就是这样与童年、故乡，与那些难忘的有月的夜晚、有月的村庄联结在一起。禅宗有"月映万川""千江有水千江月"的偈语。这童年的月夜是我的，它也属于每一个童年，属于每一个儿童，属于每一个拥有童心的成人，属于每一个依然拥抱童年、珍爱童年的成人。

个人的生命就是由这些月光一个月又一个月地连缀在一起的，人类的历史也是由这同一个月亮连缀在一起的。李白《把酒问月》中有"今人不见古时月，今月曾经照古人"的诗句，与张若虚在《春江花月夜》中的吟唱相映成趣：

> 江畔何人初见月？
> 江月何年初照人？
> 人生代代无穷已，
> 江月年年只相似。
> 不知江月待何人，
> 但见长江送流水。

在生命的进化史里，月亮曾经月月伴随人类的始祖生存和繁衍。

作为其中一个关键的宏观环境因素，月亮与人类的原始祖先的生命是相互建构的，必然在物种和个体的生物学层面与精神发生学层面，留下愈来愈丰富的信息。这童年的月夜，这童年月夜的个体感受，便是这种生物学层面、精神发生学层面的历史积淀的苏醒、复活和重建。

月光至今令我陶醉，是因为我还拥有童年的心灵。童年的月夜与童年的心灵相互建造，相互生成，相互向对方涌现自身。

我不由想起英国大诗人华兹华斯的诗篇《彩虹》(Rainbow)，并尝试将它汉译如下①：

> 目见彩虹，
> 我心雀跃。
> 我生命开始时就是如此；
> 现在我是成人了还是如此；
> 将来我老了还将如此，
> 否则就让我死去！
> 儿童是成人之父；
> 愿我对儿童怀有的天然虔敬
> 贯穿我生命中的每一天。

华兹华斯这首诗影响很大。彩虹不像月夜常常得见。但如此讴歌彩虹的诗篇，如果用于唱颂那童年的月夜，一样恰当。

不过，与华兹华斯的感受不同，我长大成人后，尽管看到的月夜还是很美，但它缺少了童年月夜的神秘和灵性。只有将它作为引

---

① 我曾将该诗译为白话韵文：彩虹一道入眼帘，怦然心动欣欣然；幼年见到即如此，长大成人今依然，但愿年老心不变，否则就下阎罗殿！儿童乃是成人父，但愿一天又一天，童年赤诚一线穿。

线，重新点燃童年的月夜，那种童年神奇的月夜感受才会逐步弥散在心灵的空间。

童年月夜会滋养成人心灵。它滋养了历史，相信还会滋养未来。

王阳明写有《咏良知四首示诸生》，其中有这样的诗句："人人自有定盘针，万化根源总在心"，"无声无臭独知时，此是乾坤万有基"。这是对良知的唱颂。王阳明的"良知"来源于孟子的"赤子之心"，又直接或间接地开出罗汝芳的"赤子之心"和李贽的"童心"概念。

我还想起康德。

康德说过："有两样东西，我愈是思索，心中对其愈是充满敬畏，那就是我头顶的星空和我内心的道德法则。"① 康德所唱颂的"我内心的道德法则"，其实就是王阳明唱颂的"良知"，也是"童心""赤子之心"。

"万物皆备于我矣，反身而诚，乐莫大焉。"（《孟子·尽心上》）我的心、我现在的心之由来，是我赤子时刻的心。那赤子之心，是我的根心，是我的根因，我所有的世界都由此根生出。

不只是中国人推崇"童心"，东西南北出圣人焉，亦唱颂"童心"。印度诗人泰戈尔有诗云："你的音乐的光辉照亮了世界。你的音乐的气息透彻诸天。你的音乐的圣泉冲过一切阻碍的岩石，向前奔涌。我的心渴望和你合唱，而挣扎不出一点声音。我想说话，但是言语不成歌曲，我叫不出来。啊……"②

童年月夜的秘密，其实就是"童心"的秘密。我想说出这秘密，可是，心滚烫火热，舌激动万千，以致喑哑失声，只能如婴儿般咿呀，"咿——呀——呀——"……

---

① Kant. Critique of Practical Reason [M]. Trans. by Beck L. W., Indianapolis: Bobbs-Merrill. 1956: 166.
② 泰戈尔. 吉檀迦利 [M] // 华宇清，编. 泰戈尔散文诗全集. 杭州：浙江文艺出版社，1990: 4.

第一章

丰饶的童年，伟大的儿童

从贫乏的童年到丰饶的童年

> 你的外在身形远远比不上 / 内在灵魂的宏广; / 卓越的哲人! 保全了异禀英才, / 你是盲人中间的明眸慧眼, / ……孩子呵! 如今你位于生命的高峰, / ……
>
> ——华兹华斯:《颂诗》

童年是值得成人向其表达敬意的。

儿童身上的天性资源(童年资源)是一切人力资源、人文资源的源头,是老子主张"复归于婴儿"、孟子主张"不失其赤子之心"、宋明心学讴歌"童心"的原因所在。

为什么儿童拥有如此丰饶的天性资源?在漫长的进化过程中,人类获得了比其他任何物种都要丰富的先天信息资源。这些先天资源是人自身的自然,是天性,是进化史上历代祖先生命活动的积淀。

进化生物学认为,"幼态持续"是进化的重要方式。什么是"幼态持续"?有的生物学家将幼态持续命名为"彼得·潘进化"。"幼态持续"注重选择祖先的幼年特征并加以复演,进而将个体的童年"做"得更长更丰富。这就是儿童拥有如此丰饶的天性资源的原因。

挖掘童年的这些资源，使它们在现实的社会文化中得以表达和锤炼、开花和结果，这是儿童成长的目的（康德哲学所谓"自然目的"），也是儿童教育的任务。

一、儿童的成长不只是"得"，也有"失"

通常看来，儿童的成长是从小到大，从弱变强，从无知变有知，从幼稚变成熟。总而言之，儿童的成长是一个不断"得"的过程。可是，儿童的成长不只是"得"，也有"失"。威廉·布莱克、华兹华斯、丰子恺等人对此已有所认识。

布莱克写有诗集《天真与经验之歌》，将儿童与成人两相比较，凸显童年的纯真与成年的枯涩。

华兹华斯认识到，儿童愈是成长便愈是远离"永生之海"[①]，天国的光辉在他身上就会相应暗淡下来。在华兹华斯看来，童年是亮丽的，充满生机，充满创造力，有若神助；而成年则黯然减色，愁苦不堪，远离了天国。

显然，在布莱克和华兹华斯那里，成长的过程也是"失"的过程。

丰子恺有了自己的子女后，写了不少对儿童有所感悟、有所发现的文章。他曾写道："天地间最健全的心眼，只是孩子们的所有物，世间事物的真相，只有孩子们能最明确、最完全地见到。我比

---

① 华兹华斯. 永生的信息 [M] // 华兹华斯，柯尔律治. 华兹华斯、柯尔律治诗选. 杨德豫，译. 北京：人民文学出版社，2001：270.

起他们来，真的心眼已经被世智尘劳所蒙蔽，所斫丧，是一个可怜的残废者了。"① 显然，在丰子恺看来，儿童的成长也暗含着"失"，失去了"天地间最健全的心眼"。也就是说，儿童能看到事物的真相，一旦长大成人，便被俗世尘网所蒙蔽和禁锢，于是，成人在拥有"天地间最健全的心眼"的儿童面前便形如残废了。

可以看出，在华兹华斯和丰子恺看来，儿童是健全的、丰富的，而成人的世界相较而言恰恰是残缺的、贫乏的。

二、儿童早在幼年便具有很高的哲学天赋、想象力和创造力

上文提到，华兹华斯在 19 世纪初就已经认识到儿童是哲学家，而且是"最好的哲学家"，是拥有人类丰饶的天赋"遗产"的"最好的哲学家"。

一个世纪后，哲学家雅斯贝尔斯对诗人华兹华斯的发现做出回应。雅斯贝尔斯认为，每个人都有自己的哲学，每个人都必须完成自己的哲学创造。雅斯贝尔斯说："我们可以从孩子们提出的各类问题中意外地发现人类在哲学方面所具有的内在禀赋。我们常能从孩子的言谈中，听到触及哲学奥秘的话来……"他举例论证后说："任何愿意收集这些故事的人，完全可能编成一部儿童哲学专著。"②没过多久，愿做这件事的哲学家出现了。

加雷斯·马修斯有了自己的孩子后，发现孩子们睡前饭后询问的问题以及对世界的解释，与他在大学课堂所讲授的历史上的伟大哲学家的观点有惊人的相似，于是写下了《哲学与幼童》一书。

---

① 丰子恺. 丰子恺文集 5：文学卷一 [M]. 杭州：浙江文艺出版社，1992：114.
② 卡尔·雅斯贝尔斯. 智慧之路 [M]. 柯锦华，范进，译. 北京：中国国际广播出版社，1988：2—3.

与加雷斯·马修斯相呼应,《苏菲的世界》一书的作者贾德（Jostein Gaarder）认为,儿童比成人更容易成为哲学家。[①]

儿童早在幼年便具有很高的哲学天赋,除此以外还具有很高的想象力和创造力。前些年常常听到成人惊呼：儿童已经丧失了想象力和创造力！于是人们呐喊：培养儿童的想象力和创造力！其实,儿童的想象力和创造力高于成人。面对儿童的想象力和创造力,成人应当谦逊地学习。成人难以培养儿童的想象力和创造力,但却可以而且应当保护儿童的想象力和创造力。

是谁赋予儿童如此之高的哲学天赋、想象力和创造力？并非成人。

三、一流画家对儿童绘画的推崇

在艺术领域,毕加索等人有相似的发现。

毕加索自言:"学会像一个六岁的孩子那样作画,用了我一生的时间。"[②]毕加索年轻时期有很好的素描、写实作品,可是后来的绘画为什么越来越像儿童画了呢？从他的这句自白来看,他一直在以儿童为师,像一个六岁的孩子那样作画,以儿童的视角、感触、方法等作画。毕加索可谓公认的20世纪西方画家的代表人物。什么是艺术？艺术的本质是什么？艺术资源潜藏于哪里？他应当是最有发言权的人之一。在毕加索看来,六岁孩子的绘画真正符合艺术的本性和规律,六岁的孩子具有丰富的先验的艺术资源,六岁的孩子是值得一切成人艺术家师法的。毕加索用一生时间向六岁儿童学

[①] 乔斯坦·贾德. 苏菲的世界 [M]. 萧宝森,译. 北京：作家出版社,1995：16—20.
[②] 让-罗尔·布约克沃尔德. 本能的缪斯——激活潜在的艺术灵性 [M]. 王毅,孙小鸿,李明生,译. 上海：上海人民出版社,1997：270.

画，在艺术层面颠覆了成人与儿童的传统关系，同时揭示了儿童在艺术方面具有极为丰富的天赋资源。当毕加索向六岁幼童学画时，那是一个成人对儿童的发现，是一个艺术家对儿童身上丰富艺术资源的发现。这种资源已在成人那里变弱或消失，所以毕加索用了一生的时间来学习。

与毕加索观点类似的，还有保罗·克利。克利崇拜儿童的天真状态，并以自己的方式加以模仿："我想成为一个新生儿，全然不知欧洲的一切，忽视诗歌和时尚，几乎是原始的。"他甚至不反对将自己的画与"儿童的涂鸦"相提并论："那太美了！我的小弗利克斯的画比我自己的好得多（我的画太多地在脑中漫漫流淌）；不幸的是我不能完全避免它……"[①] 在这里，克利将自己的作品与幼童的涂鸦相比较，令人深思的是，他认为自己的作品在幼童的涂鸦面前相形见绌。在技巧上，克利使用儿童那种环绕的、粗朴的轮廓线；在表现上，他特别有意识地将自己限制在儿童"理性的写实主义"阶段。

高更（P. Gauguin）也曾表示渴望"像儿童那样"绘画。凡高（Vincent van Gogh）对高更的这一渴望表示附和。马蒂斯（Henri Matisse）曾吸收了儿童绘画的某些特点。其他画家如杜飞（Raoul Dufy）、夏加尔（Marc Chagall）、费宁格（Lyonel Feininger）、马宋（Andre Masson），尤其是米罗（Joan Miro）、杜布菲（Jean Dubuffet）等，都很崇拜儿童的绘画，并以儿童的绘画为借鉴。

我国画家亦有如此者。著名的寿星画家朱屺瞻在《癖斯居画谈》中一而再、再而三地指出："老来想学儿童画，看到儿童画犹

---

① 罗伯特·戈德沃特. 现代艺术中的原始主义［M］. 殷泓，译. 南京：江苏美术出版社，1993：175.

如扑来一股清风——天真、简朴！""儿童画可爱，在下笔时无杂念，一味率真，故能神全。神全有升华一切的作用。""儿童画天真无框框，无矫揉做作之态。年老了，愈爱天真之美，爱其自然不伪，爱其简单朴素。说到底，简单朴素，正是大家之风，古典之美。"① 朱屺瞻认为，儿童画所具有的"大家之风，古典之美"不正说明，自然、拙朴、天真、神全既是儿童画的特点，也是艺术大家的风格和风尚！天工不工，天工自然；巧难比拙，大匠不凿。毕加索和克利等外国画家、齐白石和朱屺瞻等中国画家的作品不正是如此吗？

剧本《傅山进京》有这样一幕：玄烨装扮成居士，赴荒寺密会年逾古稀的傅山专论书法；傅山识破玄烨身份而不动声色，在论书法艺术的同时亦抒发正人君子应具备的品节。

玄烨：敢问道长，如何能得书法正脉？
傅山：宁拙毋巧。
玄烨：宁拙毋巧？
傅山：宁丑勿媚。
玄烨：宁丑勿媚？
傅山：宁支离毋轻滑，宁直率毋安排，如老实汉走路，步步踏实，不左右顾，不跳跃趋！
玄烨：好一个不左右顾，不跳跃趋。哈哈哈，听君论书一席话，胜过临摹十年帖！……②

---

① 朱屺瞻. 癖斯居画谭 [M]. 上海：上海人民美术出版社，1981：13.
② 郑怀兴. 傅山进京 [M] // 吕效平，主编. 二十一世纪中国文学大系（2001—2010）·戏剧卷，南京：南京师范大学出版社，2014：522.

这段对白的素材当取自相关史料。《清史稿》有傅山列传，云："山工书画，谓：'书宁拙毋巧，宁丑毋媚，宁支离毋轻滑，宁直率毋安排。'人谓此言非止言书也。"（《清史稿·列传二百八十八·遗逸二》）此处"人谓此言非止言书也"的议论，亦能见出史家的情怀与境界。

宁拙毋巧、宁丑勿媚、宁支离毋轻滑、宁直率毋安排，不只是中国书法的奥秘，亦是一切艺术的奥秘，儿童的画作不正是如此吗？

儿童画何以能体现艺术的奥秘？盖儿童画出于童心焉。不只是艺术如此，做人亦是如此，是故孟子有云："大人者，不失其赤子之心者也。"

四、儿童的自发性歌唱毫不逊色于音乐大师们的作品

在音乐领域，挪威的音乐家让-罗尔·布约克沃尔德（Jon-Roar Bjorkvold）认为，儿童身上与生俱来地拥有缪斯（古希腊神话中的文艺之神）的本能，并以《本能的缪斯》（*The Muse Within*）作为他一本书的名称。让-罗尔·布约克沃尔德认为，儿童的自发性歌唱"比之于巴赫、舒曼、门德尔松和艾甫斯这些大师们的作品毫不逊色"[①]。

这让我想起若干年前见到的一幕。那是一个周末的下午，在去办公室的路上，我看到办公楼传达室门口有两个女童。她们是在传达室工作的农民工的孩子。其中一个七八岁，正坐在一辆自行车的车座上有节奏地倒蹬脚踏板，并随意地配合着双腿的节奏哼唱。另一个五六岁的女孩则斜跨在后座上，双手随意打着节拍，口中也在

---

① 让-罗尔·布约克沃尔德. 本能的缪斯——激活潜在的艺术灵性［M］. 王毅，孙小鸿，李明生，译. 上海：上海人民出版社，1997：249.

断断续续地哼唱。我能感觉到两个孩子都处于非常放松的游戏状态。两人随意哼唱的曲调是不同的,但却配合默契。两人的哼唱没有刻意地使用和声,她们大概也不懂什么是和声,但却具有某种奇妙的和声效果。对这一幕叹为观止之余,我意识到,这其实是儿童生活中极为寻常的一幕。许多现代音乐形式往往被视为受原始主义音乐的影响,其实最大的影响,应当是来自儿童的这些自发性的艺术活动,来自心灵深处的那颗童心的律动,来自成人对童年的回忆和挖掘。所谓天籁之音,此之谓耶?

可是,多少成人将幼童的涂鸦和自发哼唱看作不成熟,认为需要通过成人的艺术来矫正!我曾经听到某位"艺术专家"在幼儿园做业务指导:小孩子的舞蹈动作如果要好看,唱的声音如果要好听,就一定要符合"艺术规律",就一定要与成人演员相似。这位"专家"几乎天天做这样的指导,令人震惊的是,他对儿童身上丰富的艺术资源竟熟视无睹!

然而,又何止是他呢?每年的儿童节到来之前,幼儿园、小学都要反复排练好看的节目。如果画家毕加索、克利、朱屺瞻或音乐家让-罗尔·布约克沃尔德,看到儿童所表演的这些经过成人刻意指导的节目,看到儿童在成人"教育"下画出的"简笔画",他们会发出怎样的感慨,会做出怎样的反应?

五、儿童在道德领域也具有丰富的资源

上面说的是儿童在认知、艺术等领域拥有丰富的资源。其实在道德领域,儿童也具有丰富的资源。

贾平凹写过一篇短文《我的老师》。单看题目,人们会猜想这是一篇常见的回忆恩师的文章,其实不然。贾平凹写的是自己对一

个三岁半幼童生活的发现：

"我的老师孙涵泊，是朋友的孩子，今年三岁半。……开始我见他只是逗着取乐，到后来便不敢放肆，认了他是老师。许多人都笑我认三岁半的小儿为师，是我疯了，或耍矫情。我说这就是你们的错误了，谁规定老师只能是以小认大？""孙涵泊却慈悲，视一切都有生命，都应尊重和和平相处，他真该做我的老师。""孙涵泊不管形势，不瞧脸色，不斟句酌字，拐弯抹角，直奔事物根本，他真该做我的老师。""我是诚惶诚恐地待我的老师的，他使我不断地发现着我的卑劣，知道了羞耻，我相信有许许多多的人接触了我的老师都要羞耻的。所以，我没有理由不称他是老师！我的老师也将不会只有我一个学生吧？"可以看出，贾平凹这篇文章实际上是对幼童在人生态度、经世哲学、道德风貌等方面的发现。

贾平凹给自己的"老师"起名"孙涵泊"，也可看出一位作家的匠心独运。"孙"者晚辈也，幼者也；"涵"者，内容也，内蕴也；"泊"者，淡泊寡欲也。"孙涵泊"者，淡泊寡欲而内蕴丰厚之幼儿，可供成人师法者也。

贾平凹在这里突破了常识，转换了视角，发现了常人难以见到的儿童的另一面。

六、童年是创造力的源泉

童年不止是在认知、艺术、道德等方面具有可待发现和挖掘的资源，而且还是"人生之井"[①]，是创造力的源泉。波德莱尔称，天

---

① 刘晓东. 童年是人生的井——童年崇拜的隐喻表述［J］. 山东教育，2012（Z3）.

才不过是能自如地恢复自己的童年而已。1995年诺贝尔文学奖得主希尼（Seamus Heaney）提出："婴儿的话语是诗的来源。"[①]2012年诺贝尔文学奖得主莫言，则将童年和故乡作为创作的根基和源泉。他说："当我面对着稿纸时，我就忘记了自己的年龄，我的心中充满了儿童的趣味，我嫉恶如仇，我胡言乱语，我梦话连篇，我狂欢，我胡闹，我醉了。"[②]可见，莫言的创作状态是回归到童年的生命状态，在童年里找到取之不尽的故事、取之不尽的感受、取之不尽的话语之源泉。

20世纪已有不少人士提出"向儿童学习"，这句口号背后隐含着对儿童和成人的比较，隐含着对童年资源的发现，只是没有戳破那张薄纸而更为清晰地表达而已。

七、童心主义：人本主义与自然主义的统一、同一

可以看出，心学是童心主义的。心学将心性视为人文世界的总根源，由此可知，心学是一种人本主义。孩提之心又是后世的王学左派人物李贽所谓"最初一念之心"，所以孩提之心的哲学或童心主义自然而然便是自然主义的。可以说，童心主义是人本主义和自然主义合于一体的思想。而人本主义和自然主义的合流是马克思的哲学理想，也是马克思理想社会的特征。[③]讨论至此，我们就可发现，马克思主义经典作家与中国的童心主义和宋明心学在完全不同

---

① 吴德安. "婴儿"的启迪——都柏林访谈世界著名诗人希尼［M］//西默斯·希尼. 希尼诗文集. 吴德安，等，译. 北京：作家出版社，2001：436.
② 莫言. 我在美国出版的三本书——科罗拉多大学波尔德校区的演讲［M］//莫言. 我的高密. 北京：中国青年出版社，2011：195—196.
③ 马克思. 1844年经济学—哲学手稿［M］. 刘丕坤，译. 北京：人民出版社，1979：73.

的时空里实现了相互会通、相互支援。

在西方乃至全世界，马克思的学说是影响深远的学说。在马克思之前，基督教教义也在西方乃至全世界有深远的影响。耶稣认为，那进入天国里的，都是像小孩子那样的人。耶稣将小孩子视为天民，这与孟子"大人者，不失其赤子之心"相会通。耶稣这句话也是告诉成人进入天国的标准是什么，这其实是变相地要求成人"复归于婴儿"，而"复归于婴儿"的主张可追溯至老子。思想史里的这一现象值得惊诧，值得玩味。理一分殊，殊途同归，此之谓也。

八、结语

童年拥有丰饶的人性资源和人文资源，是"人生的井"，是人类文化的根系，是一切人文世界的根系，因而童年、童心、儿童是值得成人敬畏和学习的。

研究童年，不只是关涉儿童，关涉教育，而且关涉所有成人，关涉人类的未来。比照法国画家德拉克洛瓦的名画《自由引导人民》，如果说"童心引领人类"也并不过分，并不为怪。我曾提出"童心引领中国"，并以此主张为拙著《蒙蔽与拯救：评儿童读经》煞尾。细细想来，童心岂止引领中国？童心可堪引领人类，童心可以引领全球各色人等、各类族群、各种文化。

在这里，我想再次表达对童年的敬意。作为一位童年研究者，这种敬意来自我对童年、童心、儿童的理解，因而它是发自内在的、发自心灵深处的。我也希望各位能同我一道向童年表达敬意。我甚至希望有朝一日，人们能够通过立法，让儿童节增添一层新内涵，那就是倡导全社会：向童年致敬！

童年是人生的井

老子说:"知其白,守其黑。"关于这一点,我们还要加上一个尽人皆知却又少有人能做到的真理:终有一死的人的思想必须落入井泉深处的黑暗中,才能在白天看到星辰。

——海德格尔:《同一与差异》

童年是存在的深井。

——巴什拉:《梦想的诗学》

一

在厚厚的大地上,当你发现有一眼井,那会引发你怎样的感受!"井!……多么深沉的词,青绿的颜色,清新、响亮!人们会说,是这词的本身在转动着,向阴暗的大地钻孔,直至达到清凉的水。"(朱安·拉蒙·吉姆兹)[①]

[①] 巴什拉. 梦想的诗学[M]. 刘自强,译. 北京:生活·读书·新知三联书店,1996:278.

井里的水明显与沟渠里的水不同，它清冽又洁净，冬暖而夏凉。在炎炎夏日里，农人从田间回家，路过井边时喜欢蹲下来，牛饮一番刚从井里吊上来的水。这样的畅饮能把顶头的大太阳浇个透凉。而在滴水成冰的冬日里，从井里刚刚取出的水则蒸腾着温热的雾气，撩起一抔浇在那被寒气吹打的脸上，让人感觉温暖满怀。

二

井由于其深而不可捉摸。我还记得，童年的时候，我来到井边，好奇而又胆怯地往下寻找，在井壁的延伸处，幽幽地现出静静的清泉，冥冥中闪烁着被折射的天光。所以，当读到法国哲学家巴什拉描述儿时对井的印象，自然便引发了有趣的共鸣。巴什拉写道："水井给我的幼年打上印记。从来，我从来只在祖父紧握我的手时，才敢靠近它。那么是谁曾感到恐惧呢？是祖父还是孩子？……一种隐隐约约的痛苦却留在我心中。……我最惧怕的水井永远是我的跳鹅游戏中的水井（一种儿童的棋戏）。"[①]

这最后一句中的"井"已经是游戏中假想的井，它引发了巴什拉的恐惧。他自言最惧怕的就是这种游戏中的水井。因为游戏中的井已经不只是他看到的井，而且还是世世代代所有祖先看井感受的浓缩和积淀，是井的心理原型。

---

① 巴什拉. 梦想的诗学 [M]. 刘自强, 译. 北京：生活·读书·新知三联书店, 1996: 144.

三

"井"是一个原型。"井"可代表深不可测的心灵深处。那深不可测的深层心理藏在我们的童年生活里,藏在我们的童年梦幻中。许多人用"井"这一意象说明存在的最深处,或真理的存身之处,或灵感的来源或故乡。

女诗人蓝蓝在一篇名为《古井》的散文中写道:"井呀,我想有你沉睡的面容,我想穿上你苔藓的外衣,让经过它的人看见怀中的白云。"[①] 在诗人眼里,井是沉睡的,里面无风无浪,但静水流深。"井"作为心理原型,或者说我们内心深处的"井",却有丰富的内容——那是沉睡着的无意识的内容。

"事实的真相在井底",这是德谟克利特的一句名言。就是因为有这句名言,后来人们把储藏秘密、储藏真理的深处称为"德谟克利特之井"。

四

同德谟克利特一样,爱伦·坡曾使用过"井"这一意象。在其短篇《幽会》里,他说过一句话:"宝藏只会在深渊里。"他还写道:有许多强壮的游泳者跳入水中,寻找他们想找的宝藏,但是,他们不敢进入深渊,所以寻找也只能是徒劳。这宝藏在肤浅的表面是找不到的。刘再复曾借用爱伦·坡《幽会》中"井"的寓意,说明做学问应力戒浮于浅表,而应不畏艰险,往深处沉潜。[②] 而心的

---

① 蓝蓝. 古井 [M] // 蓝蓝. 飘零的书页. 郑州:河南人民出版社,1999:66.
② 刘再复,刘剑梅. 共悟人间——父女两地书 [M]. 上海:上海文艺出版社,2001:39—40.

深处自然是无意识了,这深层的无意识属于童年的生命、童年的生活。也许正是因为如此,波德莱尔才说:"天才只不过是借助意志的行动而被重新发现的童年而已。"①

五

"一位作家可以比作一口井,"海明威说,"有多少井就有多少作家。重要的事情是井里要有好水。最好是汲出定量的水,而不是把井水抽干,再等待它渗满。"② 井是什么呢?它是创作的源泉。"那个井就是你的'活力'所在的地方。谁也不知道那是怎么造成的,至少你自己毫不知道。你只知道你有没有这口井,或者是等井水恢复过来。"③ 显然,海明威把"井"视为作家创作灵感的源泉。

不只是海明威把井比作灵感的源泉。在希腊神话中,司诗女神缪斯的居所里便有一眼深井,这眼井储藏着灵感。井成为灵感源头的象征。

1999年,希尼在接受《希尼诗文选》中文版译者吴德安的访谈时,明确提到"婴儿的话语是诗的来源"这一思想。④ 希尼由于诗作"具有抒情诗般的美和伦理深度,使日常生活中的奇迹和活生生的往事得以升华",于1995年荣获诺贝尔文学奖。在其处女作诗集中,希尼通过《自我的赫利孔山》一诗表述了自己创作的动机以及自己诗的来源。赫利孔山是希腊神话中司诗女神缪斯的居所,那

---

① 波德莱尔. 我心赤裸:波德莱尔散文随笔集[M]. 肖聿,译. 北京:中国广播电视出版社,2000:10.
② 王逸,编. 世界著名作家访谈录[M]. 南京:江苏文艺出版社,1991:129.
③ 王逸,编. 世界著名作家访谈录[M]. 南京:江苏文艺出版社,1991:133.
④ 吴德安."婴儿"的启迪——都柏林访谈世界著名诗人希尼//西默斯·希尼. 希尼诗文集[M]吴德安,等,译. 北京:作家出版社,2001:436.

里有一口蕴藏灵感的井。希尼的灵感之源在哪里呢？诗的开端写道："小的时候，没有人能阻止我去看水井……"这首诗用了五节的篇幅写童年看井的感受，最末一节写道：

> 如今，再去窥探根的深处，用手指抓出泥污
> 如大眼睛的那西索斯，盯视着泉水
> 有损成人的尊严。所以我写诗
> 为了凝视自己，为了让黑暗发出回声。

对于那些熟知精神分析学说的读者来说，诗中"窥探""根""黑暗""深""井"等词语不能不使我们联想到无意识概念，这也使我们进一步趋近这一问题的答案：为什么希尼的诗作紧紧围绕童年展开？

六

值得注意的是，诗人希尼认为再如大眼睛的那西索斯，盯视着泉水有损成人的尊严。这让我想起心理学家荣格的类似话语。

荣格同弗洛伊德分道扬镳以后，曾经历了一次严重的精神危机。为了克服这次危机，他回想起自己童年的生活、童年的游戏。他在自传中这样描述他当时回忆起童年游戏时的感受："这些东西仍然具有生命力呢。那个小孩仍然就在不远并具有我所缺乏的一种富于创造性的生命。不过我怎样才能找到通向这种创造力的路呢？"① 他认为，一个成人重新变成一个儿童是不可能的，

---

① 荣格. 回忆·梦·思考——荣格自传[M]. 刘国彬, 杨德友, 译. 沈阳：辽宁人民出版社, 1988: 294.

然而，要想与那个时期重新建立起联系，"那我别无选择，只能返回那个时期并再次过起那个小孩那样的生活及玩他那种幼稚的游戏"。认识到除了像儿童那样幼稚地游戏而别无他法，荣格认为这非常有失一个成人的尊严，然而经过"无穷的思想斗争"之后，荣格"最后才做了让步"，他认为"这一时刻是我命运的转折点"。于是，他每天都抽出时间像儿童那样幼稚地游戏，在这期间，"我的思想变得清楚了"，"我正走在发现我自己的神话的路上"。在荣格的后半生中，每次遇到难题，他都摆下架子像孩童一样玩一把幼稚的游戏。"每种这样的体验，对于难于深入下去的各种想法和工作，证明了是一种'入门礼'。"① 荣格的这段回忆告诉我们，游戏可以帮助成人打破其成年与童年之间的藩篱，回到精神世界更深的底基并找到支撑；游戏不仅具有精神治疗的作用，而且具有探触深层的精神蕴藏、把握精神世界以及认识外部世界的作用。

在一定的意义上，儿童是成人生活的导师，童年生活蕴藏着人生的种种真趣、真谛。

七

童年生活大半是无意识的，它既属于儿童，也属于成人；它既属于个体，也属于族类。随着个体年龄的增长，意识生活逐步从无意识的深渊中提升、成长起来。但希尼没有像人们通常所做的那样贬抑无意识，他没有忘记童年的"琐事"，他沉浸在童年如井一般神秘而又深

---

① 荣格. 回忆·梦·思考——荣格自传[M]. 刘国彬，杨德友，译. 沈阳：辽宁人民出版社，1988：296.

不可测的生活中，用诗篇挖掘和再现童年生活的丰富内蕴与永恒魅力。

八

诗人蓝蓝曾深情地唱颂自己的童年。"那一汪泉水，那汩汩不息的涌泉，是我的童年。""一个童年比一生更长。""我曾走尽向北的大路，站在离夜空最近的高原上，长久长久地与一颗星深情地对望。那始终照着我走路的光芒，那美丽的大眼，是我的童年。""独身在外时，我想家，思念母亲。那清贫温暖、飘出蓝色炊烟的家，那把我抱在怀中喂我以甜美乳汁的母亲，是我的童年。""我在大地上移动，路过一张又一张面孔，路过一些村镇和城市，很多事情都忘了。怎么就会忘了呢？""而童年时的些微点滴，都被我快乐地携带着，谁也不会想到，坐在高等学府的屋顶下的我，心中发出的却是一头耕牛哞哞的叫声；而在严肃的会议室里，我闭上眼睛尽情地想着兔粪蛋儿和羊粪蛋儿有什么不同。呵，可爱的童年，它伴随我一生，使我免遭冷漠、忌恨、罪恶的侵袭。""携带着它，我便不是独自一人，我恋爱时便是它也在爱我，我哭泣时，最先听到的便是它的哭泣。它是春天里的一片油菜花，是雪地里的一群麻雀，是一个绿玻璃球，是一大团变来变去的云……它是一个世界，比我见到的世界更强大、更慈爱的世界。""永远的童年是永远的怀念，那些幸福地生活在童年里的人，是永远的人。"① 在诗人蓝蓝心中童年是什么呢？其本人已经描述得清楚细致。但我们好奇的是下面的问题：她写作的源泉是不是也如希尼等诗人乃至更多的作家那样，将童年之井作为灵感的源泉？

---

① 蓝蓝. 人间情书 [M]. 北京：东方出版社，1993：9.

九

只要我愿意，记忆中的乡村童年便会馈送来依然鲜活的梦想与朝气。

我怀念我的童年，我热爱我的童年——

多少次，乡下的孩子，你依偎着那果实累累的老枣树，夏夜坐在清凉的小庭院的小凳上，看满地的月光流淌……

多少次，你同妈妈一起来到村头的菜园，太阳刚刚升起，雾气尚未褪尽，那一畦一畦的秧苗是多么的清新碧透，而空气是那样的浓郁……

多少次，在一片星光里，小伙伴们东躲西藏，玩起"藏马猴"（捉迷藏）的游戏，满街都是忐忑不安而又亢奋的小伙伴们，而在黑暗的树丛里，"强盗"的心按捺不住地狂跳着……

多少次，在收割的日子里，你和小伙伴们在捡豆茬儿的空隙，燃起一堆小小的篝火，把遗留的毛豆棵烧得噼啪作响，你一边听（看）云雀在蓝蓝的高天上嘀沥沥歌唱，一边将烤得焦黄的毛豆放进口中……

物质生活固然贫困，但乡间广阔的天地却赋予孩子一个美丽得值得永远回忆的童年……

十

有位诗人写过题为《背井离乡》的诗篇：

> 故乡是越离越远了
> 故乡的那口老井

却是绝然背不走的
我只背行囊　可是
行囊也越背越沉
借着疲惫的月光打开它
竟发现有幽深的井水
在眸底打翻乡愁的吊桶[①]

故乡是童年的空间向度，童年是故乡的时间之维。

童年生活的地方是故乡。是童年让一个本来平常的地方变成了魂牵梦萦的神圣之地。

这故乡的井孕育又养育了自己的童年，而童年又使故乡的井成为自己的生活之根——"剪不断，理还乱"。

巴什拉说："童年是存在的深井。"[②] 童年是"井"，是灵魂生长所需要的水源。当你走在人生途中疲惫了、焦渴了，就去这井中取水；饥饿了，就用这井水来加工你的食粮。

童年的生命、童年的生活，为成人掏出一口深井，这深井是一代代祖先挖掘的，我们童年的生活使这古老的井在自己的生命中展现出来，并使这井掏得更深，使这井水更为清澈。井水的水面看来面积是很小的，然而它却与我们无法直接看到的地层深处的庞大水体相连。只要掏得深，我们就会得到更多更清的水源，在理论上甚

---

① 孤城. 背井离乡 [J]. 诗刊. 2003（6）：27.
② 巴什拉. 梦想的诗学 [M]. 刘自强，译. 北京：生活·读书·新知三联书店，1996：144.

至可以拥有所有的水源。

十二

"我的主,你的世纪,一个接着一个,来完成一朵小小的野花。"① 这是泰戈尔脍炙人口的诗句。每个婴儿,每个儿童,每一个正在拥有或曾拥有的童年,同样拥有这小小的野花那样神奇的生成秘密。而作为万物之灵的人类,其个体所展现的童年则是花朵里的花朵,是宇宙里最为绚丽的花魁。

附:月亮在童年之井荡漾

我读过一篇散文②(本文中以下引文未作特别说明的,均引自该文),其中有谈到"井"的内容。我以为它可以作为"童年是人生的井"这一命题的佐证材料。这位作者大概不会想到,我会对他这篇散文做如此解读。

> 面对水井的时候,要让自己燥热、混乱、凶狠的心静下来,不要怀着总想征服什么的冲动,不要乱折腾。安静一些,内心清澈一些,低下你高傲的头,弯下你高贵的身子,你就会看见,从水里,从岁月深处,一弯干干净净的初月正向你升起,并渐渐走向你,走进你的生活。

---

① 泰戈尔. 吉檀迦利[M]//华宇清,编. 泰戈尔散文诗全集. 杭州:浙江文艺出版社,1990:31.
② 李汉荣. 父亲和他用过的农具[J]. 散文,2003(1):10.

童年是人生的井，这井里有美丽的初月，有全部的童年，有童年的秘密。

泰戈尔曾将儿童的世界比作新月之国。新月之国是潜意识的王国。太阳属于白昼，月亮属于黑夜。太阳往往是意识的象征，月亮往往是潜意识的象征。只要我们怀着安宁、虔敬的心对待童年，童年就会让我们看清她的初月般的面容。

> 美国航天局用了很大的劲爬上了月亮，只抓了几块冰冷的石头拿回来让人类看，让人类扫兴，让人类的神话和童话破灭，让孩子们面对冰冷的石头再不做美丽的梦。
>
> 美国航天局让人类离月亮越来越远，离石头越来越近。

航天局代表的是科学的世界，代表的是意识的世界，代表的是成人的世界。在这个意识的世界，幻想和诗意被驱逐出境了，一切都被科学解剖得支离破碎。成人在这个世界正通过教科书告诉儿童，月亮是大大的冷冷的石头。成人正打破儿童的梦想。

我在这里需要做点特别说明。航天局代表的科学世界并不必然与儿童的世界相对立。恰恰是科学让我们对童年世界有了更深入的认识，甚至能潜入儿童的无意识世界进行研究。另一方面，每个儿童都是好奇的，都是一个小小的探索者、探险家，都有可能成为未来的科学家。科学也正是从童年的游戏等无意识生活中逐步萌生的。在儿童的生活和教育问题上，真正科学的态度恰恰是保护儿童的趣味、儿童的游戏、儿童的想象、儿童的世界。也只有珍视和保护儿童的生活，儿童的科学认识和探究潜能才能逐步展现和壮大，人类的科学事业也才能更加兴旺发达。

让我们继续听这位作者言说：

我父亲不知道人类的宇航船在天上折腾些什么,我父亲心目中的月亮仍是古时候的那个月亮,那是神秘的月亮,是嫦娥的月亮,是吴刚的月亮。我不读诗的父亲也知道,李白打捞的就是水里的这个月亮。

我父亲几乎天天都要和月亮会面。在他漫长的一生中,他一直都在打捞水中的那个月亮。

"我父亲"代表的是潜意识的世界,代表的是神话、童话的世界,代表的是古时候的那个世界。我们可以发现,这个世界实际上也是儿童的世界,因为儿童的世界恰恰是一个古老的世界,是历代祖先的生活世界的浓缩,是神话、童话的世界。"我父亲"善待这个世界,理解这个世界,把它作为自己的宝藏。他漫长的人生都在从这古老的井中汲取生命、生活的源泉。他不是诗人,但他的人生是诗意的。

你见过我父亲在月夜里挑水的情景吗?

他望一望天上的月亮,他微笑着低下头来,就看见在井水里等着出水的月亮。

我父亲就把月亮打捞上来。

如果我们能够把儿童或童年作为蕴含着无限价值的对象物,就像"我父亲"认定井里也藏着天上的月亮,那么这时候,我们就能将童年所蕴藏着的无限价值提取出来,如同"我父亲"从井里打捞出天上的月亮。

只要爱护井,那么井总会给你甘泉,永不枯竭。童年对于人生也是这样。夏尔·普利斯尼耶(Charles Plisnier)的诗就表达了这一事实：

> 啊！只要我同意
> 我的童年，你就发现在眼前
> 同样的生气勃勃
> 同样的活灵活现[①]

只要我们对童年保持敬畏，只要我们愿意回到童年，童年就会赐予我们清冽的甘泉，滋润我们可能干枯的灵魂。

> 两个水桶里，盛着两个月亮，一前一后，猛一看，是父亲挑着月亮；仔细看，就会发现是两个月亮抬着父亲，一闪一闪在地上行走。

乍看一眼，儿童是依赖于成人的，成人支撑着儿童的生活和儿童的世界。然而仔细瞧瞧，原来我们成人的世界是以童年的世界作为根基的，是儿童丰富我们成人的生活，是童年滋养我们成人的生活，就像《皇帝的新衣》中那个孩子，他将成人从谎言、欺骗、从众、盲信中解救出来。

儿童的父亲是成人，然而，华兹华斯却指出：儿童是成人之父。是的，从每个人类个体的成长维度来看，不正是那个孩子的吃喝拉撒睡，他的好奇、探索、游戏、哼唱、蹦跳等等，在建设未来的成年的自己吗？在这种意义上，儿童的确是成人之父，是成人的

[①] 巴什拉. 梦想的诗学［M］. 刘自强，译. 北京：生活·读书·新知三联书店，1996：127.

创造者。

我曾在拙著《儿童教育新论》的自序中说："我们创立了人类学、考古学等学科，几乎走遍天涯海角，试图找到用以认识我们自己的证据。可为什么我们不去留意一下与我们朝夕相伴的孩子？我们是骑驴找驴，就像你我常常焦急地寻找钥匙，而钥匙实际上却在你我手里。让我们以好奇的眼光注意一下儿童，从他们那里我们不仅可以发现个体童年的秘密，而且可以认识我们人类自己。"我们成人为了认识世界，为了认识自己，为了追寻美好生活，不断勘探矿藏，我们做了许多事情，然而恰恰忘了注视一下我们成人身边的孩子。虽然也有所得，但是我们失去的又有多少呢？我们失去了诗意的生活。在儿童那里，那里有上天的恩赐，有自然的天赋，有人性的财富。为什么我们不注意身边的孩子呢？就像"我父亲"知道月亮在天上，同时相信井里也有月亮一样。

通向月亮的路是多长呢？

据美国航天局说是30万公里，走了30万公里，他们到达了一块冰冷的石头。

我丈量了一下父亲用过的井绳，全长三米，父亲通过这三米的距离，打捞起完整的月亮和美丽的月光。

天上的月亮是科学观照的，而井中的月亮是我们心中的，它给予我们灵感、觉悟、启示和诗意。"我心便是宇宙"，我们身外有个宇宙，我们心中也有个宇宙，这个宇宙便是身外那个宇宙的浓缩和原型。

婴儿的话语

> 童年的宁静！天国的宁静！我多少次在爱的观照中静静伫立在你面前，欲思考你！
> ——荷尔德林：《许佩里翁或希腊的隐士》

> 诗人之道说毗邻于语言的天命般的源泉。
> ——海德格尔：《语言的本质》

这里说说华兹华斯以后另一位主要以童年生活为写作资源的诗人西默斯·希尼（Seamus Heaney），可以看出华兹华斯所体现的时代精神至今依然灼灼其华、如日当空。

希尼于华兹华斯殁后89年出生，比华兹华斯晚出生169年。有学者认为："西默斯·希尼在大半个世纪里脱颖而出，成为用英语写作的或许最优秀的诗人。"[①] 另有学者则认为："西默斯·希尼

[①] David Fawbert. Connecting with Seamus Heaney, http://fawbie.com/.

是上个世纪英语世界最重要的诗人。"① 还有学者认为西默斯·希尼是"公认的当今世界最好的英语诗人和天才的文学批评家"②。希尼因其卓越的诗歌成就而于 1995 年获得诺贝尔文学奖。在获奖演说中，希尼提到对其诗歌生涯有重要影响的一些诗人，却只字未提华兹华斯。可是，1999 年，也即获奖四年后，在与来访者吴德安（也是他诗作中文版的主要译者）的交谈中，希尼谈及自己的童年以及为什么喜欢将童年生活作为诗材的源泉。这表明希尼的诗与华兹华斯具有深层的相似性。

访谈者吴德安提到这次访谈的一个细节：

> 他自己谈了一个我没有问的问题："婴儿"。在访谈中希尼提到了"不朽的暗示来自童年时期"这说法可能与他 1998 年出的最新一部诗集《开垦的土地：1966—1996 诗选》选用的封面画有关。此画是荷兰佛莱芒艺术画家巴什（Hieronymus Bosch，死于 1516）的一幅未名的名画，被称为《男孩在玩耍》或《幼童基督在玩耍》，画中一个光身幼童左手推一辆学走路的小轮三腿扶车，右手拿着一杆长柄风车，杆顶的风车与长杆垂直，看起来像后来耶稣被钉死的十字架。此长杆风车占了画面的四分之三，是构图的重要组成部分。许多专家认为此画寓意为：幼童的玩耍预示了人生的未来。③

---

① Ezgi Ustundag. Expressing Humanity During 'The Troubles: ' The Poetry of Seamus Heaney. https://today.duke.edu/2013/10/heaney.
② 吴德安. 希尼的诗歌艺术[M]//西默斯·希尼. 希尼诗文集. 吴德安，等，译. 北京：作家出版社，2001：446.
③ 西默斯·希尼. 希尼诗文集[M]. 吴德安，等，译. 北京：作家出版社，2001：436.

希尼在访谈中提及"不朽的暗示来自童年"。而访谈者将"不朽的暗示来自童年"归源于荷兰佛莱芒艺术画家巴什的一幅画作,这是有违史实的。其实,巴什这幅画是无题的。许多专家揣度此画寓意"幼童的玩耍预示了人生的未来",而巴什是否同意亦未可知。其实,读过华兹华斯《颂诗》的人应当知道,其英文原题 Ode: Intimations of Immortality from Recollections of Early Childhood,亦可译为《不朽的暗示来自对幼年的回忆》。也就是说,希尼谈到的"不朽的暗示来自童年时期"其直接来源应当是华兹华斯《颂诗》。

希尼的诗常规流露出对自己在北爱尔兰乡村度过的童年生活的留恋。他出生在北爱尔兰德里郡的木斯浜(Moosebawn),12岁以前均住在那里。童年的乡村生活一直"密封在记忆中",这成为希尼创作的不竭源泉。请看希尼与吴德安的这段对谈:

H(希尼):……我发现写得快的作品写得不坏。我常常发现有些这样的作品是我最喜爱的。比如,《期中假期》就是一气呵成,很快。

W(吴德安):多快?

H:半小时。

W:但在写之前您是不是想了很久?

H:没有,可能没想。但很明显那是密封在记忆中的,写时就像打开了埃及的坟墓。它就在里面,是现成的。我想那可能就是为什么我有很多诗是写我的童年。①

---

① 西默斯·希尼. 希尼诗文集[M]. 吴德安,等,译. 北京:作家出版社,2001:437—438.

可以看出，在希尼那里，似乎诗就密封在童年的生活中。由于是密封的、现成的，所以希尼创作这些诗歌一气呵成，而这些立就之作还往往是作者自己"最喜爱的"。

美国诗人毕肖普（Elizabeth Bishop）在其作品《两千多个幻想和一种完美的和谐》中以一个疑问作为结尾："为什么我们不能……以我们婴孩的目光眺望、眺望？"希尼对此十分赞叹，他认为"这就是毕肖普著名的观察世界的天赋，并不仅仅是一种'看'的习惯"①。事实上，"以我们婴孩的目光眺望"也是希尼自己的天赋。希尼把童年平凡的生活写成动人的诗篇，他写父亲、母亲、弟弟、伙伴、游戏、菜园……但表现的是幼童的视角、幼童的心灵，捕捉的是幼童的种种感触。

希尼对访谈者吴德安说："如果你真的被一首抒情诗感动，那是因为有某种东西在表层意下盘旋，它的边缘被显示出来了，但没有被毁坏，没有变粗俗，只允许走到那儿。我喜欢英语中一个用于很小的孩子的词——'婴儿'（infant），是从拉丁文来的，意思是'不说出来的'（unspoken），'婴儿'意为'不说'。华兹华斯认为'儿童是成人之父'②，还有'不朽的暗示来自童年时期'，而'婴儿'的话语即是诗的来源，那就是不说出的那部分。"③"我最喜欢的一首自己的诗是《木斯浜：阳光》，关于女人烤面包。写那首诗时，我想象自己在房子里，躺在一个摇篮中，是个不会说话的'婴儿'，

---

① 西默斯·希尼. 希尼诗文集［M］. 吴德安，等，译. 北京：作家出版社，2001：370.
② 原文将华兹华斯《彩虹》诗中"The Child is father of the Man"一句译为"儿童是人之父"是不妥的，应译为"儿童是成人之父"，故在此作了修订。我在《论童年在人生中的位置》一文中对修订的理由作了说明。
③ 吴德安. "婴儿"的启迪——都柏林访谈世界著名诗人希尼［M］// 西默斯·希尼. 希尼诗文集［M］. 吴德安，等，译. 北京：作家出版社，2001：444.

听着,'那儿布满阳光静悄悄/院子里头盔似的压水井……'。"[①] 也就是说,希尼不只是意识到"'婴儿'的话语即是诗的来源",而且他在创作时已经试图"复归于婴儿"。

希尼的这种观点与他的创作实践所体现的"诗道",与《颂诗》第八节的内容是有可比之处的。

华兹华斯写道:

你的外在身形远远比不上
　　内在灵魂的宏广;
卓越的哲人!保全了异禀英才,
你是盲人中间的明眸慧眼,
不听也不说,谛视着永恒之海,
永恒的灵智时时在眼前闪现。
　　超凡的智者,有福的先知!
　　真理就在你心头栖止
　　……
　　孩子呵!如今你位于生命的高峰,
　　……

希尼所说的"'婴儿'意为'不说'","'婴儿'的话语即是诗的来源,那就是不说出的那部分"以及"密封在记忆中的 [婴儿期],写时就像打开了埃及的坟墓",不也正是华兹华斯《颂诗》所唱颂的"不听也不说,谛视着永恒之海,/永恒的灵智时时在眼前

---

① 吴德安."婴儿"的启迪——都柏林访谈世界著名诗人希尼 [M] // 西默斯·希尼. 希尼诗文集 [M]. 吴德安,等,译. 北京:作家出版社,2001:444—445.

闪现"的婴儿吗？希尼自己在宛若婴儿的状态下创作出他自己最喜爱的诗，不正说明婴儿不只是华兹华斯所谓"卓越的哲人"，而且还是希尼心目中卓越的诗人吗？

无论是希尼还是华兹华斯，他们所唱颂的婴儿不只是宗教中的"圣婴"，更是每一个世俗中的婴儿，不只是皇宫大殿中的婴儿，也是乡村茅舍里的婴儿。不过正如两位诗人所揭示的，如果我们已经发现每个婴儿是"卓越的哲人""卓越的诗人"，那么，每一个普通的婴儿自然而然便是智者（"超凡的智者"）、先知（"有福的先知"），自然而然便是神圣的婴儿。

希尼强调，他以往并未意识到这种观点，"只是最近我才想到这点……我最近才意识到'婴儿'不说话的效力"[①]。访谈者吴德安也介绍说："'婴儿'的寓意是希尼最近常常在想的问题。他的许多诗都是写他童年的回忆……"看来，希尼到晚年才意识到"复归于婴儿"的重要性，而实际上他的创作实践早已在不知不觉中进入"复归于婴儿"的状态。作为伟大诗人的希尼对"婴儿"的认识尚且要等到晚年才得以达成，这的确令人感慨万千。《周易·系辞上》有云："百姓日用而不知，故君子之道鲜矣。"信然。

这也可以解释为什么希尼在诺贝尔文学奖获奖演说词中提到一些诗人对他产生了影响，而独独没有提到华兹华斯。而在与吴德安的对谈中，希尼却提到了华兹华斯的诗句"儿童是成人之父"，还提到《颂诗》"不朽的暗示来自童年时期"的伟大思想。晚年的希尼在 1999 年或稍前才独自悟出华兹华斯三十几岁时就已经十分成熟的儿童观念，这一方面让我们看到希尼最终与华兹华

[①] 吴德安．"婴儿"的启迪——都柏林访谈世界著名诗人希尼［M］// 西默斯·希尼．希尼诗文集［M］．吴德安，等，译．北京：作家出版社，2001：444．

斯在儿童观方面殊途同归，另一方面恰恰显示出华兹华斯儿童哲学的先进性、超前性，同时也表明华兹华斯儿童哲学历久弥新，依然高居我们这个时代儿童哲学的顶端，依然体现着当今世界儿童哲学的时代精神。

如果希尼不是在 1995 年而是在 1999 年或之后获得诺贝尔文学奖，大概其获奖演说中应当有对华兹华斯的礼赞吧！

在此顺便做一点议论。有知名学者对于"儿童是哲学家""儿童是艺术家"等提法竭力嘲讽，认为这些提法过于浪漫、过于愚蠢。不知这样的学者读到华兹华斯"儿童是成人之父"的诗句会作何感想，读到华兹华斯《颂诗》会作何感想，读到希尼晚年"'婴儿'的话语即是诗的来源"又会作何感想。其实，翻阅几页加雷斯·马修斯的《哲学与幼童》，便可知道为什么说儿童是哲学家。至于"儿童是艺术家"，这是 20 世纪最伟大的艺术家之一毕加索的高论，他声言自己用一生的时间向六岁的幼童学习作画。李泽厚说得好："不能什么都嘲笑，不能对任何意义都嘲笑。人类如果还要继续生存、发展下去，在哲学上就得改变这种什么都嘲笑的方向。""嘲笑意义一旦成为社会风尚，痞子就会成为社会明星，社会就不能成其为社会。"①

这里有必要指出，夸美纽斯、卢梭、华兹华斯、希尼等人对儿童的唱颂，在中国思想史里并不鲜见。早在先秦时期，老子就倡导"复归于婴儿"，孟子提出"大人者，不失其赤子之心者也"。宋代心学的代表人物陆九渊认同其兄陆九龄的诗句"孩提知爱长知钦，古圣相传是此心"。明代王阳明学派更是将赤子之心当作学派命脉。到明代末期李贽提出"童心说"（试图包容文学、文化、政治、伦

---

① 刘再复，李泽厚. 二十一世纪的哲学展望——对谈录［J］. 读书. 2010（1）：63.

理）的理论体系，与卢梭的以"人自身的自然"（天性）或"自然人"概念为核心的理论体系有惊人的相似之处，而李贽要比卢梭早出生185年。遗憾的是，李贽因其思想而下狱自戕，不见容于他的时代（由此亦能见出当时中国步入下坡路背后的政治、伦理、文化方面的原因，直至20世纪80年代"改革开放"后始得"转运"而走向"崛起"），未能如卢梭学说那样开启"法国大革命"一类的社会运动。在中国进行"以人为本"的现代化建设、呼唤复兴传统文化的今天，童心主义的复兴正逢其时。

童年何以如此丰饶

——思想史视角

> 经历了所有心灵的磨难，所有的思索与斗争，而当我还是一个孩子，对周围的一切一无所知，和现在相比，当时我不是丰富吗？
>
> ——荷尔德林：《许佩里翁或希腊的隐士》

> 个体发生的几个早期阶段是潜在适应的一个蓄水池。
>
> ——S. J. Gould, *Ontogeny and Phylogeny*

儿童拥有宝贵的天性（human nature，即人之自然）资源，"柏拉图问题"便内隐对这一发现以及童年何以如此丰饶的追问。幼态持续学说则从进化论角度，对童年何以如此丰饶做出科学说明。其实这类发现在中国古代哲学里并不鲜见。"柏拉图问题"和幼态持续学说可视为对中国童心主义思想的支持。对人之天性的发现导致对儿童的发现。而对天性的发现以及对儿童的发现是现代教育学的逻辑起点。儿童及其天性在我国教育学界乃至具体教育实践中的地位还有待确认和提升。只有如此，教育与儿童相互对峙这一传统教育中普遍存在的老大难问题，才能得以抑制乃至彻底解决。

一、如何走出教育与儿童的疏离乃至对立？

有怎样的儿童观，便有怎样的教育观。如果成人认为童年是贫乏的，那么他们就会自然而然地认为，应当将知识从外向内传递给儿童，让儿童脱离贫乏走向丰富。如果成人认为童年是丰饶的，甚至认为"儿童是成人之父"，那么所持的教育观便会全然不同。两种不同的儿童观决定了两种不同的教育学体系，前者是传统教育学，后者是现代教育学。

总体来看，前一种是当下中国的教育学所秉持的儿童观。在儿童与成人、学生与教师的关系中，儿童是弱小、无知、卑微、被动的劣势一方，教师等成人则处于强大、渊博、尊贵、主动的优势一方。这种儿童观认定童年是贫乏的，所以成人便有权利将外部的知识、技能、伦理等信息传输给儿童，而不用太多地考虑它们是否能在儿童的天性、儿童的世界、儿童的生活中落地生根。这种教育往往会以牺牲儿童的天性、儿童的世界、儿童的生活为代价。总之，这种教育会戕害童年。

而现代教育学是以"发现儿童"为逻辑起点的。所谓"发现儿童"，就是发现儿童有独立的不同于成人的生活，发现儿童具有丰富的天性，发现儿童的成长是儿童自身的"内在自然"朝向"自然的目标"的"内在的发展"。[1] 因此，在现代教育学体系中，"儿童"这一核心概念便左右着教育的概念，儿童成为"教育的太阳"。[2] 于

---

[1] 卢梭. 爱弥儿[M]. 李平沤, 译. 北京: 商务印书馆, 1978: 5—9.
[2] 杜威. 学校与社会[M]. 杜威. 学校与社会·明日之学校. 赵祥麟, 等, 译. 北京: 人民教育出版社, 1994: 43.

是，新的教育概念相应诞生——"教育即自然发展"（卢梭），"教育即生长"（杜威）。这是卢梭、裴斯泰洛齐、福禄培尔、杜威、蒙台梭利、皮亚杰、马拉古奇等人所共同守护的现代教育学体系的根本立场和基础观念，亦即儿童教育的现代立场与现代观念。

中国当前的基础教育改革欲往现代化方向迈进，"发现儿童"这一关非过不可。在此，我将围绕"童年何以如此丰饶"这一问题，请古今中西思想史上相关的一些著名理论或著名学者出场，围而烛之，形成焦点，以便让读者看到那些隐藏于相关思想史料中的论据，听到"儿童具有丰富的天性资源"这一立论的历史回声。我将从"柏拉图问题"说起，一直说到中国古代的童心主义思想。

二、"柏拉图问题"

语言学家乔姆斯基发现：在没有足够语料证据的情况下，即在"刺激贫乏"的条件下，儿童可以轻而易举地学会复杂的母语。乔姆斯基试图找寻其背后的原因，并将这一问题延伸至认识论领域：在证据材料如此有限的条件下，为什么我们能知道如此之多。也就是说，我们的所知要远远超出外部条件给予我们的信息或刺激。追根溯源，柏拉图也曾有过这样的问题，罗素将其转述为："尽管人类在其短暂的一生中与世界的接触是如此之少，而他们的知识为什么如此丰富呢？"① 于是，乔姆斯基将这一问题命名为"柏拉图问题"。由此可见，"柏拉图问题"亦是理性主义认识论所内隐的基本

---

① Noam Chomsky. Knowledge of Language: Its Nature, Origin, and Use [M]. 北京：外语教学与研究出版社，2002：F37.

问题。

乔姆斯基将自己一生的语言研究归约为对"柏拉图问题"的研究。乔姆斯基的语言哲学中隐藏着这样一个命题,那就是"儿童即语言学家",即每个学习母语的儿童都是天生的建构母语语法规则的"语言学家"。[①] 可见,儿童天生具有丰富的语言学知识体系。

与"儿童即语言学家"这一命题相呼应,学术界出现过"儿童即哲学家""儿童即艺术家""儿童即梦想家"等命题。有的学者认为以"家"相称儿童太过浪漫。这类批评家恰恰不懂童年的丰富性,因而小觑儿童,进而批评乃至拒斥现代儿童观,拒斥儿童进入教育、社会和文化的中心场域。

通常认为,"儿童即哲学家"是进入20世纪方才出现的命题。其实不然。华兹华斯在1802年春天开始创作的长诗《颂诗》,已提出"儿童即哲学家"的命题。华兹华斯不仅认为儿童是哲学家,而且认为是"最好的哲学家",是拥有人类丰饶的天赋"遗产"的"最好的哲学家"。[②] 从此处亦可看出华兹华斯在19世纪初已经具有多么伟大的儿童观念。

至于"儿童即艺术家",通常被认为是大画家毕加索提出的命题。毕加索认为每个儿童都是艺术家,声称自己用一生的时间向六岁的儿童学习绘画,并试图像六岁的儿童那样作画。什么是艺术?什么是艺术家?儿童是不是艺术家?在这些问题上,作为公认的伟大艺术家的毕加索,要比拒斥"儿童即艺术家"的批评

[①] 李曙光. 乔姆斯基"儿童即语言学家"命题的实质与作用 [J]. 南京师大学报(社会科学版), 2017(4): 110.

[②] William Wordsworth. Ode: Intimations of Immortality from Recollections of Early Childhood. http://www.bartleby.com/101/536.html.

家更有发言权。当然，在艺术领域，不只是毕加索在向儿童学习，还有一大批伟大的画家、音乐家向儿童学习艺术的趣味和表现手法等等，试图在儿童那里，进而在自己的心灵深处，发现艺术的丰饶而深邃的源泉。

儿童即语言学家、儿童即哲学家、儿童即艺术家、儿童即梦想家等命题，都在言说童年自身的丰饶，因而是与"柏拉图问题"联系在一起的。

"柏拉图问题"是对人天性资源何以如此丰饶的追问，也是对人之天赋如此丰饶的确认与礼赞。实际上，柏拉图借苏格拉底之口对后世的"柏拉图问题"做过解答，那就是知识即回忆，也就是说，知识是内在的。在柏拉图对话录中，为了应对人自身的这一认识论范畴的自然规律，苏格拉底在教育学上提出著名的精神"接生术"予以回应。由此可知"柏拉图问题"无疑具有重要的教育学意义。

乔姆斯基基于对儿童语言的研究，进一步阐释、支援、光大了柏拉图理性主义或内在主义的认识论传统。在乔姆斯基看来，个人的"知识"与其"经验"是不同的，知识是大于经验的。"柏拉图问题"是对这一事实的发现，也是理性主义、内在主义对经验主义所固有之局限的发现。

三、与"柏拉图问题"类似的一些发现

一些著名的西方学者不经意间已表述过与"柏拉图问题"相关联的学术发现，尽管他们不可能预料到，后人会将他们的表述与"柏拉图问题"联系起来。

例如，卢梭的《爱弥儿》就曾这样谈及这一问题：

……如果我们把人的知识分为两部分，一部分是所有的人共有的，另外一部分是学者们特有的，那么，把后者同前者一比，就显得是太渺小了。可是，我们是不大重视我们所获得的一般的知识的，因为它们是我们在不知不觉之中甚至是在未达到有理智的年龄以前获得的；此外，学问之所以受到重视，只是因为有它的差别，而且，正如在代数方程式里一样，是因为公有数是不加计算的。

甚至动物也能学到很多的东西。它们有感觉，它们必须学会使用它们的感觉……①

卢梭已发现：人具有"所有的人共有的"知识（其实就是古代中国人所谓"百姓日用而不知"的那部分知识）；在计量知识的代数方程式里，存在着不加计算的公有数（其实就是"所有的人共有的"知识）；人后天所获得的知识在其知识总量中是渺小的。

再如，华兹华斯在其长诗《颂诗》第五节写道：

> 我们的诞生其实是入睡，是忘却：
> 与躯体同来的魂魄——生命的星辰，
> 　　原先在异域安歇，
> 　　此时从远方来临；
> 并未把前缘淡忘无余，
> 并非赤条条身无寸缕，
> 我们披祥云，来自上帝身边——

---

① 卢梭. 爱弥儿[M]. 李平沤, 译. 北京：商务印书馆, 1978: 48.

那本是我们的家园；

……①

显然这是说，儿童出生以前即具有一种丰富的"前存在"，儿童是携带丰富的天性资源来到这个世界的。不少文艺批评家认为华兹华斯此处的认识与苏格拉底、柏拉图的"知识即回忆"是相通的。华兹华斯的这种儿童观与尼采的精神三变说也有相通之处。

尼采认为精神有三种变形：精神变为骆驼，骆驼变成狮子，狮子变成孩子。尼采问道："请告诉我，孩子能做什么呢？他能做狮子无能为力的事吗？为何猛狮还要变成孩子呢？"尼采自问自答道："孩子清白无辜、健忘，是一个新的开始、一种游戏、一个自转的轮子、一种初始的运动、一种神圣的肯定。"② 尼采认为儿童是生命循回往复的起点，又是循回往复的生命向起点的回归，在这种回归中，儿童的精神生命已经不断地叠加那骆驼、狮子的精神与力量。也就是说，儿童天生便是丰饶精神的负载者、占有者。

与华兹华斯相呼应，诗人泰戈尔在《孩童之道》中写道：

孩子有成堆的黄金与珠子，但他到这个世界上来，却像一个乞丐。

他所以这样假装了来，并不是没有缘故。

这个可爱的小小的裸着身体的乞丐，所以假装着完全无助的

---

① 华兹华斯. 永生的信息［M］//华兹华斯，柯尔律治. 华兹华斯 柯尔律治诗选. 杨德豫，译. 北京：人民文学出版社，2001：262—272.
② 尼采. 查拉图斯特拉如是说［M］. 黄明嘉，译. 桂林：漓江出版社，2000：18—20.

样子，便是想要乞求妈妈的爱的财富。①

泰戈尔所谓"孩子有成堆的黄金与珠子"，便是指儿童是携带着宝贵而丰富的天性资源来到人间的。这种认识与华兹华斯是一致的。

在《颂诗》第八节，华兹华斯写道：

> 你（幼童）的外在身形远远比不上
> 内在灵魂的宏广；
> 卓越的哲人！保全了异禀英才，
> 你是盲人中间的明眸慧眼，
> 不听也不说，谛视着永恒之海，
> 永恒的灵智时时在眼前闪现。
> 超凡的智者，有福的先知！
> 真理就在你心头栖止
> （为寻求真理，我们辛劳了一世，
> 寻得了，又在墓穴的幽冥里亡失）；
> "永生"是凛然不容回避的存在，
> 它将你抚育，像阳光抚育万物，
> 它将你荫庇，像主人荫庇奴仆；
> ……
> 孩子呵！如今你位于生命的高峰，
> ……②

---

① 泰戈尔. 孩童之道 [M]. 郑振铎，译 // 华宇清，编. 泰戈尔散文诗全集，杭州：浙江文艺出版社，1990：90.
② 华兹华斯. 永生的信息 [M] // 华兹华斯，柯尔律治. 华兹华斯 柯尔律治诗选. 杨德豫，译. 北京：人民文学出版社，2001：262—272.

华兹华斯认为，儿童的"内在灵魂"是"宏广"的，儿童"保全了异禀英才"，具有"永恒的灵智"。在他看来，儿童是"卓越的哲人""是盲人中间的明眸慧眼"，是"超凡的智者""有福的先知"。为什么儿童得以"位于生命的高峰"？那是因为儿童生命中有一种他称为"永生（不朽）"的东西。我以为，这种"永生（不朽）"的东西与《中庸》开篇所谓"天命"一词可以相互会通："永生"即天命、天性、天赋、自然，总之，它来源于天，代表着天。

下面让我们看看蒙台梭利与自称用一生时间研究"柏拉图问题"的乔姆斯基之间隐含的学术联系。

蒙台梭利对儿童的语言发展也有深刻的洞见。在著作《有吸收力的心灵》中，蒙台梭利写道："儿童的语言是发展而来的，而不是教出来的。""儿童语言的发展有如自发的创造。同时，它的发展遵循着适宜于所有儿童的固有法则。"[①]蒙台梭利在这里所说的语言都是儿童生活环境中的自然语言，这种语言不是学来的，而是像四肢一样"生长"出来的。蒙台梭利的这段话其实蕴含着肉身与心灵的一体化或一元化。也就是说，蒙台梭利可以算作梅洛·庞蒂身体哲学的先驱之一。乔姆斯基之后提出的语言哲学思想与蒙台梭利儿童语言发展思想是有类似之处的。所以，我以为，蒙台梭利的儿童语言发展思想亦是乔姆斯基语言哲学的先驱。不过，乔姆斯基是在一个更为系统化的语言哲学、语言心理学的背景中提出这种观念的。乔姆斯基认为，语言不是通过教和学而获得的。"儿童生活于没有组织的语言环境中，没有受过训练，甚至没有任何特殊的语言教导，语言也是发展起来的。"他曾经说过："'学语言'这一说法

---

① 蒙台梭利. 有吸收力的心灵 [M] // 蒙台梭利. 蒙台梭利幼儿教育科学方法. 任代文, 主译校. 北京：人民教育出版社，1993：429.

容易产生误解，不如改说成'语法成长'更妥当。"乔姆斯基在这里所说的语言实际上是一种"精神器官"。① 他认为，语言作为"精神器官"，像身体的各种器官一样，也有一个生长发育的过程。"认为语言的生长类似于一个身体器官的发育，这个思想十分自然而又可信。"② 只要有正常的语言环境，儿童的语言就能正常地发展出来，如同胎儿正常地发育出双臂一样。

可以看出，蒙台梭利和乔姆斯基都认为，儿童的语言是在母语环境、母语义化中自然地发展出来的。这种观念是不证自明的。现实生活告诉我们，乞丐的孩子与受到良好教育的孩子一样，都能发展出一套可以自由表达的母语，所不同的或许只是词汇的丰富程度以及某些表达方式、表达习惯，这是由二者的生活圈子和生活质量造成的，而二者与生俱来的深层语法未必存在后天的那些差异。

如上所述，在乔姆斯基以前，蒙台梭利已经认识到："儿童的语言是发展而来的，而不是教出来的"，"儿童语言的发展有如自发的创造"。③ 既然蒙台梭利对儿童有这样的认识，她就可能形成一系列与此类似的关涉儿童发展的观念。于是，她认为儿童有"巨大的内在潜力"并且倡导人们"保护儿童巨大的内在潜力"也就顺理成章了。蒙台梭利所说的儿童所拥有的"巨大的内在潜力"，其实就是"童年资源"。"巨大的内在潜力"是对"童年资源"试图自我表达的动力维度的描述。

蒙台梭利坚信，童年自身拥有宝贵的天性资源。她说："我们

---

① 乔姆斯基. 乔姆斯基语言哲学文选 [M]. 徐烈炯，尹大贻，程雨民，译. 北京：商务印书馆，1992：186，212.
② N. Chomsky, Reflections on Language [M]. New York: Pantheon Books, A Division of Random House, 1975: 11.
③ 蒙台梭利. 有吸收力的心灵 [M] // 蒙台梭利. 蒙台梭利幼儿教育科学方法. 任代文，主译校. 北京：人民教育出版社，1993：425.

知道如何在牡蛎壳中发现珍珠,在山里发现金子和在地下找到煤矿,但我们却没有意识到当儿童降临世间时所隐藏着的使人类复兴的精神胚芽和创造星云。""儿童的心理天性是某种异乎寻常的至今仍未被认识的东西,然而它对于人类却是至关重要的。儿童的真正的建设性能力,即能动性,几千年来一直被忽视。就像人类一直在地球上生息耕作却没有注意到在地球深处埋藏着巨大的宝藏一样,我们今天的人们在文明生活中取得了一个又一个成就,却没有注意到埋藏在幼儿精神世界中的宝藏。"[①] 这是对儿童的发现,对儿童天性的发现,这种发现使蒙台梭利的教育学达到了一个新的高度与境界。其实,对儿童的这种发现,在中国古代童心主义哲学中是非常丰富的。挖掘中国古代哲学对儿童的这种发现,对于建设扎根于中国自身文化传统,同时又能实现中西思想会通的现代教育学体系,具有重大意义。

四、幼态持续理论

在20世纪,一种被称为"幼态持续"的学说逐步成熟起来。一些生物学家和进化论学者认为,幼态持续是人类特有的进化方式,它使人类最终超出其他灵长类动物,真正成为"宇宙精华""万物灵长"。

有的生物学家将"幼态持续"命名为"彼得·潘进化"。彼得·潘是英国剧作家詹姆斯·巴里(James Matthew Barrie)笔下同名剧本中的人物,是一位永远不愿长大的儿童。顾名思义,"幼

[①] 蒙台梭利. 有吸引力的心灵 [M] // 蒙台梭利. 蒙台梭利幼儿教育科学方法. 任代文,主译校. 北京: 人民教育出版社, 1993: 321, 324—325.

态持续"就是注重选择祖先的幼年特征并加以复演，进而将童年"做"得更长更丰富。

按照著名的幼态持续理论学者蒙塔古（Ashley Montagu）的说法，人类尽管拥有古老悠久的进化历史，可是人类在进化过程中却是越来越年轻："当我们察看化石记录，便可轻而易举地发现，在我们身体进化的数百万年过程中，我们是越活越年轻了。这一进化过程包括祖先成年特征的脱落以及祖先幼年特征的保持和发展。与此相伴的是发育期的延长，以至于用于成长和发展的时间不断增长。同一个进化过程显然也在致力于相应的功能特征与行为特征形成。"[1] 蒙塔古明确指出："我们必须明白，上天或进化历史让人类成长为儿童，而不是我们误解的成为成人。"[2] 这些话来自蒙塔古20世纪80年代出版的著作，却与华兹华斯1802年3月26日所写的诗句"儿童是成人之父"有所呼应。"儿童"这一概念已经走向人类学的中心，成为人类学的核心概念。可以想见，儿童将来不只是会成为教育的中心，而且会走向社会、文化的中心位置。

中国先秦时期的思想家老子主张"复归于婴儿"，孟子主张"大人者，不失其赤子之心者也"，这些说法都与幼态持续学说的基本精神是一致的。我们甚至可以这样戏言，造物主、上帝、上天或进化历史的主宰者也如老子、孟子一样思考，将"复归于婴儿""不失赤子之心"作为人类进化的基本定律。

为什么儿童拥有丰饶的天性资源？对幼态持续学说有重要贡献的学者古尔德（Stephen Jay Gould）一而再、再而三地指出，"幼年

---

[1] Ashley Montagu. Growing Young [M]. Granby, MA: Bergin & Garvey Publishers, 1989: 60—61.

[2] Ashley Montagu. Growing Young [M]. Granby, MA: Bergin & Garvey Publishers, 1989: 197.

特征是后裔潜在适应的贮藏室"①，"个体发生的几个早期阶段是潜在适应的一个'贮藏室'"②，"个体发生的几个早期阶段是潜在适应的一个蓄水池"③。总而言之，这是说童年是进化适应的仓库。这类研究不一而足，都在说明幼态持续这种进化方式特别赋予童年以丰富的天性资源。法国思想家加斯东·巴什拉（Gaston Bachelard）说："童年是存在的深井。"④ 这种说法是正确的。

可以说，幼态持续学说在自然哲学和自然科学方面，为我们提供了"为什么儿童拥有丰饶的天性资源"这一问题的解决方案。

五、"精神层论"

从个体维度转入种系视角有助于理解"柏拉图问题"。

儿童是自然之子，是历史之子。在人类个体的生命里，人类种系进化的历史积淀形成从肉身到精神的一道道"地质层"，儿童甫一出生便承载和拥有这些进化历史的成就。拙著《儿童精神哲学》曾试图建构贯通人类个体身心（生物与精神）的"精神层论"：

> 从生命的演进历史来看，精神共经历了三种表现形式，即生理层面的、本能行为和无意识层面的以及意识层面的。最原始

---

① 古尔德. 自达尔文以来 [M]. 田洺，译. 北京：生活·读书·新知三联书店，1997：61.
② S. J. Gould, Ontogeny and Phylogeny [M]. Cambridge, MA: Harvard University Press, 1977: 375.
③ S. J. Gould, Ontogeny and Phylogeny [M]. Cambridge, MA: Harvard University Press, 1977: 397.
④ 巴什拉. 梦想的诗学 [M]. 刘自强，译. 北京：生活·读书·新知三联书店，1996：144.

的生命主要是生理层面的精神,到了比较高级的生命那里,本能行为和无意识层面的精神才表现出来;而意识层面的精神只有人才具有。较高级形式的精神的发生要简略地重演较低级形式的精神。人类个体要经历生理层面的精神以及本能行为和无意识层面的精神,然后才能进入意识的领域。这是精神层论的基本内容。[①]

为什么将生理组织或肉身亦视为"知识"?肉身是进化历史的结晶。物种既要了解外部环境的信息,又要根据这些信息改造自身(对自己机体的建设),才能更有效地适应环境,以求得生存乃至更好的生存。因而,肉身其实是对环境中的某些信息的搜集和适应。应当是在这种意义上,尼采说:"肉体是一种伟大的理性","被你称为'精神'的小理性也是肉体的工具,是你的伟大理性的小工具和小玩具"。[②]在尼采看来,与我们通常所说的理性相比,肉身是更大的理性。这是尼采对肉身了不起的发现。

本能、无意识与意识作为生物学机能,都属于肉身并为肉身所拥有。太阳底下没有新鲜事。在还不了解尼采、梅洛·庞蒂肉身哲学的情况下,我通过自己的思考,将肉身与本能、无意识、意识等做了一元化的处理。由于"精神层论"已经将身心做了一体化贯通,所以也可以将"精神层论"表述为"身体层论"。

人类个体拥有生理层面的"知识"、本能行为和无意识层面的以及意识层面的"知识"。这就意味着,每个人从外部学来的"知识"尽管可能很多,但是却总是少于个人精神系统中意识层面的"知识",因而总是个人精神系统的子集。而个人的知识总量里除了

[①] 刘晓东. 儿童精神哲学 [M]. 南京:南京师范大学出版社, 1999:375.
[②] 尼采. 查拉图斯特拉如是说 [M]. 黄明嘉, 译. 桂林:漓江出版社, 2000:28.

这一子集外，还有生理层面的"知识"集，以及本能行为和无意识层面的"知识"集。这三个子集共同构成了"个人知识"体系。我们从外部学得的知识永远少于这个"个人知识"体系。

"柏拉图问题"之所以成为问题，就因为人们通常只注意到精神系统的意识层面，而忽视本能行为、无意识层面与生理层面。然而，许多不学而能的"知识"恰恰就来源于本能行为、无意识层面与生理层面。这些层面的主要内容构成了所谓童年资源。

童年资源的内容一旦获得外在形式，便成为儿童文化。这与成人创造的文化是明显不同的。

与成人相比，幼童真正清晰地意识到的生活是很少的，但这并不是说他的精神生活是贫瘠的。实际上，幼童的精神生活是非常丰富的。幼童在自己的游戏、梦想中可以上天入地、降妖伏魔；与他长大成人以后所发现的那个客观宇宙相比，他幼年拥有的那个主观的世界要更为宏大。幼童世界的神通、广大、宏富，来源于历代祖先生活的沉淀，来源于历代祖先各自时空世界的积累与叠加。幼童是历代祖先"生物学遗产"（包括"精神遗产"）的继承人。很大程度上，幼童那个主观的世界是集体无意识的。人类历代祖先（包括非人类祖先）的进化历史是"童年资源"的来源或创造者。

幼童的大部分精神内容是种系的而非个人的，是无意识的而非有意识的，所以他的世界才显得更为纯真，这种纯真是生物学上的真，是"天真"、自然之真。因而，对于成人来说，儿童关于世界的观念、儿童的艺术、儿童的梦想、儿童的游戏、儿童的生活才会如此富有魅力与教益。童年资源是绝假纯真的，是不假人力的，是无为而为的，然而却是人的全部生活和整个文明大厦的根基，所以荷尔德林（Friedrich Hölderlin）、海德格尔（Martin Heidegger）等人将童年作为精神的故乡，毕加索、克利（Paul Klee）等人将其作为艺术的渊薮，1995年诺贝尔文学奖得主希尼认为"婴儿的话语是诗的来源"，2012年诺贝尔文学奖得主莫言将童年视为文学的话语之乡。

可以说，儿童的成长是历代祖先血肉相继的进化历史的一个缩影，儿童的生命宛若史诗。儿童的全部生活都是史诗，都是描绘生命进化历史的诗篇。

六、中国的童心主义

从老子、孟子到陆九渊、王阳明，再到罗汝芳、李贽，中国自发生长出一套童心主义思想体系。

老子主张"复归于婴儿"，他将"婴儿""赤子"视为人自身所体现的"天""道""自然"。在老子的思想体系中，"婴儿""赤子"代表了人性的原初本真状态，通过对"婴儿""赤子"的复归，人之身心所体现的"天""道""自然"得以保全，以防止人、社会与文化（人文世界）脱离其深藏于"天""道""自然"的根系而发生歧变。

老子还特别推崇婴儿所具有的蓬勃朝气。《老子》第十章有言："抟气致柔，能婴儿乎？"（有的版本作"专气致柔"。）《管子·内业》有对"抟气"的描述："抟气如神，万物备存。……非鬼神之力也，精气之极也。"我们可借用"抟气如神"来描摹婴儿的"抟气致柔"。春秋时期老子对婴儿"抟气致柔"状态的推崇，与20世纪80年代蒙塔古的相关说法，尽管相隔两千多年，冥冥之中竟然有所呼应。在谈论暮年之人往往自叹行将就木而自暴自弃时，当时已年届八旬的老翁蒙塔古提出批评："不是岁月而是人们习得的生活方式使人走向孱弱。走向孱弱的根源在于，人们每走一步都放弃一点点真实的自我。绝大多数人对老龄化持一种错误的观念。真正的幸福不是来自成长、成熟或长大成人，而是来自在自身内部找到那个儿童，并认可那个儿童。""所有证据表明，抛弃老龄化预设的首要因素是精神的蓬勃活力（youthfulness of spirit）。对当前的人类来说，这也是当务之急之所以要了解永无止息地培育儿童的幼态持续特征的重要意义，以及之所以要了解让这些幼态持续特征永无止息地伴随生命的成长与发展的重要意义。"[①] 蒙塔古所谓"精神的蓬勃活力"不正是老子所羡慕的"抟气致柔"吗？

接下来谈谈推崇"赤子"的孟子。孟子云："万物皆备于我矣，反身而诚，乐莫大焉。"又说："君子所性，虽大行不加焉，虽穷居不损焉"，"君子所性，仁义礼智根于心"。（《孟子·尽心上》）也就是说，君子的本性自足一切，不待外援；仁义礼智根于自性自心，不待外假。这里的心即自性自心，亦即赤子之心。程颢、陆九渊、王阳明、罗汝芳、李贽等人均继承了孟子的这种思想。

亦可视孟子为身体哲学的先驱。《孟子》有云：

> 君子所性，仁义礼智根于心。其生色也，睟然见于面，盎于背，施于四体，四体不言而喻。（《孟子·尽心上》）

> 恻隐之心，仁之端也；羞恶之心，义之端也；辞让之心，礼之端也；是非之心，智之端也。人之有是四端也，犹其有四体也。有是四端而自谓不能者，自贼者也；谓其君不能者，贼其君者也。凡有四端于我者，知皆扩而充之矣，若火之始然，泉之始

[①] Ashley Montagu. Growing Young [M]. Granby, MA: Bergin & Garvey Publishers, 1989: 196—197.

达。苟能充之，足以保四海；苟不充之，不足以事父母。(《孟子·公孙丑上》)

在孟子看来，性不只是涵盖心，亦涵盖身，所以仁义礼智是形之于面、背、四体的。孟子又将心理层面的"四端"与身体层面的"四体"相比，认为"四端"如"四体"一样是与生俱来的。他认为，如果让"四端""扩而充之"，那么就会四海升平，天下大治。可见孟子的这种思想体系是身心统一、同一的，并以身心为原点而构造社会的、文化的、伦理的、政治的思想体系。因而可以说，孟子是法国的梅洛·庞蒂的思想先驱。

孟子的赤子之心说对中国思想史具有深远影响。例如，在"鹅湖之会"前夕，陆九龄为了表述其弟陆九渊的观点，写出"孩提知爱长知钦，古圣相传只此心"这样的诗句。

孟子又说："人之所不学而能者，其良能也；所不虑而知者，其良知也。"(《孟子·尽心上》)这种观点对王阳明有重要影响。王阳明认为，《大学》所谓"致知"就是致"不虑而知者"(吾心内在的良知)，"良知即未发之中"，"未发之中即良知"(《答陆原静书》)。他认为，良知人人具有，个个自足，是不假于外的内在力量，这正是孟子所谓"人之所不学而能者"，即良能。

此外，王阳明《咏良知四首示诸生》有诗句"个个人心有仲尼""人人自有定盘针，万化根源总在心"，尤其"无声无臭独知时，此是乾坤万有基"这句，所描绘的即是赤子之心。

到了明代晚期罗汝芳和李贽那里，赤子之心思想更是得到蓬勃发展。罗汝芳试图以赤子之心为原点来建设一套具有普遍解释力的人文社会学说。李贽也是如此，认为：童心者"自文"也，童心自有光华，自有文采，有将其文其美自我表达实现的倾向。李贽试图以童心为原点建设一套反教条的、充满人性活力的学说体系。李贽的思想明显具有现代意义，以至日本学者岛田虔次将他的思想看成"中国近代思维的一个顶点"，认为李贽的童心说是"（王阳明）良知的成年"。其实，李贽的童心说岂止是王阳明良知学说的"成年"，也是中国思想史上心性学说、赤子之心说的成熟。

童心主义是中国的思想财富，也是人类的思想财富。李贽因这一学说而下狱自戕，童心主义在中国遭遇挫折，这一伟大思想体系几近寂灭。比李贽晚出生185年的卢梭所作"第一论"（《论科学与艺术的复兴是否有助于敦风化俗》）、"第二论"（《论人与人之间不平等的起因和基础》）和大部头著作《爱弥儿》，提出"自然人"概念，主张"自然人"是第一位的，而文化是由自然人所派生的。可以说，卢梭燃起的是极类似于中国童心主义的思想之火。这一思想之火对于康德等人有深刻影响，为西方现代思想的不断发展开辟了广阔道路。美欧的儿童研究运动、杜威和蒙台梭利的儿童研究与教育研究正是在这种背景下先后涌现的。

李贽的童心说是具有现代气息的思想，但在中国遭遇挫败。这种挫败为后来中国多灾多难的近代史种下了根因。这是值得深刻反思并记取教训的。

七、教育学应主动与儿童天性、儿童生活、儿童世界对接

儿童拥有宝贵的天性资源。西方哲学史著名的"柏拉图问题"便内蕴着对儿童的这一发现。幼态持续学说则试图从进化论角度对童年天性资源何以如此丰饶做出科学说明。其实，这类发现在中国古代哲学里并不鲜见。中国的童心主义哲学具有丰富的相关思想资源，"柏拉图问题"和幼态持续学说可视为对中国童心主义思想的

支持与支援。

"儿童是成人之父"，成人的天性资源是从他曾经是的那个儿童那里"继承"而来的。成人的天性资源归根结底是儿童所拥有的天性资源。

这类发现告诉我们，儿童的"知识"总比儿童从外部学习所获得的知识要丰富得多。一旦了解童年的天性资源及其价值，就会对童年产生敬畏之心，就会自觉守护童年宝贵的天性资源。

对童年天性资源的发现和礼赞具有重要的人文价值和教育学意义。一方面，这可以导出以下命题：1. 儿童本位是以人为本这一原则的核心；2. 童年资源是人文资源的源头；3. 对童年资源的挖掘与发现是人文学科进步的前提，亦是人文学科的重要任务之一，等等。另一方面，这有助于推进以下事项的展开：1. 重建儿童与成人的关系；2. 促成儿童观、教育观实现现代变革；3. 建设儿童本位的教育体系和文化体系，等等。

不管我们是否了解童年，是否愿意去了解，童年都在那里发挥重要的作用。不过，如果人们不了解童年的资源宝库及其价值，就不可能对童年产生敬畏之心，因而便可能有意无意间将其糟践。

对人之天性的发现导致对儿童的发现。而对天性的发现以及对儿童的发现是现代教育学诞生的历史原点，卢梭的《爱弥儿》已为历史作证。由于逻辑的与历史的是相一致的，对天性的发现以及对儿童的发现也是现代教育学的逻辑起点。总体来看，中国当前流行的教育学观念尚未将儿童及其天性作为逻辑起点，儿童及其天性在教育学乃至具体教育实践中的地位还有待确认和提升。只有如此，教育与儿童相互对峙这一在传统教育中普遍存在的老大难问题，才能得以扭转乃至彻底解决。中国教育改革、课程改革的丰富实践已经告诉我们，教育与儿童天性、儿童世界对接比我们想象的还要困难。毛泽东赞同列宁《怎么办？》中的那句名言："没有革命的理论，就不会有革命的运动。"为了消解传统教育中教育与儿童的对峙，教育学研究应当先行，应当率先与儿童天性、儿童生活、儿童世界对接，以"理论"引领"行动"，从而实现教育改革的使命，以及实现中国教育现代化的使命。

向童年致敬

你自源头流出,从此风韵不改。
任逆境如何凶险,
任教育改天换地,
最起作用的还是出身,
和照到新生儿的
那一缕光线。
——荷尔德林:《莱茵河》

天上的神明与星辰,人间的艺术与儿童,这小燕子似的一群儿女,是在人世间与我因缘最深的儿童,他们在我心中占有与神明、星辰、艺术同等的地位。
——丰子恺:《儿女》

童年是值得成人向其表达敬意的。儿童身上的天性资源(童年资源)是一切人力资源、人文资源的源头,而成人是童年这些天性资源的继承者。珍视和挖掘童年的天性资源,不仅能推动教育改革，促进教育学理论建设，而且对于文化建设、社会建设、伦理建设、政治建设等均具有重大意义。

儿童的天性资源作为一个集合或体系，如同种子，具有自然的潜能（亚里士多德《形而上学》有此观点）、自然的意志（叔本华《作为意志与表象的世界》有此观念）乃至自然的目的（卢梭、康德均有这样的观念）。其实，古代中国人也有类似认识，如"天地之大德曰生"（《易·系辞下》）、"天行健，君子以自强不息"（《易·乾》）、"本心不容已"（《耿定向集》）等说法。"本心不容已"，不就是"天行健"在人心中的体现吗？古代中国人已经认识到：赤子之心具有向善的自然生长的倾向，具有文化创造的倾向；赤子之心乃人文世界的根系、源泉、原点和故乡。

一批艺术家、文学家以及人文学者，尤其以毕加索为代表，发自肺腑地尊崇童年、遵从儿童，自觉接受儿童文化的启迪与引领，从而做出伟大的文化创造或思想发现，这对于人类文明的发展具有重大的示范、引领和启示意义。对童年是贫乏的抑或丰饶的回答，体现出截然不同的儿童观，涉及截然不同的教育观。前者与成人本位的传统教育观相联，后者催生儿童本位的现代教育学。儿童本位不仅应当是教育原则，而且应当是文化建设、社会建设、伦理建设、政治建设的基本原则之一。向"童年致敬"这一主张，是对单方面尊重成人的文化惯性的反动，并非主张单方面尊重儿童。在文化创造和文明发展方面，儿童与成人应当相互承认、相互信赖、相互尊敬、携手偕行。

一、儿童拥有丰饶的天性资源

儿童何以拥有丰饶的天性资源，自古及今均有人探讨。现代自然科学对此问题的精深探讨当属进化论领域：用以解释人类进化方式的幼态持续学说在 20 世纪逐步成熟。

什么是"幼态持续"？有的生物学家将之谑称为"彼得·潘进化"（Peter Pan evolution）。彼得·潘是英国剧作家詹姆斯·巴里（James Matthew Barrie）创作的同名剧本中的人物，是永远不肯长大的孩子，于是成为永恒童年的象征。"幼态持续"注重选择祖先的幼年特征并加以复演，进而将个体的童年"做"得更长更丰富。从幼态持续学说的视野来看，人类就像彼得·潘一样，是不肯长大的孩子。

了解童心主义思想的读者或许会赞同：20 世纪西方的幼态持续学说与中国先秦时期老子、孟子的思想可以划破时空相互呼应；人类进化背后的主宰者（上帝、上天、造物主、自然）也如老子、孟子一样思考，将"复归于婴儿""不失赤子之心"作为人类进化的基本定律。当然，这也进一步证明老子和孟子是多么伟大！

幼态持续学说认为，童年是潜在适应的"贮藏室"。[①] 说到这一话题，这让我想起乔姆斯基（Noam Chomsky）的"柏拉图问题"：在"刺激贫乏"的情况下，为什么人能知道得如此之多。这就意味着，人所知道的要多于从环境中探知、所学以及通过接受教育等方式所获的知识；或者说，人的内部有一个知识的或理念的"仓库"，这个"仓库"里的知识远远大于外部所能给予人的知识。

我将人与生俱来所拥有的这个知识的或理念的"仓库"称为童年资源或童心资源，说到底，就是童心或赤子之心。

古希腊的苏格拉底和柏拉图已经意识到，人拥有先验的知识的

---

① 古尔德. 自达尔文以来 [M]. 田洺, 译. 北京：生活·读书·新知三联书店, 1997: 61.

或理念的"仓库"。所以在柏拉图的著作中，苏格拉底认为知识即回忆，他教育年轻人的对话法被称为精神的接生术。

古代中国人也认为人生而具有先验的知识与能力。例如，孔子说："仁远乎哉？我欲仁，斯仁至矣。"（《论语·述而》）又说："为仁由己，而由人乎哉？"（《论语·颜渊》）这表明孔子认为，仁不是他人相授的，而是本有自足的。孟子则认为"万物皆备于我矣"，又提出人生而具有仁义礼智之"四端"，又说"人皆可为尧舜"，又说"大人者，不失其赤子之心者也"。这就赋予了"赤子之心"以丰富的内容，为后世思想家提出"赤子之心自能做得大人"[①]等观念埋下伏笔。

在现代社会，一些人士逐步认识到儿童心灵的丰富性。1802年的春天，华兹华斯写出了《彩虹》一诗，指出离开儿童与生俱来的那颗心灵（其实就是古代中国人所谓"赤子之心"），成人的生命便毫无意义，从而得出"儿童是成人之父／我希望在生命中的每一天／对儿童保持天然的虔敬"的结论。这首诗甫一完成，他便以这几句为引言，开始写作长诗《颂诗：忆幼年而悟永生》（以后简称《颂诗》）。他认为，儿童来自天国，来时带着丰富的"遗产"；儿童的灵魂是伟大的、丰富的（"你的外在身形远远比不上／内在灵魂的宏广"）；儿童是"超凡的智者，有福的先知"，是"卓越的哲学家"；与儿童相比，成人是盲人，儿童则是"盲人中的明眼人"。这就将儿童看作人类心灵丰富"遗产"的占有者，从而使儿童以智慧而崇高的新形象矗立于成人社会的中央。

在安徒生童话《皇帝的新衣》里，一个率直的幼童将成人社会

---

① 罗汝芳：《近溪子集》，卷数。该集是以古代六艺"礼乐射御书数"的次序来编定各卷的。"卷数"即相当于"卷六"。

从虚伪中解救出来,这不正是对儿童作为"盲人中的明眼人"的有力阐释吗?

二、儿童也是文化的创造者

通常认为,儿童是贫乏的,成人是丰富的。这种观点是片面的。其实,儿童拥有更多的未受沾染的天性资源;与成人的世界相比,儿童的世界更可能是天成的、健全的。通常还认为,成人是文化的创造者,儿童只是成人文化的接受者、继承者。这种观点也是片面的。其实,儿童也是文化的创造者,而且是值得成人敬畏、效仿与学习的文化创造者。

(一)与成人的世界相比,儿童的世界是健全的、丰富的

儿童的成长是有"得"有"失"的。① 早在先秦时期,老子就已经对此有所发现。"抟气致柔,能如婴儿乎?"(《老子》第十章)从这句诘问里,可以看出老子对婴儿生命力的羡慕与礼赞。婴儿的生命力如此朝气蓬勃,成人显然不及,因此老子十分推崇婴儿的生命状态,继而向成人发出"复归于婴儿"(《老子》第二十八章)的倡议。与老子遥相呼应,丰子恺于20世纪上半叶曾主张,童年是整个人生的"黄金时代"②,而成人相较于儿童,则失去"天地间最健全的心眼",而成为"可怜的残废者"③。

西方也有类似的认识。例如,英国18世纪的浪漫主义诗人威廉·布莱克(William Blake)在诗集《天真与经验之歌》中将儿童

---

① 刘晓东. 童年资源:从贫乏的童年到丰饶的童年[J]. 人民教育,2014(4):21—25.
② 丰子恺. 送阿宝出黄金时代[M]//丰子恺. 丰子恺文集5:文学卷一,浙江文艺出版社,1992:447.
③ 丰子恺. 儿女[M]//丰子恺文集5:文学卷一,杭州:浙江文艺出版社,1992:114.

与成人进行比较，表现儿童与成人的对立状态，凸显童年世界的纯真，揭露成人世界的苦涩、灰暗乃至异化。比布莱克年轻13岁的华兹华斯则认识到，儿童愈是成长便愈是远离"永生之海"，与生俱来的"天国光辉"也会逐渐暗淡。显然，在布莱克和华兹华斯那里，成长的过程也是"失"的过程。

可以看出，在老子、丰子恺以及布莱克、华兹华斯看来，儿童是健全的、丰富的，而成人的世界恰恰是残缺的、贫乏的。古往今来，有类似发现的人又何止他们四位？

（二）儿童比成人更容易成为哲学家、艺术家

儿童的成长不只是"得"，而且也在"失"。在哲学领域，加雷斯·马修斯（Gareth Matthews）有了自己的孩子后，发现孩子们睡前饭后询问的问题以及对世界的解释，与他在大学课堂所讲授的历史上那些最伟大的哲学家的观点，有惊人的相似之处，于是写下了《哲学与幼童》(*Philosophy and Young Child*)一书。他批评儿童心理学家们只看到成长是一个从不成熟到成熟的持续获得的过程，尤其批评皮亚杰认为童年"认知贫乏"的观点。[①] 他试图论证，儿童早在幼年就是一个名副其实的哲学家了。我们不禁追问：是谁赋予儿童如此之高的哲学天赋？显然，并非成人，而是"上天""上帝""造物主"，是进化历史。

在艺术领域，毕加索等人也有相似的发现。毕加索在晚年曾自言："学会像一个六岁的孩子那样作画，用了我一生的时间。"[②] 在毕加索看来，六岁孩子的绘画真正符合艺术的本性和规律，六岁的孩

---

① 加雷斯·B.马修斯. 童年哲学［M］. 刘晓东，译. 北京：生活·读书·新知三联书店，2015：35.

② 让-罗尔·布约克沃尔德. 本能的缪斯——激活潜在的艺术灵性［M］. 王毅，孙小鸿，李明生，译. 上海：上海人民出版社，1997：270.

子具有丰富的先验的艺术资源，六岁的孩子是值得一切成人艺术家师法的。

无意中读到一位台湾女画家对毕加索的回忆。这位女画家早年赴巴黎学画，其导师与毕加索熟识。有一天，导师带她去观摩毕加索作画。在毕加索的画室里，她帮助毕加索端颜料盘。据这位女画家回忆，毕加索在作画期间不断蹦来蹦去，不断更换奇装异服，不断向周围的人做鬼脸，活像一个小丑。

这位女画家并不知道毕加索作画时为何变得像一个"小丑"。读到这篇回忆文章时，我却恍然大悟：毕加索不只是像六岁儿童那样作画，而是试图表现六岁儿童的生命状态，试图表现六岁儿童的那种调皮、趣味、游戏性和活力。也就是说，毕加索试图让自己真正变成一个六岁的孩子——从里到外。这是毕加索在做老子"复归于婴儿"的那种努力，也是孟子"大人者，不失其赤子之心"的写照。这正是毕加索的高明与超迈之所在。

作为成人的毕加索，努力以六岁儿童的状态来创作艺术作品，与其说他所追求的是六岁儿童的绘画技艺，不如说是表现六岁儿童的艺术趣味与感受。这时他不只是一位画家，还是一位演员；不只是一个成人，还是一个六岁的儿童。

不过，成人艺术家与六岁儿童毕竟是有区别的。六岁儿童的绘画可能是天真、简朴的，随心所欲，心无挂碍。毕加索则要经过自己的一套颇为复杂的"仪式"，试图再现六岁儿童的这种随心所欲，再现六岁儿童的审美和创作，获得一种他试图达成的艺术作品，从而实现其艺术创作的目的。

六岁儿童的绘画更多是一种自然过程，而毕加索的绘画是通过回归这一自然过程来实现自己的艺术创造——这更多是一种文化过程。这是一种伟大的文化创造，是文化创造的典范，对于人类文明的发展具有重大的示范、引领和启示意义。之所以能够做出这种回归，是因为他发现了儿童对他的艺术创作具有启示和引领的价值，发自肺腑地尊崇童年、遵从儿童。

所以我以为，毕加索用一生时间试图像六岁的儿童那样作画，这是一种艺术的、文化的"寓言"，是典范和启示，是一项具有普遍意义的文化事件。

（三）儿童在道德领域也具有丰富的天性资源

上面说到，儿童在认知、艺术等领域拥有丰富的天性资源。其实在道德领域，儿童也拥有丰富的天性资源。

前面已说到，孔子认为"仁"非外假于人，而是"我"固有之。这种观点在孟子那里得到发扬光大。

孟子认为，仁义礼智其根源是先天的。孟子云："恻隐之心，仁之端也；羞恶之心，义之端也；辞让之心，礼之端也；是非之心，智之端也。人之有是四端也，犹其有四体也。"（《孟子·公孙丑上》）又云："仁义礼智，非由外铄我也，我固有之也，弗思耳矣。故曰：'求则得之，舍则失之。'"（《孟子·告子上》）又云："有是四端而自谓不能者，自贼者也；谓其君不能者，贼其君者也。"（《孟子·公孙丑上》）接过孟子的话头，我们可以推论：谓儿童不能者，贼儿童也。孟子不仅不小觑儿童，而且将儿童看得很高，以至道出如是命题："大人者，不失其赤子之心者也。"（《孟子·离娄下》）孟子又云："君子所性，虽大行不加焉，虽穷居不损焉，分定故也。君子所性，仁义礼智根于心。其生色也，睟然见于面，盎于背，施于四体，四体不言而喻。"（《孟子·尽心上》）这既与康德先验哲学有可会通之处，亦与梅洛·庞蒂（Maurice Merleau-Ponty）的具身哲学相互支援。孟子又说："凡有四端于我者，知皆扩而充之矣，若火之始然，泉之始达。苟能充之，足以保四海，苟不充之，不足以事父母。"(《孟子·公孙丑上》)这就将整个人文世界看作发源于"四端"，是赤子之心、良知良能"扩而充之"的结果。孟子的上述话语，可视为宋明心学的大要。

王阳明对孔子的仁学以及孟子的良知学说、赤子之心学说有所发挥。他曾作《咏良知四首示诸生》：

> 个个人心有仲尼，自将闻见苦遮迷。而今指与真头面，只是良知更莫疑。

> 问君何事日憧憧？烦恼场中错用功。莫道圣门无口诀，良知两字是参同。

> 人人自有定盘针，万化根源总在心。却笑从前颠倒见，枝枝叶叶外头寻。

> 无声无臭独知时，此是乾坤万有基。抛却自家无尽藏，沿门持钵效贫儿。

"个个人心有仲尼""人人自有定盘针"，强调的还是人的本心、本性中有良知在。"无声无臭独知时，此是乾坤万有基"，则是表述天性、本心在宇宙人生中根基性的位置。

明朝晚期的罗汝芳、李卓吾则进一步弘扬了宋明心学的童心主义思想。

今天的中国人对此亦有接续。例如，贾平凹就曾写过一篇短文《我的老师》，对一位三岁半幼童的人生态度、经世哲学、道德风貌等做了唱颂。

论述至此，可以发现，儿童的精神创造、文化创造是人类文化不可或缺的一部分。不仅如此，儿童文化还是成人文化的根基与本源。

三、儿童文化是根、本，成人文化是花、果

以毕加索、马修斯等为代表的一批艺术家、哲学家对儿童艺术、儿童哲学的发现，是人类进入现代社会后对儿童的又一次伟大发现，堪称一次重大的文化事件。

这一文化事件其来有自：苏格拉底"接生术"——柏拉图"知识即回忆"——《新约全书》"那进入天国里的，都是像孩子一样的人"——文艺复兴运动中对人的发现——宗教改革运动中对人自身神圣性的发现——启蒙运动时期卢梭对自然人继而对儿童的发现——《国际歌》"从来就没有什么救世主，也不靠神仙皇帝，要创造人类的幸福，全靠我们自己！"——马克思彻底的自然主义和彻底的人本主义以及将未来的理想社会视为向人的本性复归的社会，等等。一言以蔽之，那就是：相信人自身的力量，相信人的天赋、本心。这与古代中国人的童心主义是相互会通、相互支援的。

毕加索以六岁儿童为师，可六岁儿童的绘画与毕加索的绘画相比，市场价值却有天壤之别。何以如此？每个人都有自己的六岁，六岁儿童的绘画并不鲜见。但是，自觉地以六岁儿童为师的艺术家却是罕见的。

毕加索将六岁儿童本能的、无意识的、自然形态的艺术，以成人文化的形式再现，这种成人文化便是最为接近自然本质的文化。这是最为宝贵的文化。它接近人的自然本性，是最远离异化的文化，是最为理想态的文化，也是最为符合人的本质属性、审

美趣味和艺术规律的文化。因而,毕加索的画才成为天价的文化产品。事实上,这一类艺术作品代表了人类艺术、人类文化的一种伟大方向和历史新高,因而具有极高的艺术价值、文化价值、历史价值。

推而广之,可以说,不论是在艺术还是在认识、伦理等领域,如果成人能够复归童心,那么这些成人所创造的文化就是最符合人自然本性的文化。这或许就是老子倡导"复归于婴儿"、孟子主张"大人者,不失其赤子之心"的缘由。

前面已经提到,幼态持续理论认为,人类的生物进化反复选择祖先的幼年特征。我们也可以说,人类的文化进化也是反复选择那些具有幼年特征的文化。就像耶稣所说的:"那进入天国里的,都是像孩子一样的人。"如果将"天国"看成人间的理想社会,那么这些生活于其中像小孩子一样的成人所创造的文化当然是成人文化。然而,由于创造这种成人文化的成人本身就像儿童,这种成人文化又像儿童文化。毕加索等人的艺术实践、艺术生活、艺术创造已经为我们树立了光辉的榜样。

老子提出"复归于婴儿",其实也是要求成人再次变成婴儿,以此为导向、为理想的成人文化,一定意义上当然源于儿童文化,相似于儿童文化,复归于儿童文化。

而孟子提出"大人者,不失其赤子之心",则要求成人永远不能失去人之精神内核——赤子之心。然而,成人大都得了"童年遗忘症",除了那些天才(波德莱尔所谓"可以随意回到童年的人")。例如,莫言说自己在镜子里是乏味的成人,但在写作中又回到童年,变成儿童,从而在回忆中的童年世界(莫言的"高密东北乡",即莫言的"文学共和国")里自由徜徉,下笔千言万语。

李贽在其《童心说》中写道:"天下之至文,未有不出于童心焉者也。苟童心常存，则道理不行，闻见不立，无时不文，无人不文，无一样创制体格文字而非文者。"这是将"童心"视为文化之本源，鼓吹以童心为本位进行文化建设、政治建设、伦理建设、社会建设；若离开童心，则满场皆假。历史已经证明，霸道的"成人本位"、庸俗的"社会化"会让中国变成"老大之中国"，让这个"老大之中国"变得虚伪、孱弱。可见，梁启超《少年中国说》是与李贽《童心说》遥相呼应的。

人本主义心理学家马斯洛（Abraham Harold Maslow，1908—1970）说过，"自我实现者"都是带孩子气的，保持孩子气是保持心灵健康与心灵自由的条件。我们是否可以从中嗅出孟子"大人者，不失其赤子之心"的浓郁气息呢？

如果从群体（社会）来看，儿童文化、成人文化是分别存在的，但从个体维度来看，儿童文化与成人文化具有同一性。正像一棵树苗长成一棵参天大树，两者是同一棵树，不是两棵树；同样，在个体发生视野中，儿童文化与成人文化也是"同一棵树"。儿童文化具有内在的倾向；如果儿童文化不被扭曲和异化，它会自然地走向健全的成人文化。

说到这里，我们会发现：健全的成人文化来源于儿童文化，是儿童文化的延展；在儿童文化面前，成人文化"失去"了真正独立的身份。于是，成人文化"隐形"了、"不存在"了，只余下儿童文化。成人文化成为来源于儿童文化的文化。

成人文化与儿童文化是相互贯通的一个整体，是同一种文化。儿童文化是起点，成人文化是归宿。儿童文化是根本，成人文化是结果。换句话说，儿童文化为本，成人文化为末。在这种意义上，可以发现：成人文化原本是由儿童文化所蜕变，它"脱去马甲"就是儿童文化。这就是儿童文化与成人文化的辩证关系，也是人类文化的根本特征之一。

事实上，成人往往无视童年的价值，无视儿童文化的存在，从而成为童年生活和儿童文化的破坏者。"要想帮助和拯救世界只能依靠儿童。因为儿童是人类的创造者。"①蒙台梭利说得多好啊！人性的尊严是与童年、童心、儿童联系在一起的。尊重童心，尊重儿童的生活，珍惜童年的价值和儿童的文化，便是尊重人性的价值与尊严。人要想变得更为强大，就必须了解儿童，尊重儿童，善待儿童，跟随儿童。

四、孩提之心是人类文明的原点和故乡

莎士比亚通过哈姆雷特之口，表述了他对人的发现："人类是一件多么了不得的杰作！多么高贵的理性！多么伟大的力量！多么优美的仪表！多么文雅的举动！在行动上多么像一个天使！在智慧上多么像一个天神！宇宙的精华！万物的灵长！"②试问，人为什么有如此高贵的理性？人为什么在智慧上会像一个天神？

卢梭认为保持本性的"自然人"拥有了不起的智慧和力量。康德受卢梭的影响，认为人有先验理性。

中国先秦时期的童心主义者也认识到这种智慧的依据和根源，那就是"婴孩""赤子之心""良知良能"。孟子所谓"大人者，不失其赤子之心"具有这样的意味："大人"应当继承那些与生俱来的天性资源（"赤子之心"），而非小觑之、鄙薄之；守护好赤子之心乃是成为"大人"的必要条件。明代晚期的罗汝芳这样诠释孟子

---

① 蒙台梭利. 有吸收力的心灵 [M] // 蒙台梭利. 蒙台梭利幼儿教育科学方法. 任代文，主译校. 北京：人民教育出版社，2001：336.
② 莎士比亚. 哈姆雷特 [M]. 裘克安，注释. 北京：商务印书馆，2014：92.

这句话："不是说大人方能不失赤子之心，却是说赤子之心自能做得大人。"（罗汝芳：《近溪子集》卷数）这是将成人所能达成的文化成就与人生高度，归因于"赤子之心"在人生中保持整全完美，即归因于人类个体先验的天性资源得以自由展开和全面表达。

何谓"大人"？《周易》对"大人"概念有过如此解释："夫大人者，与天地合其德，与日月合其明，与四时合其序，与鬼神合其吉凶。先天而天弗违，后天而奉天时。天且弗违，而况于人乎？况于鬼神乎？"（《周易·乾·文言》）可见，"大人"独立于天地鬼神，又与天地、日月、四时、鬼神相互呼应、步调一致。特别值得注意的是，"大人"在天意之前行事，亦能与天意不谋而合；在天意之后行事，则遵奉、顺应天意。大人与天不相违逆，当然与鬼神也不相违逆，尤其神奇的是"先天而天弗违"。"大人"能够如此，不就是天人、神人吗？

按照孟子的意思，"不失赤子之心"是成为"大人"的必要条件。而罗汝芳"赤子之心自能做得大人"，则是将"赤子之心"视为成为"大人"的充要条件：有"赤子之心"即谓"大人"。我们甚至可以说，赤子即"大人"。由此可见，赤子是多么伟大！

这让我油然想到赫拉克利特残篇第五十二所谓"儿童是王者"这句话，想到海德格尔对此话的阐释：主宰是儿童，亦即是存在者整体的主宰。[1]罗汝芳对赤子、赤子之心的认识，与赫拉克利特、海德格尔对儿童的认识，不是可以相会通、相支援吗？

比罗汝芳年轻12岁的李贽则认为，童心者"自在""自出""自文"，"天下之至文，未有不出于童心焉者也。苟童心常存，……无一样创制体格文字而非文者"。（李贽：《童心说》）在李贽看来，童

---

[1] 海德格尔. 尼采［M］. 孙周兴，译. 北京：商务印书馆，2010：350.

心自有丰润的内蕴、意涵，"出于童心焉者"自有其智慧、华彩、光辉。李贽认为他的"童心"概念即罗汝芳之"赤子之心"，罗汝芳之"赤子之心"概念即其"童心"。

如此看来，到明朝晚期罗汝芳和李贽，"赤子""童心""赤子之心"在儒学思想史里已经被推到极高的位置。

道家与儒家一样具有童心主义思想。老子主张"复归于婴儿"即为例证。

童心主义不只是会通儒道，而且还与禅宗相互摄取与吸收。何以知之？据传，禅宗五祖弘忍要求弟子写作偈子表达各自的禅悟，以此选择法嗣。神秀所作偈子云："身是菩提树，心如明镜台。时时勤拂拭，勿使惹尘埃。"在神秀看来，人身如同智慧之树，人心宛若明镜之台，应当时刻预防其受到外来的污染。这活脱脱就是孟子主义。

惠能所作的偈子是："菩提本非树，明镜亦非台。本来无一物，何处惹尘埃？"初次读到惠能与神秀针锋相对的偈子，感觉惠能确实要比神秀高出一筹；惠能的偈子在反驳神秀的同时，巧妙地表达了佛学"四大皆空"的思想。不过，后来我又以为，神秀的偈子既有生命又有智慧，对身心的肯定是其核心，而惠能的偈子所展现的智慧却超出了生命；惠能的偈子是释家的，神秀的偈子既是释家的，又是儒家的，因而神秀乃儒僧无疑。神秀的偈子将人的身心分别比作菩提树、明镜台，主张对其勤加保护，严防外部的污染，这种思想与捍卫赤子之心的童心主义是一致的。

从惠能批评神秀的偈子，似乎可以看出惠能是彻底否定人之身心的。其实不然。惠能后来所宣示的"不是风动，不是幡动，仁者心动"流传甚广。这是对"心"的肯定。惠能偈子中"本来无一物"，敦煌本《坛经》此句作"佛性本清净"。这表明，在惠能看来，还是存在"心""性"的，并且心性是清净的。这种观念贯穿整本《坛经》。

只要承认"心""性"的存在，那么，就不可能否定童心的存在，就不可能否定童心所蕴含的天赋宝藏。

阅读禅宗经典文献可以发现，人之自性乃是禅宗的思想起点，发现并保全自性乃是禅宗思想的内核。五祖弘忍曾教诲神秀云："无上菩提，须得言下，识自本心，见自本性，不生不灭，于一切时中，念念自见。万法无滞，一真一切真，万境自如如。如如之心，即是真实。若如是见，即是无上菩萨之自性也。"（《坛经·行由第一》）这种说法与张载的说法如出一辙。张载有云："圣人尽性，不以见闻梏其心，其视天下无一物非我，孟子谓尽心则知性知天以此。"（《正蒙·大心篇》）"须得言下，识自本心，见自本性"的说法颇相似于儒者的"德性之知"。

弘忍又曾教诲惠能曰："不识本心，学法无益。若识自本心，见自本性，即名丈夫、天人师、佛。"于是惠能悟得"一切万法不离自性"。（《坛经·行由第一》）惠能临终前，为众弟子说法，其中有云："若向性中能自见，即是成佛菩提因。"又云："若能心中自见真，有真即是成佛因。不见自性外觅佛，起心总是大痴人。"又一再叮嘱众弟子："恐汝等心迷，不会吾意。今再嘱汝，令汝见性。吾灭度后，依此修行，如吾在日。"（《坛经·付嘱第十》）可见，惠能的佛学宗旨与弘忍一样，乃为"见性成佛"。这与老子、孔孟、陆王、罗（近溪）李（卓吾）等人的童心主义思想可以相互会通。也就是说，儒道释各家均贯穿着童心主义的思想。

禅宗后来出现呵祖骂佛的言论，亦表明禅宗反对偶像崇拜，强调解脱须以自力，不靠他人。

与禅宗六祖惠能"一切万法不离自性"（《坛经·行由第一》）

的观念相类似，宋代儒者提出"古圣相传只此心"，以此还原整个儒学的思想史。

"古圣相传只此心"，语出何处？出自陆九渊与朱熹共襄盛举的"鹅湖之会"。陆九龄、陆九渊两兄弟（陆九龄在陆氏兄弟中排行第五，陆九渊排行第六）甫一出场，便分别亮出一首诗来表达自家的基本观念和思想立场。陆九龄的诗开篇即言："孩提知爱长知钦，古圣相传只此心。大抵有基方筑室，未闻无址忽成岑。"（《陆九渊集》卷三十四《语录上》）可以看出，陆九龄认为，古圣相传只是孩提之心，而此孩提之心就是一切学问的原点和基础，文明的大厦只能建立在这孩提之心上面。陆九渊则和其兄陆九龄的诗作，其中有云："墟墓兴哀宗庙钦，斯人千古不磨心。涓流滴到沧溟水，拳石崇成泰华岑。"（《陆九渊集》卷三十四《语录上》）该诗强调人心是先验的，是代代相传、永生不灭的，从而彰显人心自身所具有的历史积淀及其厚重感。这里值得特别一说的是，陆九渊的这首诗具有浓郁的康德先验哲学的气息，不过，陆九渊比康德早出生585年。

在陆九龄、陆九渊的上述诗作中，孩提之心具有人类智慧、人文世界的先验前设，孩提之心俨然成为人类文明的前提、原点和故乡。

说到这里，我们亦可见出，儒道释三家均有所谓童心主义思想，或者说，可以将童心主义作为一条线索来贯通儒道释各家。不仅如此，童心主义亦可贯通中西相关学说，笔者已有专文发表[1]，此处不赘。

---

[1] 刘晓东. 儿童本位：从现代教育的原则到理想社会的生成［J］. 全球教育展望，2014（5）：64—77.

五、建立成人与儿童的新关系，迎接儿童本位的新文明

"儿童是成人之父"，童年是人生之本；"大人者，不失其赤子之心者也"，童心是人文之源。儿童既是文化创造的本体，也是文化创造的主体。这种观念就是儿童本位的基本内涵。

儿童本位不只是现代教育的基本原则，也是未来理想社会的基本特征。它亦应当是文化建设、社会建设、伦理建设、政治建设的基本原则之一。

马克思在《1844年经济学—哲学手稿》中指出，未来的理想社会是向着人的本性复归的社会。马克思认为，未来的理想社会是完成了的自然主义即完成了的人本主义的社会。在某种意义上，儿童即自然人，儿童本位的社会当然就是自然主义的社会；一个社会既然是以儿童为本位，那么这个社会当然也是人本主义的社会。

儿童本位这一原则是人本主义的进一步完善。童年、童心是成人乃至一切人的内核，因而儿童本位亦是人本主义的内核。在这种意义上，儿童本位的原则与马克思理想社会的基本特征、基本原则又是相互会通、相互支援的。

童年拥有丰饶的人性资源和人文资源，童年是"人生的井"，是人类文化的根系，是一切人文世界的根系，因而童年、童心、儿童是值得成人珍视和敬畏的。

我主张成人向童年致敬，并不意味着主张成人社会单方面向童年致敬。我也主张儿童向成人致敬。这并不是说，我主张成人社会强迫儿童向成人致敬。事实上，儿童具有这样的一种天然倾向：他对成人世界是依赖的，他对成人世界充满好奇与敬畏，他渴望成人社会的承认与肯定，渴望快快长大以便进入成人世界。儿童对成人世界的尊敬是天然的，毋庸强迫。而我也不主张生硬地去强迫成

人，而是劝导成人认识到：儿童所拥有的天性资源是人文世界的源头和故乡。成人有了这种理解，自然会生出敬畏童年的情愫。

我一贯主张儿童与成人建立一种相互尊敬的关系。例如，2005年我所发表的论文《论儿童文化——兼论儿童文化与成人文化的互哺互补关系》，顾名思义，主张儿童与成人在文化创造上是相互哺育、相互补充的："是成人来'救救孩子'，还是孩子来救救成人？成人和儿童应当相互了解、相互尊重、相互学习，互补互哺，才能共同成长，相互拯救。儿童文化与成人文化只有互补与互哺，人类才有可能拥有更为美好更为文明的未来。"① 在2013年发表的《童年资源与儿童本位》一文中，我这样主张："成人文化与儿童文化最好的互动，也许就是成人竭力'复归于婴儿'，从而'不失赤子之心'，而儿童则在相反的向度即成长的向度上（按照进化赋予的个体成长的'时间表'）从容成长，逐步迈入成人世界而又童心不灭。"② 我既反对单方面地尊重成人，也反对单方面地尊重儿童。撰写此文，并非主张单方面尊重儿童，而是对传统单方面尊重成人的那种文化惯性的反动。

《诗》云："惠而好我，携手同行。"（《诗经·邶风·北风》）在文化创造和文明发展方面，儿童与成人应当相互承认、相互信赖、相互尊敬、携手偕行。

先哲有云"孩提知爱长知钦"，由此可知，儿童尊重成人社会有其先验的心理基础。要成人主动去尊重儿童，则需要成人以自己的智慧去"发现"童心，"发现"童年，"发现"儿童。泰戈尔《飞鸟集》有这样的诗句："上帝等待着人在智慧中重新获得童年。"这

---

① 刘晓东. 论儿童文化——兼论儿童文化与成人文化的互补互哺关系［J］. 华东师范大学学报（教育科学版），2005（2）：28—35.
② 刘晓东. 童年资源与儿童本位［J］，教育研究与实验，2013（4）：19.

是否也在召唤成人发现儿童呢?

　　天命、天性、赤子、童心、童年、儿童,在人生、社会、文化中具有源始的、本原的、核心的位置。儿童在教育、社会、文化中理应处于中央地位。对此,但愿我能说清讲透。

第二章

儿童本位:从教育到社会、文化

童年在人生中的位置

大人者,不失其赤子之心者也。
——《孟子》

开端至为威猛。自此以后的,不是发展,而是敉平了以求普及,是保不住开端的那种无能,是把开端的伟大弄得不关痛痒,结果倒炫耀自己之大,这个大只是数量大,散开的面积大,大得畸形。
——海德格尔:《形而上学导论》

童年是人生的根本,这是"儿童本位"得以成立的逻辑前提和理论基础。童年拥有丰富的天性资源。成人是童年资源的继承人、受益人。从个体发展来看,长大成人是儿童成长的目的。但从老子等人"复归于婴儿"的主张看,人生的目的是童年的复归,童年依然是人生的最终目的。从种系进化来看,童年是一种自然目的。[①]

[①] 20世纪生物学界"幼态持续"学说为"童年是一种自然目的"提供了科学证据。参见本书《幼态持续学说及其人文意蕴》一文。

童年资源是人的全部生活和整个文明大厦的根基。[①] 不只是儿童教育应当坚守"儿童本位",文明的进步和提升也需要坚守"儿童本位"。人类社会和文化只有坚守"儿童本位",才有可能实现马克思之"人性复归"的理想社会。

一、突破常识看儿童

为什么一代代成人与儿童相处,竟然没有"发现"儿童?童年的不少现象是假象,会不时迷住成人的眼睛。因此,"发现儿童"如此之难,这一发现最终成为启蒙时代的伟大成就之一,成为卢梭的历史功绩之一。

对童年的把握,会遇到似是而非的现象,还会遇到常识的拦阻。例如,儿童在外形尺寸上比成人小,于是就被当成小大人,然而,儿童的心理却是转变的、生长的,要历经化蛹成蝶般数次的转换与生长,因而儿童与成人是处于不同形态的生命,儿童并不能被视为小大人。再如,婴儿是稚嫩的,这是常识,但这种常识从个体成长角度来看才是对的;如果从种系进化来看,婴儿的生命却是古老的、丰富的。

对童年的把握要突破常识的拘限。《天真与经验之歌》的作者布莱克在诗里对童年和成年做过比较,一反文化常态地讴歌童年而鞭挞成年生活。诗人艾略特(Thomas Stearns Eliot)曾这样评论布莱克:布莱克的诗作是独特的,"但那种独特性却是所有伟大的诗歌中所共有的独特性","这只是一种独特的真诚,在一个过分害怕真诚的世界中这便是使人特别惊骇的了。这是整个世界都暗暗反对

[①] 中国的童心主义者们对这一学术主题有伟大贡献,参见本书《童心哲学史论》一文。

的那种真诚，因为它使人不快。布莱克的诗就有着所有伟大诗歌所共有的不快之感"。① 这种不快之感其实就是对常识的质疑，对常识的颠覆。对常识的质疑和颠覆会碰撞乃至惹恼那常识的拥有者——大众——的观念，因而任何先行者或改革者都会受到拦阻甚至诅咒。卢梭的《爱弥儿》出版后，不就作为禁书被焚烧了吗？其人也遭到与书同焚的威胁。

对童年的沉思需要透过现象、突破假象，需要同常识较量。这就意味着，童年研究需要勇气，需要形而上学和辩证法。

有深度的童年研究是一种真正的形而上学和辩证法，也是一种心灵的探险乃至冒险。

二、"儿童是成人之父"：童年是人生的根本

从华兹华斯《彩虹》一诗中，我们能窥见华兹华斯已发现童年是人生的根本。这首诗写于 1802 年 3 月，全文如下：

<pre>
    目见彩虹，   My heart leaps up when I behold
    我心雀跃：   A rainbow in the sky:
我生命开始时就是如此；   So was it when my life began;
现在我是成人了还是如此；   So is it now I am a man;
将来我老了还将如此；   So be it when I shall grow old,
    否则让我死去！   Or let me die!
  儿童是成人之父；   The Child is father of the Man;
愿我对儿童怀有的天然虔敬   I could wish my days to be
 贯穿我生命中的每一天。   Bound each to each by natural piety.
</pre>

---

① 威廉·布莱克. 天真与经验之歌 [M]. 杨苡, 译. 南京：译林出版社, 2012：8—9.

这首诗本来是无题诗，所以往往又用该诗第一行作为题目。这首诗只有九行，开篇即言"目见彩虹，我心雀跃"，接下来就谈他看到彩虹后的这种感受能力与人生的关系。

值得注意的是，华兹华斯说"我生命开始时就如此"。如果从儿童心理发展的实际来看，生命开始时并非如此，因为新生儿的视力恐怕还看不到天上的彩虹，他的心又如何能因彩虹而欢快地雀跃呢？显然，华兹华斯的这首诗不是为了表述"科学事实"，而是为了表达他的哲学观："我"生命开始时，"我"的心就拥有神奇的天赋资源。这里的"心"与李贽的"最初一念之本心"可相互通约，所指的就是"童心"或"赤子之心"。

华兹华斯歌颂的是"我生命开始时"，也就是李贽所言的"最初一念之本心也"。李贽认为，这"最初一念之本心"对人来说太重要了！"若失却童心，便失却真心；失却真心，便失却真人。人而非真，全不复有初矣。"（李贽：《童心说》）

华兹华斯则认为，如果失去"我生命开始时就是如此"的童心，那还不如"让我去死"。在他看来，如果失去童心，成人的生活便失去意义，生不如死。

这首著名的短诗还有一处往往被读者忽略的细节，那就是，华兹华斯预言"将来我老了还将如此"后，紧接着谈了这一预言若不能实现的情况。对今后的余生里，如果不能葆有"目见彩虹，我心雀跃"这一"我生命开始时就如此"的能力会是怎样的情况，华兹华斯只字未谈。但他用简单的四个英文单词构成的短句表达了他的情绪以及他个人的处置或选择："否则让我死去！"他认为，如果失去了这一能力，那会失去生存的意义。"目见彩虹，我心雀跃"，这是不学而能的天赋能力，不少成人其实就因"童年遗忘症"而失去了这种能力[1]，但华兹华斯对自己将来失去这种能力的情况是零容忍的，因而他写出"否则让我死去"便可理解了。这其实反映了在华兹华斯心灵深处，童心具有多么重要的意义：葆有童心是人生具有意义的前提条件，失却童心的人生便失去了存在的意义。当然这并不意味着，我或华兹华斯认为成人社会"童年遗忘症"的众多"患者"应当失去生存权利。

华兹华斯紧接着得出一个结论：儿童是成人之父。这成为后来不少人文学科学者不断征引的名句。有人将"The Child is father of the Man"翻译成"儿童是人之父"，乍看正确，其实不然。何以见得？这牵涉到如何翻译"the Man"。"man"的义项之一是"人"，但取用这一义项来理解该句的上一句"So is it now I am a man"是行不通的，因为这一句夹在"when my life began"和"when I shall grow old"之间，这里的"man"明显是指"成人"，除此以外任何解释均难以说通。所以，将"The Child is father of the Man"翻译成"儿童是成人之父"确凿无疑，而译为"儿童是人之父"肯定是错误的。

"儿童是成人之父"作为华兹华斯对以上几句诗的总结，强调童年是成年的发源地，儿童是自己将要长成的成人之生命的创造者；儿童身上具有先天资源（"目见彩虹，我心雀跃"是从"我"生命开始时就如此的），成人是这种童年资源的继承者、受益者。另外，华兹华斯将儿童称为成人的"父亲"，又借用"父亲"这一概念在儿童与成人关系中的特殊伦理意味，以颠覆传统的儿童与成人的关系，建立儿童与成人的新关系。

由于"儿童是成人之父"，所以华兹华斯接着写道："愿我对儿

---

[1] 马修斯. 童年哲学[M]. 刘晓东，译. 北京：生活·读书·新知三联书店，2015：105—116.

童怀有的天然虔敬贯穿我生命中的每一天。"这句诗表达的是诗人对童年的崇敬,其实也是华兹华斯对成人的召唤:饮水思源,发现童年,致敬童年!

马克思曾言:"所谓彻底,就是抓住事物的根本。但是,人的根本就是人本身。"① 当马克思"人的根本就是人本身"与华兹华斯"儿童是成人之父"这两个命题相加、合并,"童年是人生的根本"这一命题不就诞生了吗?

童年是人生的根本。一方面,童年是成人生命之树最核心处的那一圈圈年轮,童年作为时间段虽已成为历史,但童年的生命却留存在成人的生命中,依然是成人生命的核心。童年的生命作为我们生命之树的根系,贯通生命全程;不仅贯通生命之树的树干,同时还通过树干催生和滋养着生命之树的所有枝枝叶叶。一旦脱离了根系的滋养,枝叶就会枯萎;一旦最核心处的年轮发生空朽,大树就会面临衰亡。

童年是人生的根本,这是"儿童本位"得以支撑的基础。"儿童本位"是"以人为本"这一原则的根本。

三、目的论视野中的儿童与成人

(一)"儿童的发现"是儿童进入目的论视野的前提

通常认为,启蒙运动时期的卢梭是儿童的发现者。如果从中国古代的文献查找相关思想资源,就会发现古代中国人也对儿童有所发现。"儿童的发现"是儿童、儿童研究进入目的论视野的前提。

---

① 马克思.《黑格尔法哲学批判》导言[M]//马克思恩格斯选集:第1卷. 中共中央马克思恩格斯列宁斯大林著作编译局,译. 北京:人民出版社,1995:9.

比卢梭约早一个世纪的夸美纽斯（Johann Amos Comenius）认为"人的终极目标在今生之外"①，他将此作为《大教学论》第二章的标题，将"今生只是永生的预备"作为第三章的标题。在《母育学校》，夸美纽斯也曾说过类似的话："更重要的是关于未来的生活，更恰当地说，只有这种生活才是生活，从那里把死亡和死亡率都放逐出去，因为现在并不像走向未来生活那样丰富多彩……"②

这种说法与现代观念尤其是现代儿童观还是有区别的。这也说明，夸美纽斯的儿童观与后来卢梭的儿童观有质的不同。夸美纽斯认为人的目标在今生以外，而卢梭明确指出童年的生活具有独立存在的价值。卢梭提出，年年岁岁，每一生活阶段都会有完善和成熟之处："他长大为成熟的儿童，他过完了童年的生活，然而他不是牺牲了快乐的时光才达到他这种完满成熟的境地的，恰恰相反，它们是齐头并进的。在获得他那样年纪的理智的同时，也获得了他的体质许可他享有的快乐和自由。如果致命的错误来毁掉我们在他身上所种的希望的花朵，我们也不至于为他的生命和为他的死而哭泣，我们哀伤的心情也不至于因为想到我们曾经使他遭受痛苦而更加悲切，我们可以对自己说：'至低限度，他是享受了他的童年的；我们没有使他丧失大自然赋予他的任何东西。'"③ 显然，在卢梭看来，儿童当下的生活和幸福是最重要的，而在夸美纽斯看来，更重要的是未来的生活，也只有未来的生活才是生活。可以看出，是崇尚大自然，还是信奉传统意义的上帝④，是肯定今生，还是肯定

---

① 夸美纽斯. 大教学论 [M]. 傅任敢，译. 北京：教育科学出版社，1999：3.
② 夸美纽斯. 母育学校 [M] // 夸美纽斯. 夸美纽斯教育论著选. 任钟印，选编. 任宝祥，等，译. 北京：人民教育出版社，2005：19.
③ 卢梭. 爱弥儿 [M]. 李平沤，译. 北京：商务印书馆，1978：209.
④ 斯宾诺莎、爱因斯坦的上帝不是传统意义的上帝，而是指大自然。卢梭在《爱弥儿》中通过萨瓦牧师的自白表述的上帝也是指大自然。

来世，是卢梭和夸美纽斯的分界线。

上述卢梭的观点赋予童年独立存在的价值、独立存在的目的。

夸美纽斯的有关说法对我们思考童年并非无益。例如他说："人死的例子告诉我们，死亡并不是生存的终结。因为生活正直的人知道自己将要踏进一重更好的生活，他便觉喜悦……"① 在夸美纽斯看来，死亡并不是生存的终结。这种说法是辩证的，没有死当然就没有生。所以，死亡便是重生，重生就是新一代的来临，就是从头再来，就是童年的诞生。这种说法同尼采对童年的认识有类似的地方。尼采说过："孩子清白无辜、健忘，是一个新的开始、一种游戏、一个自转的轮子、一种初始的运动、一种神圣的肯定。"② 尼采认为儿童是人的生命循回往复的神圣起点，又是循回往复的生命向起点的回归，在回归中实现再生。

回归的对象就是目的。从进化史或宏观的历史维度看，童年是目的；正如黑格尔所言，成人的知识通过辽远的历史的反复筛选，有一些最终会变成儿童的知识、儿童的游戏。也就是说，一代代成人的知识、劳作、创造，也是为了建设（积淀与建构）更丰饶的生命、更丰饶的童年。

当然，从个体成长维度或微观的历史来看，童年的目的则是长大成人。具体的某个儿童在心理上是不会以童年为目的的，正如班马所说，儿童是反儿童化的，他的目的是走向成熟，是长大成人。③ 然而，若我们将长大成人视为童年展现自身、实现自身的目的，童年本身便又成为自己的目的，成年成为实现童年之展现自身、实现自身的手段，成年成为成熟了的童年的托载体。成熟了的童年便否

---

① 夸美纽斯. 大教学论 [M]. 傅任敢，译. 北京：教育科学出版社，1999：5.
② 尼采. 查拉图斯特拉如是说 [M]. 黄明嘉，译. 桂林：漓江出版社，2000：20.
③ 班马. 前艺术思想 [M]. 福州：福建少年儿童出版社，1996：516.

定了童年的身份，变成了成年。一旦童年实现了自身，它就否定了自身而蜕变为成年。不过，成年之所以能够存在，又是对童年以自身为目的而展现自身这一过程的肯定，是对童年的生命创造的肯定，是对"儿童是成人之父"这一命题的肯定。

（二）童年是成人复归的目的地

儿童也是人，但成人把儿童当成与自己一样有人格尊严的人看了吗？许多成人将儿童看作小大人，看成"三天不打上房揭瓦"的人。在这种情况下，儿童与成人是不平等的，儿童的地位比成人要低。

但是在历史上，有人却将儿童看得很高。

老子主张"复归于婴儿"。他告诫成人要再次变成婴儿，通过向婴儿的复归而实现人生的圆满。为什么？从天性或天赋上看，婴儿的生命本质或生命状态或生命智慧是圆满的，是成人追求的最高目的。成人一旦失去婴儿的生命本质或生命状态或生命智慧，也就失去了生命的圆满，难以实现生命的目的，难以达到人生本应达到的境界。那虽然难说是人生的失败，但却是人生的不圆满。

孟子云："大人者，不失其赤子之心者也。"在孟子看来，失去赤子之心就不是大人（圣贤的人、自我实现的人），存有赤子之心才是大人。这意味着，赤子之心是大人之心。这其实就是赤子之心崇拜或童心崇拜。

《新约全书》记载耶稣多次讲过这样的话："那进入天国里的，都是像孩子一样的人。"这就意味着，天国里的人都像孩子。孩子是天国里的，而成人却是世俗的。在耶稣看来，成为孩子那样的人，竟然是成人生命修炼的目的。由此观之，耶稣的儿童观与中国的老子、孟子等人的儿童观是相通的。复归童年是成人修炼的手段，童年成为成人复归的目的地。

复归童年，复归童心，永续童心，强调的是人依赖自己的本有、本原以实现自身的拯救和提升，这是一种通过自我发现、实现自我解放的哲学，是一种彻底的人本主义思想。

（三）儿童与成人，童年与成年，孰为第一性，孰为第二性？孰为本，孰为末？

尼采将儿童看作人的生命循回往复的轴心，它既是周而复始的"始"，是起点，又是要到达的目的地，即终点。这用老子的话说就是"复归于婴儿"，用孟子的话说就是实现人生圆满状态的人"不失其赤子之心"，用荷尔德林、海德格尔的话说就是"归乡"。而上述所引耶稣的话也表明，成人通过修炼而变成像孩子那样的人是人生的标准和目的，是圆满状态，是天国的状态。

在老子、孟子、耶稣、荷尔德林、海德格尔那里，儿童是目的，是第一位的。

任何成人都曾是儿童，都是由儿童长成的。所以说，儿童是本，成人是末；童年是本，成年是末。

（四）个体成长维度和种系进化维度中的儿童与成人

从代际更替来看，成年男女的结合、生殖细胞（种子）的结合孕育出新的个体生命。儿童是成人的孩子，儿童会成长为成人，一代代的人在代际更替中前仆后继，不绝如缕。

从个体的生命周期来看，儿童创造成人（"儿童是成人之父"），人的一生就是儿童走向成人，变为成人。

从个体发展来看，儿童是有待发展的，个体的目的是不断成熟。长大成人是个体发展的目的。但从老子等人"复归于婴儿"的主张来看，人生的目的是童年的复归，也就是说童年依然是人生的最终目的。

从种系进化来看，每个成人个体的生活都成为适者生存、进化选择的对象和工具，种系的生命——基因——才是目的。

童年是人之自然（人的天性）的体现。例如，在黑格尔看来，成人的知识变为儿童的知识、儿童的游戏。在这种意义上，种系的目的在于基因，在于种子，在于童年。种子是个体生命的起点，又是个体生命成熟后的结果，是目的。

从种系发生来看，自然向人生成，表现为人的天性的生成和童年期的诞生，因而人的幼年是自然性贮存最丰富的时期。

从个体发生来看，自然的人化就是童年的展开，就是自然人变成社会人、文化人。成人是儿童发展的目的地。尽管如此，中国的李贽和英国的华兹华斯都认为，失却童心，失却最初一念之本心，人生就发生异化。李贽认为失却童心就会变成假人，华兹华斯认为失却初心就会"生不如死"。这都表明，"人之初"给整个人生做了规定。失却这最初的规定，人将非人，人将失去生存的意义。

老子主张复归于婴儿，孟子主张不失其赤子之心。为什么老子、孟子有这种倡导？这是因为自然的人化过程时刻面临异化的危险。自然的人化过程往往会导致童年丰盈的人性遭受扭曲或蒙蔽，而复归于婴儿、不失其赤子之心则是持存天性，预防异化。

人之为人，是人的天性"先验"地规定的。"童心"是人生的"定海神针"，谁失去童心，谁就会迷失人生的意义。天下失却童心，天下就会大乱。

李贽说，失却童心，便难寻真人，便会假人、假事充斥与泛滥，"满场皆假"。这种情况下，当然也就人不人，鬼不鬼，国不国了。所以，从个体维度看，这就迫切需要一种"复归"，那就是与"自然的人化"相抗衡的"人的自然化"，让人在文化化的同时不忘"复归"、"求放心"、"致良知"、保童心，避免失却人自身的自然（天性）。

所谓"自然的人化",从种系发生来看,如黑格尔所言,成人的知识将下降为儿童的生活,似乎其目的是为了童年的丰盈、丰富和强大。童年成为"人的自然化"过程的目的,成人成为童年的手段。幼态持续学说可有力地支撑这种观念。

(五)突破个体维度而以种系视角来看待儿童与成人关系

在长诗《颂诗》中,华兹华斯认识到:儿童来自"永恒之海",儿童世界具有天国之光,随着年龄增长,随着童年的进一步展开,天国的明辉便逐步消失。在华兹华斯看来,儿童是"最好的哲学家""盲人中的明眸""全能的先知!有福的预言家!",但随着儿童一步步走向成人,他的生活便逐渐进入尘世(庸俗的成人世界)。从童年到成年的过程是从天国堕落尘世的过程。

华兹华斯的《颂诗》其实是突破个体维度而以种系视角来看待儿童与成人关系的。

华兹华斯的"永生之海"其实是先验之海、先验世界,或者说是"种子库"或基因库,是彼岸。儿童来自"先验世界",来自"永生世界",来自"上帝身边",是自彼岸世界来到此岸人间。先验是自然,是本质,是种子,是基因,是规定。先验世界即天国。所以,布莱克说儿童的世界是天真的,成人的世界则是经验的,这种说法与华兹华斯的说法是可以相互通约的。

(六)儿童作为自然目的

某一种类的雄性蜘蛛交配后被雌性蜘蛛吃掉,某一种类的雄性螳螂交配后被雌性螳螂吃掉,说明了什么?后代的生存是上帝的目的,是"天志",是自然目的。

汶川大地震中母亲为了拯救孩子而甘愿牺牲自己,说明了什么?说明了孩子是成人的目的。在大灾大难面前,母亲的意志其实也是大自然的意志、上帝的意志、天的意志。正因为这种自然意志潜存在每个人心灵深处，所以这样的故事才让我们觉得感天动地、可歌可泣！

当耶稣说，那进入天国里的，都是像孩子一样的人。说明了什么？说明成人的圆满状态、修行的目的，其实就是变成像孩子那样的人。

这正如老子所倡导的"复归于婴儿"。复归于婴儿状态是人修炼的目的，是人的最高存在、最圆满状态，是人的目的。如果婴儿不是目的，为什么要复归于婴儿呢？

黑格尔说："有许多在从前曾为精神成熟的人们所努力追求的知识，现在已经降低为儿童的知识，儿童的练习，甚至成了儿童的游戏。"①这就意味着，精神运动的目的是从成人世界自然化为"儿童的知识，儿童的练习，甚至成了儿童的游戏"。

加斯东·巴什拉说，如果整个社会都以学校为中心，都以儿童为中心，那该多好啊！②他是想让儿童成为学校的中心，让学校成为社会的中心。一句话，就是所有学校、整个社会都以儿童为中心，以儿童为目的。我们常听到，一切为了孩子。再苦再累，就是为了孩子。这是成人常说的，也是政治人物常说的。普通百姓这么说，教育家陈鹤琴这么说，政治领袖毛泽东也这么说。

综上所述，以新生的一代为目的，这是自然的意志、自然的目的。这在逻辑上易于说明，因为如果不以新生的一代为目的，个体便会有绝后的风险。任何生命个体的自然意志都会规避这种风险的。以幼者为本位，以儿童为目的，这只不过是上述原则在人类这一种系上的具体推演、具体体现罢了。人类的自由意志应当发现和

---

① 黑格尔. 精神现象学：上册 [M]. 贺麟, 王玖兴, 译. 北京：商务印书馆, 1987：18.
② 巴利诺. 巴什拉传 [M]. 顾嘉琛, 杜小真, 译, 上海：东方出版中心, 2000：515.

体现这种自然意志、自然目的，使其成为自觉的、文化的准则。

摄影师左力从 2013 年 10 月开始，用 374 天时间，徒步 12100 公里，重走红军长征路。他在《我为什么重走长征路》中谈到一段感人的历史细节，对于理解和树立"儿童是目的"这一信念有所助益。

> 长征就是从逃难开始的，但是接下来发生的，是一次次绝地反击、向死而生，这也是长征中最动人心魄的环节。
>
> 红军女战士的分娩，构成了长征历史上最为惨烈的开局。长征路上的一天，邓发的夫人陈慧清突然要生孩子了。早不生晚不生，偏偏在一场激烈的突围战刚一打响时要生了，而且是难产。仅仅 1 公里以外，董振堂正率领战士拼死作战，眼看着顶不住了，董振堂拎着枪冲回来问：到底还有多少时间能把孩子生下来？没人能够回答。于是董振堂再次冲入阵地，大声喊道："你们一定要打出一个生孩子的时间来！"结果战士们死守了几个小时，硬是等陈慧清把孩子生了下来。
>
> 战斗结束后，一些战士经过产妇身边时都怒目而视，因为很多兄弟战死了，但董振堂又说了一句足以载入史册的话："你们瞪什么瞪？我们流血和牺牲不就是为了这些孩子吗？！"[①]

这段文字可看作一些共产党人已经清楚地意识到：流血牺牲干革命，其目的就是为了儿童，儿童就是革命的目的，这种革命的目的是与自然的目的相一致的。

革命的目的一旦与自然的目的相一致，这种革命便获得了最高的合法性。时人云"不忘初心"，即是不忘革命的根本目的：率性

[①] 左力. 我为什么重走长征路[N]. 新商报, 2016-09-08（A26）.

而为，替天行道。此处"率性"乃《中庸》"天命之谓性，率性之谓道"之"率性"，其义乃敬天命、循天性也。

四、跟随儿童还是创造儿童？

我曾经认为，中国传统文化、传统社会是主张创造儿童的。现在想来，这一观点是值得反思的。固守传统是中国的一种传统文化，其实，作为其反面的反传统也是中国的一种传统文化。创造儿童固然在中国的传统社会比比皆是，但是，老子"复归于婴儿"、孟子"大人者，不失其赤子之心者也"等思想在中国社会尽管命悬一线，却从未断绝。

现代西方社会主张儿童中心、儿童第一，而古代西方社会也有长期创造儿童的历史。因而启蒙运动时期，卢梭才会在《爱弥儿》开篇即言："出自造物主之手的东西，都是好的，而一到了人的手里，就全变坏了。"这实质上便是批评人对儿童的创造，批评创造儿童的文化传统。卢梭接着写道：

> 他要强使一种土地滋生另一种土地上的东西，强使一种树木结出另一种树木的果实；他将气候、风雨、季节搞得混乱不清；他残害他的狗、他的马和他的奴仆；他扰乱一切，毁伤一切东西的本来面目；他喜爱丑陋和奇形怪状的东西；他不愿意事物天然的那个样子，甚至对人也是如此，必须把人像练马场的马那样加以训练；必须把人像花园中的树木那样，照他喜爱的样子弄得歪歪扭扭。[①]

[①] 卢梭. 爱弥儿[M]. 李平沤，译. 北京：商务印书馆，1978：5.

卢梭以此作为《爱弥儿》的开篇文字，是为发现儿童做逻辑铺垫，同时也展现他之发现儿童的逻辑进路。卢梭先是揭示将自然与人为（文化）对立起来、以"人为"奴役"自然"的错误做法，接着说明童年是具有独立价值、不可跨越的自然过程：由于童年是自然过程，于是童年的存在取得了自然合法性，而忽视童年、将儿童视为小大人这种文化传统忽视"自然"或有违"自然"。总之，卢梭是想说明，童年就是人生的自然过程，童年作为人生阶段是自然过程。

卢梭反对传统的创造儿童的观念和做法，提出尊崇儿童天性的自然教育理论。这得益于文艺复兴时期人的发现。卢梭在"人的发现"基础上，发现了儿童的成长是儿童自身的"内在自然"的展开，而且是朝向"自然的目标"的"内在的发展"。这其实就是历史上著名的"儿童的发现"的核心内容。"儿童的发现"导致西方儿童中心教育学的诞生。

儿童的成长是儿童自身的"内在自然"朝向"自然的目标"的展开，社会文化是这种展开的必要条件，因而在不同的社会或文化中儿童的社会或文化表现便会相应不同。儿童具有很强的可塑性，这并不意味着成人可以改变儿童成长的轨迹和速率。儿童是自己的创造者，成人不宜随心所欲地设计、塑造儿童。儿童与成人一样享有"目的"地位，成人应跟随儿童而非创造儿童。儿童研究是现代教育学研究的原点。对现代儿童观内涵的深入探究和挖掘，可为教育观的现代转型提供必要的理论前提。

跟随儿童（Follow the child）是著名教育家蒙台梭利提出的倡议。是跟随儿童还是创造儿童，这涉及怎样认识和如何对待儿童，涉及如何把握儿童与成人的关系，等等。这一问题是关涉教育改革乃至文明取向的重大理论问题。

传统教育学转型为现代教育学，就是从成人本位向儿童本位的转变，就是从成人创造儿童到儿童创造自身、创造那个未来的自己——成人——的转变。这是人类文明的一次大反转、大飞跃。主张创造儿童，主张君亲师等成人是儿童的创造者是一种倒退。

当前某些学人"创造儿童"的主张，是面对日渐凸显的儿童本位的现代观念所做的一种反抗、反扑。

不过，儿童创造自身、创造那个未来的自己，这些思想在当代中国几乎还是文化盲点，这也是中国教育难以实现现代化的根本原因。但在历史上，老子、孟子、王阳明、罗汝芳、李贽等人都主张童心是人心的本体，人的成长与教育是守护童心而不是破坏童心，人应当敬畏童心而不是创造儿童。李贽在《童心说》中明确提出：童心者自文也。保有童心，人便是"大人"、圣贤、君子，童心被毁则人为假人。人一旦是假人，则"满场皆假"，社会、文化便会走向崩溃。可见，我们完全可以在中国本有的这种思想传统基础上，吸收西方现代教育学作为养料，发展出有中国思想传统特色，又能与西方现代教育学相互会通、相互支援、相互提升的现代教育学。

谁有资格创造儿童？成人没有资格创造儿童，只有"上帝"或进化历史有资格创造儿童。即便"上帝"或进化历史有资格创造儿童，那也要以辽远的进化历史为前提条件。而儿童是"上帝"的代表（夸美纽斯语），也就是说，儿童创造着儿童自身。成人不只是没有权力创造儿童，成人本身也是儿童创造的，成人是他曾经是的那个儿童创造的。华兹华斯说"儿童是成人之父"，这一命题的另一种表述即"成人是儿童之子"。这一命题试图表达，成人是童年遗产的继承者、受益者。

创造儿童所依据的标准是什么？这正是传统的成人本位的观念和尺度，这是对老子"道法自然"原则的背离。

儿童本位的教育学，主张尊重儿童成长的自然规律、自然速率和自然过程，顺应儿童的天性，反对违背儿童发展的自然规律而胡乱作为，通过"无为"而达到"无不为"。这种无为不是不作为，而是围绕天性来作为。创造儿童，其实就是与儿童身上的自然（儿童的天性）过不去，这必然遭到天性的反抗。

成人社会为了实现创造儿童的意志，必然要使用暴力和独裁。创造儿童，就是放弃儿童本位，于是，天性就被丢弃了，人身上的自然被破坏了。"创造儿童"很容易被某些政治人物作为招牌，必然离开儿童自身的自然计划、自然目的、必然路径、发生轨迹、成长规律、自然意志。这让我想到宋代张载的"为天地立心""为生民立命"的雄心壮志。张载是了不起的思想家，但"为天地立心""为生民立命"是值得质疑的。[①]创造儿童的说法与"为天地立心""为生民立命"的说法具有相似的气质。

也许创造儿童的倡导者会说，创造儿童也会尊重儿童的成长规律和儿童的天性。可是，如果这样，创造儿童的主张不又回到儿童本位了吗？

这不能不让我困惑：为什么要反对儿童本位？为什么儿童本位在当下的中国落地生根就这么难？其实，中国本来就有自己的儿童本位思想，那就是发源于老子、孟子的童心主义。

周作人对类似于创造儿童的做法有过深刻批评。周作人曾说："大抵儿童教育本来不是什么难事，只如种植一样，先明白了植物共通的性质，随后又依了各种特别的性质，加以培养，自然能够长发起来。（幼稚园创始者弗勒倍耳［福禄培尔——引者注］早已说

[①] 刘晓东."横渠四句"献疑［M］//刘晓东.蒙蔽与拯救：评儿童读经.南京：江苏教育出版社，2009：7—39.

过这话。）但是管花园的皇帝却不肯做这样事半功倍的事，偏要依了他的御意去事倍功半的把松柏扎成鹿鹤或大狮子。鹿鹤或大狮子当然没有扎不成之理，虽然松柏的本性不是如此，而且反觉得痛苦。幸而自然给予生物有一种适于生活的健忘性，多大的痛苦到日后都忘记了，只是他终身曲着背是一个鹿鹤了，——而且又觉得这是正当，希望后辈都扎得同他一样。这实在是一件可怜可惜的事。"① 在儿童面前，霸道的成人就是周作人批评的"管花园的皇帝"，即那些有权有势有机会创造儿童的成人。

儿童成长是"自然的人化"过程，是儿童社会化、文化化的过程。而老子的"复归于婴儿"便是针对社会化、文化化过程可能出现的异化或歧出而开出的方剂，这一方剂就是通过"人的自然化"来医治"异化"之疾。不只是儿童教育应当坚守儿童本位，文明的进步和提升也需要坚守儿童本位、跟随儿童、以儿童为师等理念。这里的"复归自然"既包括向自然界的复归，也包括向人的本性（天性，即人自身的身心自然）的复归。

马克思认为，未来的理想社会是"人的自我异化的积极的扬弃，因而也是通过人并且为了人而对人的本质的真正占有；因此，它是人向作为社会的人即合乎人的本性的人的自身的复归……"② 人类社会和文化只有坚守儿童本位，才有可能实现马克思之"人性复归"的理想社会。

---

① 周作人. 感慨［M］//周作人文类编·上下身. 钟叔河，编. 长沙：湖南文艺出版社，1998：613.
② 马克思：1844年经济学—哲学手稿［M］. 刘丕坤，译. 北京：人民出版社，1979：73.

幼态持续学说及其人文意蕴

还是让我伸出手臂紧紧偎依着你，
众灵魂与你一样具有长长的幼年期，
这幼年期乃灵魂和善的培育师。
——柯尔律治：《致一个婴儿》

再一次，稚气被看作诗人的荣耀，而不是人的耻辱……
再一次，我呼唤稚气，呼唤荣耀……
——巴塔耶：《内在经验》

"幼态持续"是用以解释人类进化特有适应方式的一个概念。幼态持续学说认为，个体童年的时段延长、发展延缓和内容丰富是人类高于其他灵长类的秘密。幼态持续学说向我们揭示：人是"永恒的儿童"，童年是潜在适应的"贮藏室"，发育缓慢是人类个体童年的特征，发育缓慢使人类大受其益，等等。

幼态持续学说在人文学科上最直接的贡献是它的儿童观意蕴。它也使儿童本位观念和童心主义哲学获得了生物学、进化论等自然科学方面有力的支撑。幼态持续学说对童年的发现，对于改变以童年为敌的社会现实具有重要意义，对于小觑童年、毁坏童年、急匆匆将儿童赶往成年世界的想法和做法，是一剂解药。

幼态持续学说的提出者和支持者已经意识到，该理论可能蕴含丰富的人文意义，并试图阐释其认识论、心理学、美学、文学等领域的意蕴。幼态持续学说与思想史上的童心主义哲学是可以相互会通的。如果能以童心主义作为参照，那么，对幼态持续学说的人文意蕴的探讨将会得到更多启发；与此同时，童心主义也会得到幼态持续学说的支援和滋养。

一、"幼态持续"概念

从本质上看，人类所有年龄段在形态学、行为和认知潜能方面都像儿童，这是幼态持续概念的实质。[①] 英文"幼态持续"一词 neoteny，是对德语 Neotenie 一词的借用。后者是由希腊语 νέος（neos，"年轻"）和 τείνειν（teínein，"延展"）构成的。这一术语是科尔曼（Julius Kollman，德国解剖学家、动物学家和人类学家）在 1885 年描述蝾螈性成熟时所造的。科尔曼将 neoteny 理解为"对年轻特征的保持"（retention of young features），并认为它是人类进化的一种方式。此后，生物学家们逐渐接受了科尔曼对 neoteny 一词的理解和使用，并用这一术语解释人类的进化特征。

幼态持续概念是与"异时发生"（heterochrony）概念联系在一起的。古尔德（在其著名的《个体发生和种系发生》[*Ontogeny*

[①] B. Bogin. Evolutionary Hypotheses for Human Childhood [J]. Yearbook of Physical Anthropology, 40 (1997): 66.

and Phylogeny]一书中)指出:"以下两种方式之一都会改变个体发生:当新特征被引入发展的任一阶段而又影响随后的阶段,或现存特征在展开的时间设置上有所改变时,进化便会出现。"① "异时发生"(heterochrony)就是描述后者的,指祖先之既有特征在其表现的相对时间和发展速率方面的变异。该书试图阐明异时发生具有重大的进化意义。而幼态持续属于异时发生的一个方面。

古尔德最初将幼态持续界定为:躯体发展的延缓所造成的幼形遗留(paedomorphosis,成年后代对幼年形态特征的持有,包括加速成熟而导致的性早熟和延缓发育的幼态持续这两种类型)。② 在此后发表的著作中,古尔德对"幼态持续"做了更具可读性的界定:"在幼态持续中,发展减速了,祖先的幼年阶段(juvenile stages of ancestors)特征变为成年后代的特征。我们人类的许多核心解剖特征将我们与非人类的灵长类胎儿和幼年阶段连接起来。"③

有西方学者认为,幼态持续这一概念可追溯至基督教《圣经》写作的年代。④ 我没有看到这种说法的具体依据,估计是指耶稣曾经宣示那进入天国里的都是像孩子一样的人。显然,这会让人联想到幼态持续的内涵。其实在比《圣经》写作年代更早的先秦时期,

---

① S. J. Gould. Ontogeny and Phylogeny [M]. Cambridge, MA: Harvard University Press, 1977: 4.
② S. J. Gould. Ontogeny and Phylogeny [M]. Cambridge, MA: Harvard University Press, 1977: 227—228. Barry Bogin 写道:"This is neoteny, defined in the glossary of Gould's book as 'paedomorphosis (retention of formally juvenile characters by adult descendants) produced by retardation of somatic development.'" 这段话见 B. Bogin. Evolutionary Hypotheses for Human Childhood [J], Yearbook of Physical Anthropology, 40 (1997): 66.
③ S. J. Gould. The Mismeasure of Man [M]. New York: Norton, 1981: 333.
④ A. Montagu. Growing Young [M]. 2nd ed. Granby, MA: Bergin and Garvey Publishers, 1989. 转引自 B. Bogin. Evolutionary Hypotheses for Human Childhood [J], Yearbook of Physical Anthropology, 40 (1997): 66.

中国人就有类似观念，老子"复归于婴儿"、孟子"大人者，不失其赤子之心"的思想，均可作为幼态持续概念的渊源。老子、孟子的这种思想被陆王心学继承和光大，以至在明代晚期出现了罗汝芳的赤子之心说和李贽的童心说。这就是中国的童心主义。在20世纪，丰子恺可谓中国童心主义的代表人物。

二、胎化学说与幼态持续学说

通常认为，"幼态持续"这一术语由科尔曼所造，但幼态持续学说的基本形态是由伯克（Louis Bolk，荷兰解剖学家）于1926年首次提出的。伯克认为，人类与其他灵长类或一般哺乳类动物有许多幼年特征（而不是成年特征）是相同的，幼年特征的保留可能在进化中起着重要作用。伯克认为，人出生时依然是一个胎儿，这可以从他有个大脑袋和完全无助等"未成熟"（prematuration）的特征体现出来；"如果要用更强调的话来表达我的观点的基本原则，我想说，在身体发育中，人是已经性成熟的灵长类胚胎"[①]。这就是伯克的胎化学说（fetalization theory）。应当说，胎化学说本身就是一种幼态持续学说。

比尔（Gavin de Beer，英国胚胎学家）和古尔德等生物学家先后从伯克的胎化学说发展出自己对幼态持续的更丰富的认识。

比尔在认识个体发育和种系进化的关系方面有卓越贡献。他于1930年出版的《胚胎学与进化》（后来扩展内容，于1940年再版时更名为《胚胎与祖先》）支配了学术界对于个体发育和种系进化之

[①] 转引自古尔德. 自达尔文以来 [M]. 田洺，译. 北京：生活·读书·新知三联书店，1997：58.

间关系的看法长达四十余年。① 比尔认为，成人后代会展现幼年祖先的特征，这就是幼态持续。他将幼态持续视为进化的重要方式，并借用英国作家詹姆斯·巴里剧本《彼得·潘》中的人名，称幼态持续是"彼得·潘进化"。为什么将幼态持续说成是"彼得·潘进化"呢？比尔认为，与祖先相比，后代的发育被抑制，从而不能进一步生长。很显然，人类在进化进程中，着重选择并复演祖先的幼年特征，进而将个体的童年"做"得更长更丰富。《彼得·潘》童话中的"永无岛"（地理概念）在人类个体童年（时间概念）那里得以成功转换并实体化，永远不能成为现实的"永无岛"竟然变成了现实。"彼得·潘进化"思想与《彼得·潘》童话一样富有想象力而又耐人寻味，同时兼具"科学性"。"彼得·潘进化"是人类在进化进程中逐步超出其他灵长类物种的一种重要策略。因而，成人社会应当保护儿童这个"彼得·潘"，保护他的"永无岛"。因此老子、孟子、耶稣、李贽、华兹华斯等人或明示或暗示："童年"这个"永无岛"是成人社会最终得救的"诺亚方舟"。

古尔德对幼态持续学说的基本认识前面已有表述，在下文相应的地方还会介绍，这里暂不多谈。

伯克的观念曾被视为谬论而遭到学术界批评。这种批评有其合理的地方，例如，器官面对不同的选择压力，将按不同的方式进化，即所谓"镶嵌进化"。这意味着，并不能指望胎化学说或幼态持续学说解释人类进化的全部问题。另外，伯克还试图用幼态持续的思想支持种族主义和性别歧视，那他受到批评就更是活该。不过，桥归桥，路归路。古尔德反对伯克那些种族主义和性别歧

---

① S. J. Gould. Ontogeny and Phylogeny [M]. Cambridge, MA: Harvard University Press, 1977: 221—222.

视的观点,同时也为伯克说了公道话,他认为伯克的学说大致是正确的。

但总起来看,幼态持续学说并未得到应有的重视。古尔德抱怨说,他看到人类幼态持续的理论在人类学或生物发育学教材中,通常只占一两行文字。有感于古尔德的这一感慨,在写这篇文字时,我专门查阅了最新的几种生物发育学教材,发现介绍人类幼态持续学说所占篇幅果然仍只是寥寥几句。但在古尔德看来,幼态持续在人类进化中的地位远远大于它在教科书中所占的篇幅。他认为,幼态持续学说对于解释人类进化"即使不是最重要的,也是本质性的问题"①。

许多杰出的进化论学者提出,幼态持续是人类进化的核心特征。但也有学者认为,幼态持续未必就是人类进化的主要特征:人类只是保持了某些幼年特征,同时又抛弃了某些幼年特征。阿比(Andrew Arthur Abbie)认为成人的高鼻子和长腿与幼态持续的假说相抵牾,尽管在他看来,人总起来说是幼态持续的。

三、幼态持续学说与重演论

幼态持续的观点最初是因反对 19 世纪占统治地位的重演论而出名的。古尔德是这样介绍重演论的:"重演论宣称动物在胚胎中和出生后的生活中重演祖先的成体阶段,……重演论者认为,我们胚胎中的腮裂代表了我们由来过程中经历过成体鱼的阶段。"② 也就是说,重演论认为动物胚胎重演祖先的成体阶段。

---

① 古尔德. 自达尔文以来 [M]. 田洺,译. 北京:生活·读书·新知三联书店,1997:59.
② 古尔德. 自达尔文以来 [M]. 田洺,译. 北京:生活·读书·新知三联书店,1997:60.

不过，重演论的始创者海克尔（Ernst Haeckel，德国生物学家、哲学家）并不如此认为。海克尔理解的个体发育，主要是指胚胎期的发育。胚胎发育是个体从受精卵开始到个体出生为止。至于胚胎后的发育就不属于这一概念。海克尔及其追随者认为，进化只是给胚胎加上新的发育期。这种观点被称为"高级形态形成"（hypermorphosis），当然，这是进化的一种路径。也许有人会说，海克尔忽视了进化的"异时发生"这一方式，这是不公允的，因为"异时发生"这一概念恰恰是海克尔于1875年提出的。

如果将古尔德所批评的重演论修订为个体的胚胎是对祖先胚胎的浓缩的重演，同时又将人类个体对祖先某些胚胎特征重演的时间拉长，将重演的速率放慢，而将重演另一些胚胎特征的时间缩短、速率加快，那么，就有可能解决幼态持续学说与重演说相互抵触的问题。

重演应当是胚胎重演，可是人类的重演不只是简单的胚胎重演，这是因为人类婴儿可视为特殊的胚胎。前面提到，伯克就有这种观点。古尔德也曾专门写过一篇文章，题目就是《人类的婴儿是胚胎》。说人类婴儿也是胚胎，这是说人类婴儿是子宫外的胚胎，是大自然、大社会这个"大子宫"里的胚胎。这就意味着，人类个体的重演在婴儿阶段是与母体之外（同时母体又在其中）的大自然、大社会脱不了干系的。甚至可以说，人类个体"胚胎"发育对种系胚胎重演时，至少在婴儿阶段是需要大自然、大社会这个大子宫的，特别值得强调的是，大社会为婴儿发育提供了不可或缺的文化条件。人类婴儿作为子宫外的胚胎，在幼态持续中可能具有特别的重要性。

四、人类个体的迟缓发育与幼态持续学说

人类个体的发育是迟缓的或延迟的。古尔德写道："人的幼

体形态特征是迟缓发展的结果，在这种意义上，人是幼态持续的。""发展的迟缓自身是人类个体发育的基本现象，既因为它是幼体形态的基础，也因为它形成了人类独特适应的核心特征。""时间上的延迟自身是人类异时发生最有效的特征。"[1] 这就意味着，幼态持续现象是由人类个体发育的迟缓导致的。

幼态持续的支持者列出人类个体发育的各种延迟特征，而反对者也有他们的证据清单。显然，从上面的介绍来看，古尔德并不认为幼态持续学说能揭示人类进化的全部问题，但是，他对幼态持续学说充满热情。"我不相信能够否认延迟是进化中的一个基本事件。"[2] 他解释道，灵长类与其他多数哺乳类动物相比，发育一般是延迟的。与体积差不多的其他哺乳类动物相比，灵长类的生命更长久，成熟得更迟缓。这一趋势贯穿于灵长类的整个进化。猿一般比猴的体型更大，成熟更慢，生命更长，而人的成长过程和节奏明显更慢。古尔德以此说明延迟的进化意义。

古尔德进一步解释了人类骨骼骨化的延缓。人的牙齿生得更晚，人成熟得更晚，人的生命更长。出生时，恒猴的脑占身体体积的65%，黑猩猩的脑占身体体积的40.5%，人的脑只占23%。出生后第一年，黑猩猩和大猩猩的脑容为最终脑容的70%，而人要过三年才能达到这个水平。这也表明人的发育是迟缓的。[3]

古人类学家利基（Richard Erskine Frere Leakey）也曾注意到人的发育之迟缓这一特征。他写道："现代人童年的延长，是通过比

---

[1] S. J. Gould. Ontogeny and Phylogeny [M]. Cambridge, MA: Harvard University Press, 1977: 397, 399.
[2] 古尔德. 自达尔文以来 [M]. 田洺, 译. 北京：生活·读书·新知三联书店，1997：60.
[3] 古尔德. 自达尔文以来 [M]. 田洺, 译. 北京：生活·读书·新知三联书店，1997：60—61.

猿类迟缓的体质生长来达到。结果是，人类生长过程中达到各个过程的各个里程碑比猿迟些。例如第一恒臼齿的萌出，人类儿童出现于大约6岁，而在猿则为3岁；第二臼齿人类萌出于11岁和12岁之间，而猿则在7岁；第三臼齿人类于18岁到19岁时出露，而猿则在9岁。"[1] 他同时指出，在灵长类进化进程中，随着发育的放慢，寿命相应得到延长。

这里再补充一下伯克所举的胎化或幼态持续的一个例证，即人的颅骨骨缝在出生后才闭合，并且人的骨骼延迟了骨化。具体来说就是：婴儿有一个小的"囟门"，这个颅骨的骨缝直到一定的年龄才完全闭合。这样人脑便可在出生后完成增长，而其他多数哺乳类动物的脑几乎在出生时便完成增长，并且颅骨完全骨化。此外，只有人的长骨端和指趾在出生时依然是软骨化的。[2] 这也说明人的发育是迟缓的。

这就导致人类胎儿出生时尚未完成发育，于是不得不继续发育，而不像其他哺乳类那样生下来就基本定型。这反而成为人类进化的一种优势。

人的发育之慢，除了可以为后代成年生活方式保留幼年特征提供机制以外，还具有别样的适应意义，那就是社会进化。古尔德认为，人并不比一些物种更强壮和敏捷，其生殖速率也不快，但人的优势在于他的脑。他有出色的通过经验而学习的能力。为了增强学习，人类通过延迟性成熟而延长自己的童年，直到青春期我们才向往独立。人类的孩子与其父母的联系期很长，这样既增加了学习时

---

[1] 利基. 人类的起源[M]. 吴汝康, 吴新智, 林圣龙, 译. 上海: 上海科学技术出版社, 1995: 38.
[2] 古尔德. 自达尔文以来[M]. 田洺, 译. 北京: 生活·读书·新知三联书店, 1997: 57.

间，也加强了家庭的纽带。① 古尔德写道："延迟发展是一般灵长类留给人类的进化遗产，主要表现为晚熟和童年的延长。这一延迟与人化过程中的其他标志——智力（通过胚胎成长期的延长而将脑扩容，以及童年期学习的延长）和社会化（迟缓成长的后代要求父母更多照料，从而加固了家系单位（family units））——是协同共生的。"②

古尔德在其《个体发生和种系发生》一书第十章"人类进化中的迟缓与幼态持续"的结尾写道："总而言之，我只想重申伯克的主张：'人作为有机体其本质是什么呢？显而易见答案是：他的生命过程是迟缓地推进的。'"③ 可见，古尔德非常重视人类发育迟缓这一特征，他将生命过程的迟缓作为人这一有机体的生命本质。

五、童年是潜在适应的"贮藏室"

人的发育如此之慢，自有慢的好处。古尔德认为："我们的发育迟缓并不保证我们在成体时依然保留大量幼年的特征。但因为幼态持续和延迟发育一般相互关联，所以延迟确实提供了顺利保留任何适应于后裔成年生活方式的幼年特征的机制。事实上，幼年特征是后裔潜在适应的贮藏室，在发育适时地大幅度延迟的情况下，这些特征可以很容易地被利用起来。④ 对人来说，幼年特征的'利用'显

---

① 古尔德. 自达尔文以来 [M]. 田洺, 译. 北京: 生活·读书·新知三联书店, 1997: 62.
② S. J. Gould. Ontogeny and Phylogeny [M]. Cambridge, MA: Harvard University Press, 1977: 400.
③ S. J. Gould. Ontogeny and Phylogeny [M]. Cambridge, MA: Harvard University Press, 1977: 404.
④ 译者田洺则将后半句译为"这些特征在发育明显延迟的情况下可以便利地及时利用起来"。（见古尔德. 自达尔文以来 [M]. 田洺, 译. 北京: 生活·读书·新知三联书店, 1997: 61.）

然控制了我们许多明显适应的途径。"[1] 这其中值得注意的是:"幼年特征是后裔潜在适应的贮藏室。"早在《个体发生和种系发生》一书中,古尔德就曾说过类似的话:"个体发生的几个早期阶段是潜在适应的一个贮藏室。"[2] 在同一本书中,古尔德又说:"个体发生的几个早期阶段是潜在适应的一个蓄水池。"[3] 显然,后一句只是用"蓄水池"代替了前一句的"贮藏室"。两者的意涵在这里是完全一致的。

说到童年是潜在适应的"贮藏室"这一话题,这让我想起乔姆斯基的"柏拉图问题"。"柏拉图问题"是说,在"刺激贫乏"的情况下,为什么人能知道得如此之多。这就意味着,人所知道的要大于从环境中探知、所学以及通过接受教育等方式所获得的知识。人的内部有一个知识的"仓库",这个仓库里的知识多于外部环境所能给予人的知识。

在谈及"柏拉图问题"之后,让我们再看看荣格的相关思想,这对于了解童年是天然"仓库"的思想是有益的。

荣格在晚年时曾说:"我向来觉得,生命就像以根茎来维持住生命的植物。它真正的生命是看不见的,是深藏于根茎处的。露出地面的那一部分生命只能延续一个夏季。然后,它便凋谢了——真是一个短命鬼。当我们想到生命和文明那永无休止的生长和衰败时,我们实在无法不怀有绝对的人生如梦之感。然而,我却从来不

---

[1] 古尔德. 自达尔文以来 [M]. 田洺, 译. 北京: 生活·读书·新知三联书店, 1997: 61.
[2] S. J. Gould. Ontogeny and Phylogeny [M]. Cambridge, MA: Harvard University Press, 1977: 375. 为了更准确地理解,我将这句话完整地翻译并引述在这里:"个体发生的几个早期阶段是潜在适应的一个贮藏室,这是因为早期阶段藏有数不清的形状和结构,这些形状和结构消失于后来的异速生长中。当(通过减持胎儿成长的速率和大小而表现为)发展延迟时,一种机制会将这些特征传送给个体发生的那几个后续阶段。"
[3] S. J. Gould. Ontogeny and Phylogeny [M]. Cambridge, MA: Harvard University Press, 1977: 397.

失去在那永恒的流动中有生存着并永不消逝的某种东西的意识。我们所看见的是花,它是会消逝的。但根茎,却仍然在。"① 那让荣格"无法不怀有绝对的人生如梦之感"的是人的意识世界,而"那永恒的流动中有生存着并永不消逝的某种东西"则是无意识的世界;"我们所看见的是花,它是会消逝的",那是意识的世界,以成年世界为代表,而那可以一再生长与开花而永不消逝的"根茎"是进化历史赋予人类个体的珍贵礼物——童年;儿童愈是年幼,他的本能的与无意识的世界愈是处于主导地位。

荣格和乔姆斯基不都在述说童年的丰富、永恒以及对于人生的重要性吗?

再看看中国古代哲人的相关看法。老子对人类个体的幼年状态赞叹有加,并试图揭示成长中的赤子婴儿所具有的"法力"。

《老子》第五十五章有云:"含德之厚,比于赤子。蜂虿虺蛇不螫,攫鸟猛兽不搏。骨弱筋柔而握固,未知牝牡之合而朘作,精之至也。终日号而不嗄,和之至也。知和曰常,知常曰明,益生曰祥,心使气曰强。物壮则老,是谓不道,不道早已。"

老子在这里唱颂赤子的"含德之厚",将赤子、婴儿视为集宇宙精华于一身的样板。在老子看来,赤子得益于自然精华达到了最大程度,即所谓"精之至也""和之至也"。

老子的这段话先是从正面谈论充满成长潜能的未成熟状态会产生令人惊叹的生命表现,接着从反面直白"物壮则老"会导致"早已"的危险。

在一定意义上,这不就是在为今天的幼态持续学说喝彩,为人

---

① 荣格. 回忆·梦·思考——荣格自传[M]. 刘国彬,杨德友,译. 沈阳:辽宁人民出版社,1988:17.

类的幼态持续现象叫好吗？如果进化历史背后有个"导演"的话，他会不会惊诧于老子是如何参破天机的呢？

《老子》第三十章就曾出现"物壮则老，是谓不道，不道早已"这句话，又在第五十五章出现且只字不爽。《老子》其他地方也有类似的思想，例如，第九章"持而盈之，不如其已"，第十五章"夫唯不盈，故能蔽而新成"，第七十六章"故坚强者死之徒，柔弱者生之徒。……强大处下，柔弱处上"。

"物壮则老"，是说成熟就是完成，物极必反，盛极而衰。①"物壮则老"，这不是一条好路，不是好路就会走不通，就会完蛋。如果能回复到赤子的状态，永续柔弱、质朴的生命状态，那该有多好呀！

老子确实就是这样期待的。《老子》第十章有云："抟气致柔，能婴儿乎？"第二十八章有云："知其雄，守其雌，为天下溪。为天下溪，常德不离，复归于婴儿。"

这成为《老子》一书的基本调门。

《老子》第二十章有云："众人熙熙，如享太牢，如春登台。我独泊兮其未兆，沌沌兮如婴儿之未孩；累累兮若无所归。众人皆有余，而我独若遗。我愚人之心也哉！俗人昭昭，我独昏昏。俗人察察，我独闷闷。澹兮其若海，飂兮若无止。众人皆有以，而我独顽且鄙。我独异于人，而贵食母。"这章用"我"与"人"（众人、其他人）作对比。其实是以婴儿与成人的关系作为参照体系，亮明"我"就像婴儿一样，而其他人都是长大了的成人。如何理解和诠译最后一句"我独异于人，而贵食母"？《老子·河上公章句》注：食，用也；母，道也。我所查阅的其他注本亦将"母"转弯抹角地引申为"道"，

---

① 宋代欧阳修《秋声赋》有"物既老而悲伤""物过盛而当杀"，可视为与老子"物壮则老，是谓不道，不道早已"的观念遥相呼应。

或者将"食母"译为"乳母",我以为这是舍简就繁、多此一举,也是老子批评的"俗人昭昭""俗人察察"。这里的"食母"与同一节中的"享太牢"相呼应,因而"食"是以"母"为宾语的动词,而非修饰"母"的形容词。至今在不少地区的方言里,人们用"吃妈妈"(有时也用"吃奶奶")来表达"吃母乳"的意思。可见,"食母"直译为现代汉语就是"吃母乳"。"我独异于人,而贵食母"——"我"最为珍贵的不是"享太牢",而是"复归于婴儿",像婴儿趴在妈妈怀里吃奶一样。为什么要找到母亲,投入她的怀抱吃奶呢?因为这样最安全、最温暖、最能享受母亲的爱,母亲也以能对我抚爱而感到幸福,我更能从母亲那里找到我作为婴儿最合适的食粮。

如何进一步理解老子"贵食母"的思想呢?《老子》各章的互文性文本可以提供支持。《老子》第十六章"夫物芸芸,各复归其根",《老子》第五十二章"天下有始,以为天下母。既得其母,以知其子;既知其子,复守其母,没身不殆",《老子》第五十九章"深根固柢,长生久视之道",这些话有助于深刻理解老子之所以主张"贵食母"。

"贵食母"之"贵",当然就是将"食母"作为效法的模型,而体会宇宙人生的大道理。我们这些长大了的人依然应当找到自身生命之泉源,就像婴儿"食母"一样。《大学》所谓"物有本末,事有终始。知所先后,则近道矣",与《老子》"贵食母"的思想是可以通约的。

《老子》第二十章这一段话显而易见,是号召像婴儿学习,以婴儿为榜样(与"复归于婴儿""能婴儿乎"相呼应)。可以说,幼态持续学说在一定意义上得到了《老子》的支持、支援,而"幼态持续"这一现代生物学说的基本内容与《老子》的见解有惊人的相似之处,进一步佐证和烘托出先秦文献《老子》的伟大。

让我们再看一段先秦文献《管子》中的话，对幼态持续学说做进一步支援。

《管子·内业》云："抟气如神，万物备存。……思之思之，又重思之。思之而不通。鬼神将通之。非鬼神之力也，精气之极也。"需要说明的是，这段话并不是直接谈童年的，但其中的道理却能让我们发现童年的价值。

从"思之思之，又重思之"可见，这段文字的作者已经认识到，人具有思想的能力，不断地思想可以推进思想的发展。但是，人的思想并非法力无边，它有自己的局限，从而导致思想的挫折。因此，"思之而不通"，即在思想遭遇挫折时，"鬼神将通之"，鬼神能完成思想的任务。

为什么呢？下文明确指出，之所以能通之，并非是鬼神的力量所达成的，是人的"精气"的力量达成的。

人是由"精气之极"所体现的。"抟气如神，万物备存"描述的就是人的"精气之极"。

《老子》第十章有言："抟气致柔，能婴儿乎？""抟气致柔"，有的版本又作"专气致柔"。这就意味着，《管子·内业》与《老子》第十章都认为人是由"气"生成的，都认为"抟气"是人进一步自我提升的方式。有人认为《管子·内业》体现的是道家学派的思想，应当是有道理的。

"抟气"是对气进行集中、加工和提炼，但"抟气"的主体肯定不是个人。"抟气如神"，是说"抟气"的过程和效果出神入化。从进化学说来看，这个"抟气"的高手是进化历史，而人正是进化历史所造就，因而体现了进化历史的成就和神奇。

"万物备存"其实就很像孟子所说的"万物皆备于我"。"抟气"是向人生成和自我提升的方式，其生成和提升的极致是婴儿的生命状态，婴儿才是"抟（专）气致柔""精气之极"的最理想载体。"抟气如神，万物备存""精气之极"，用于刻画婴儿的生命特征是最合适不过了。

更值得关注的是"思之而不通，鬼神将通之"这句话。人在"思之而不通"的情况下，依然可以通过人自身的"鬼神"而"通之"。为什么我能肯定"鬼神"是内在于人自身的呢？"非鬼神之力也，精气之极也"这句话透露了这一信息，即《管子·内业》将鬼神也看成是由人自身的精气体现的。

按照我的理解，"思"是意识层面的，而"鬼神"则是本能和无意识乃至肉身层面的。拙著《儿童精神哲学》曾经提出"精神层论"，就是谈肉身、本能与无意识、意识三个层面之间的关系。

人们往往只看到思的作用，甚至将思作为人之为人的标志，却大大低估了本能与无意识在人的生命、生活和生产中的重大作用。

就拿眼睛来说，众所周知，人的眼睛是用于观察的器官，它是非常精妙的复杂的生物仪器，真可谓"精气之极"。人当前的智慧还难以完全了解它，更不用说制造它或以人力完全取代它了；也许永远不能。再想想鼻子，它能嗅出那么多气味，多了不起！若问鼻子何以能嗅出如此之多味道，鼻子自己未必知道如何回答，但它能自然而然地胜任嗅觉的工作。问题的关键就在这里。"百姓日用而不知"，为什么不知之而能日用之呢？

不只是人的认识能力和思考能力伟大，人的肉身、本能与无意识也是极有智慧的。人类文化生活的本原是来源于意识层面以下的。孟子对此就有伟大的发现，他提出仁义礼智是生而有之的"四端说"，认为人之有"四端"，若人之有"四体"。"四体"是长出来的，"仁义礼智"作为意识世界和文化创造的基本维度、基本元素、基本范畴，也是长出来的。孟子说："凡有四端于我者，知皆扩而充之矣，若火之始然，泉之始达。苟能充之，足以保四海；苟不充之，不足以事父母。"(《孟子·公孙丑上》)认识能力、思考能力乃至整个意识层面的世界都是由人的本性通过生长、转化而涌现的。

"人之初，性本善。"本能与无意识是人之天性中的重要内容，它们是极有智慧的，也是伟大的。例如，屡次发生的母亲在生死关头牺牲自己保护幼子的事例，是人性的光辉，不只令人动容，也会惊天地泣鬼神。生死关头，无法保全两个人生命的情况下，母亲牺牲自己保全幼子，也是极有智慧的。其实母亲并没有充分的时间权衡利弊，而是完全处于本能直觉的命令之下，这就是本能与无意识的智慧，这是人的生命的重要构成成分。

没有本能、无意识作为基础，我们根本无法做意识层面的工作。意识层面的工作一刻离不开本能、无意识和肉身的支持与支撑。没有本能和无意识，人就不可能有好奇、探究、涂鸦、不自觉的哼唱和跳跃等等，也就不可能有科学、艺术等文化活动。

任何伟大的作品都会高于作者。为什么这样说呢？任何对作品的言说和讨论看似都是意识层面的活动，以至于大家都认为作品就是作者意识世界的产物。其实并不是这样，伟大的作品都是由作者以全部身心的协同工作而孕育、生成的，以至于对于这生成的作品，作者自己也有些许陌生。丰子恺曾面对自己的孩子发出感叹，认为子女称自己为父亲，自己是有愧的。伟大作品的诞生与人的生育有可类比之处。伟大作品的作者对自己作品的态度应当也是如此的。

让我们看看如何解释任何伟大的作品都会高于作者这一现象。"思之思之，又重思之。思之而不通，鬼神将通之"是绝妙的答案。莫言称自己从成人的形态转变为儿时的心灵，才会下笔千言万语。莫言之所以能写出那些作品，其秘密就在于他依然能持存童年的心灵。明代李贽的《童心说》说得多好啊！"天下之至文，未有不出于童心焉者也","童心固自在也",而童心者"自文"("……童心者之自文也")。

"鬼神"何所居？居于童心也。（胡五峰《知言》有"性也者，天地鬼神之奥也"，似可与此观点相支援。）《孟子·离娄下》有"大人者，不失其赤子之心者也"，可见《孟子》是多么看重赤子之心，这与《老子》是相似的。

幼态持续学说认为童年是潜在适应的"贮藏室"。这一论断与历史上的相关观念是可以会通的。

六、人是"永恒的儿童"

古尔德还解释了幼态持续的一系列后果。"我相信，如果人类通过幼态持续而进化，……那么，我们就是永恒的儿童（permanent children），这不只是一个隐喻。"① 也就是说，与其说这是隐喻，不如说这是事实。

我们是"永恒的儿童"，这是真的吗？

一些杰出的学者似乎支持这一信念。本杰明·富兰克林（Benjamin Franklin，1706—1790）认为"我们的一生无非是更大更长的童年"。弗洛伊德则说："在我们心灵的最深处，我们是儿童，并且保持终生。"蒙塔古强调："我们试图以各种方式方法让自己保持儿童的样子，我们从未打算长成我们变成的各种成人……我们的独特性在于永远保持发展状态。"② 还有人指出，人已经并正继续向

---

① S. J. Gould,. The Mismeasure of Man [M]. New York: Norton, 1981: 333.
② A. Montagu, Growing Young: 2nd ed. [M]. Granby, MA: Bergin and Garvey Publishers, 1989. 又见 Barry Bogin. Evolutionary Hypotheses for Human Childhood [J]. Yearbook of Physical Anthropology, 1997, 40: 67.

更大的"心理上的幼态持续"进化；那些看似不成熟的心理其实就是心理上的幼态持续，是"年轻的态度和行为在成年阶段的驻留"，因而是很有价值的发育特征；受过很好教育的人和著名的科学家会显露更多幼态持续的心理特征。[1] 成人的学习能力也是幼态持续的一个特征。[2] 同样，人类身体的幼态持续又会引起心理上的幼态持续特征：好奇，好游戏，好动感情，好社交，爱好合作。[3]

美国心理学家马斯洛曾调查研究了几万名在科学、文学、艺术、政界、企业等行业卓然有成的"自我实现者"。他写道："我不得不面对着这样一个事实：即我所研究的那些自我实现者，他们因为成熟才被挑选出来，但他们同时也很幼稚。……我把自我实现者的那种幼稚称为'健康的幼稚'，一种'返老还童的天真、再度的天真'。"这种幼稚被一些心理学家看作"促进自我发展的回归"，是"心理健康必须具备的条件"。[4] 这就说明，所有的自我实现者又都是具有儿童状态的人，都是"幼态持续"的人。

东方学者也有类似的观念。日本学者安永浩有一个类似的观点，他认为莫扎特、库勒、恺撒、拿破仑等人具有像"一般顺利发展的5岁至8岁孩子"一样的"自然儿"的精神状态。[5] 中国的学者宗白华则写过一首短诗《题歌德像》：

---

[1] B. G. Charlton, The Rise of the Boy-Genius: Psychological Neoteny, Science and Modern life [J]. Medical Hypotheses. 2006 (4): 679—681.
[2] J. Z. Young. The life of Mammals [M]. Oxford: Clarendon press, 1975.
[3] A. Lehman, Evolution, Autism and Social Change [M/OL]. [2012-06-03]. Evanston, IL: neoteny. org, 2010. http://www. neoteny. org/wordpress/wp-content/uploads/2010/02/andrewbook-download. pdf.
[4] 马斯洛. 自我实现的人 [M]. 许金声，刘锋，译. 北京：生活·读书·新知三联书店，1987：314.
[5] 马场谦一，福岛章，小川捷之，山中康裕，编. 创造性与潜意识 [M]. 李容纳，李守田，译. 延吉：延边教育出版社，1987：2—3.

> 你的一双大眼睛，
> 笼罩了全世界。
> 但也隐隐地透出了，
> 你婴孩的心。①

在宗白华看来，歌德这位著名的诗人是婴孩般的成人，是"复归于婴儿"的诗人。有人甚至称诗人为人类的儿童。

谈到人是永恒的儿童，其实最不该忘记的是华兹华斯。华兹华斯在1802年的早春三月写下了《彩虹》一诗。

> 目见彩虹，
> 我心雀跃：
> 我生命开始时就是如此；
> 现在我是成人了还是如此；
> 将来我老了还将如此，
> 否则让我死去！
> 儿童是成人之父；
> 愿我对儿童怀有的天然虔敬
> 贯穿我生命中的每一天。

这首诗将儿童看作成人的父亲，其实就是将童年看作成人生命的源头活水；它断言，成人如果失去童年这一源头活水，那么人生就会失去光彩和意义，就会生不如死。如果用幼态持续理论来解释的话，可以看出，这首诗是在讴歌"童年的宝库"，断言人生如果不

---

① 宗白华. 流云小诗［M］. 合肥：安徽教育出版社，2006：13.

能实现幼态持续，就会失去存在的全部意义。

在《颂诗》①中，华兹华斯进一步发展了前面这首诗的思想。他认为幼年的每一天"仿佛都呈现天国的明辉"，而长大后，"光景已不似当年……当年所见的情境如今已不能重见"。诗人不由追问："到哪儿去了，那些幻异的光影？／如今在哪儿，往日的荣光和梦境？"诗人认为："我们的诞生其实是入睡，是忘却"，"我们披祥云，来自上帝身边"，所以，"年幼时，天国的明辉闪耀在眼前；／当儿童渐渐成长，牢笼的阴影／便渐渐向他逼近"。他将儿童视为"卓越的哲人""盲人中间的明眸慧眼"。可见，华兹华斯将幼年视为来自天国、拥有上帝的财富和智慧，童年是永生的，成人应当发现童年，珍视童年。如果用《彩虹》中的话来说就是，成人应当对儿童每天怀有"天然虔敬"。

显然，《颂诗》将童年看作人生的宝库，表达了作为成人的诗人华兹华斯对重新拥有童年、重新变成儿童、实现幼态持续的渴望。

七、人类文化的发展有幼态持续现象吗？

幼态持续学说是从生物进化论层面对童年价值的揭示。而"复归于婴儿""大人者，不失其赤子之心"，则是从文化层面揭示幼年的意义。前者可看作解决幼态持续学说的事实问题（to be），后者可谓是解决幼态持续学说的价值问题（ought to be）。

马克思曾经将人类古代称为人类童年时代："一个成人不能再变成儿童，否则就变得稚气了。但是，儿童的天真不使成人感到愉

---

① 这里引用的诗句参考了杨德豫译本（华兹华斯. 永生的信息［M］// 华兹华斯. 华兹华斯抒情诗选. 杨德豫，译. 长沙：湖南文艺出版社，1996：244—265）。

快吗？他自己不该努力在一个更高的阶梯上把自己的真实（引者按，此处"自己的真实"显然是指自己童年时的天真）再现出来吗？在每一个时代，它固有的性格不是以其纯真性又活跃在儿童的天性中吗？为什么历史上的人类童年时代，在它发展得最完美的地方，不该作为永不复返的阶段而显示出永久的魅力呢？"① 这段话与幼态持续学说是可以相互会通的。这里有几层意思：马克思主张成人应当再现童年的天真；每个时代"固有的性格"以其"纯真性"会作为"幼年特征"而复活于儿童的天性中；历史上的人类童年时代永不复返，但在它发展得最完美的地方，可以在一个更高的阶梯上，以"幼年特征"再现于当前的时代。马克思这段话不也是与幼态持续学说有类似的思想吗？

雅斯贝尔斯曾提出"轴心时代"概念，似乎亦可与幼态持续学说相呼应。在1949年出版的《历史的起源与目标》一书中，雅斯贝尔斯提出了"轴心时代"概念。他认为，公元前800年至前200年之间，尤其是公元前600年至前300年之间，是人类文明的"轴心时代"。这段时期是人类文明精神的重大突破时期。在轴心时代，各个文明都出现了伟大的精神导师：古希腊有苏格拉底、柏拉图、亚里士多德，以色列有犹太教的先知们，古印度有释迦牟尼，中国有孔子、老子、墨子、庄子、孟子……他们提出的思想原则塑造了不同的文化传统，也一直影响着人类的生活。而且更重要的是，虽然中国、古印度、中东和希腊之间有地理上的阻隔，但它们在轴心时代的文化却有很多相通的地方。

每当人类遇到困难，都会从轴心时代获得力量和智慧的源泉。

---

① 马克思.《政治经济学批判》导言[M]//马克思恩格斯选集：第2卷.中共中央马克思恩格斯列宁斯大林著作编译局，译.北京：人民出版社，1995：29.

人类从轴心时代不断获取营养，犹如大树的枝叶从根系和主干获得生命的滋养和支撑。这不就是人类文化所表现的幼态持续特征吗？

西方在过去的几百年曾出现文艺复兴、宗教改革、启蒙运动、自然科学的诞生、工业革命、信息革命等等，可谓是个辉煌的时代。这是不是一个新轴心时代呢？如果这个时代从文艺复兴算起，那么这个时代本身不就是对上一个轴心时代的复归、复兴吗？

文艺复兴在意大利语中为Rinascimento，由ri-（重新、再次）和nascere（出生）构成。这一运动试图复兴古希腊罗马的文化精神。"文艺复兴"唱颂自然，唱颂天性，倡导人的尊严和价值，它引出宗教改革、启蒙运动、自然科学的诞生与繁荣和工业革命、信息技术革命等一系列成就。这些成就说到底就是现代性的生成，是文艺复兴思想价值的实现，是文艺复兴的历史逻辑的延伸、发展、壮大的结果。

但是，这个时代能否成为新的轴心时代，最终要由未来的人们回望历史，检查这个时代对于他们是否具有不断地回归而挖掘的珍贵"富矿"。我以为，如果这个时代能够成为未来时代的"童年"，能够成为未来时代不断实现成功适应的"富矿"，那么这个时代就会成为新的轴心时代，否则就不是。

与上述问题类似，现在不少学者在追问，我们是不是正处在一个新的轴心时代呢？我尝试回答这一问题。最合理的答案应当是：轴心时代是人类文化的原点，而文艺复兴是对人类文化原点的回归，在回归中深深扎根而获得再生。从雅斯贝尔斯对轴心时代的界定来看，人类文明只有一个轴心时代，而文艺复兴只是人类文明一个新阶段的原点，它生发出人类文明的新阶段，它将被更高的阶段所整合、覆盖和更替。

前面说到，童年（或者说幼年特征）是潜在适应的"贮藏室"。

这对文化发展也有一定的启示意义。先秦轴心时代是中国历史的童年，是中国文化的根基；个体的童年蕴藏着他全面发展所依赖的天性资源，这同样是文化发展依赖的资源。也就是说，每个人都有自己的先秦，童年就是自己的先秦。

但是，在中国文化的发展中，童年的天性资源却遭到压制。明代的思想家李贽曾经呼吁保护童年的天性资源。李贽在其《童心说》中写道："童子者，人之初也；童心者，心之初也。夫心之初，曷可失也？"这句"夫心之初，曷可失也"，似乎又在佐证幼态持续学说在文化发展中的意义：人的天性是文化之母，文化应当守卫天性母亲，这样才能远离异化而持续地健康地发展。鲁迅在《狂人日记》的结尾处呐喊"救救孩子"，也有守护人之初的良知良能的意味。

19世纪的中国遭遇了"几千年未有之变局"，为了解决家、国、文化的存亡绝续问题，为了让老大之中国焕发活力而成为少年中国，当前中国的文化复兴应当不断向文化的童年和个体的童年复归，并向人类历史文化保持开放姿态，以使中国的崛起具有天性资源的坚实支撑和文化资源的丰富给养。

八、幼态持续学说对"儿童本位""童心主义"思想的支援

幼态持续学说将童年说成是潜在适应的蓄水池或贮藏室，将保持幼态特征作为人类进化和个体发育的重要目标，这都是对童年的进化意义与存在价值的解释与讴歌，为历史上的儿童本位思想和童心主义哲学提供了自然科学层面的支撑、支持、支援。

生物学层面和文化学层面对童年价值的揭示和发现是可以相互支持、相互支援、相互佐证的。幼态持续学说对于理解人、理解童

年,具有重要意义。

童年的价值和意义在历史上已经受到不少人士的揭示。"儿童的发现"导致现代教育从传统教育中分离出来,从而造福亿万儿童。但人们对童年的价值的认识依然有待提升。

在西方,大卫·艾尔金德(David Elkind,美国儿童心理学家)曾经揭露西方社会无视童年的自然展开进程,而让本来可以享受童年自然进程和宝贵童年时光的儿童变异为"长得太急太快"(growing up too fast too soon)的"急匆匆的儿童"(hurried child)。①

而在中国,与西方相比可谓有过之而无不及。"不要输在起跑线上"等类似的揠苗助长的教育口号,当然会使处于人生"黄金时代"(丰子恺语)的小孩子们变成"急匆匆的儿童",儿童被催逼着尽快走出从容的悠闲的童年,而担负成人竞争社会给予的种种外部发展任务和目标,这些任务和目标往往是与童年的自然进程和自然目的(儿童内在的发展目的)相抵牾的。在这种情况下,成人没有成为童年花园的园丁,没有成为童年世界的守夜人、监护人,而是成为了童年的破坏者。这种普遍的以儿童为敌的社会现象,病根在于小觑童年、蔑视儿童,没有了解童年的人生价值,而将童年看作成年的准备和附庸。这与幼态持续学说对童年价值的发现完全是相悖的。

幼态持续学说向我们揭示:人是"永恒的儿童",幼态持续使人可以终生成长;童年是潜在适应的"贮藏室";发育缓慢是人类个体童年的特征;发育缓慢使人类大受其益;等等。幼态持续学说对童年的发现,对于改变以童年为敌的社会现实具有重要意义,对

---

① David Elkind, The Hurried Child: Growing Up Too Fast Too Soon [M]. Reading, MA: Addison-Wesley, 1981.

于小觑童年、毁坏童年、急匆匆将儿童赶往成年世界的想法和做法，是一副解药。

幼态持续学说在人文学科上最直接的贡献是它的儿童观意蕴。它大大丰富了关于儿童的科学认识，促进了儿童观的进步。它也使儿童本位观念和童心主义哲学获得了生物学、进化论等自然科学方面有力的支持。

九、发现童年的宝库

幼态持续学说认为，进化历史将人类及其整个种系的祖先最具进化价值的核心特征（主要表现为胚胎特征，因为除了人及其"近亲"以外，这些祖先的胚胎一旦发育完成并出生，就标志着成体的出现），以幼态特征的形式集中于年幼阶段，童年成为人类进化的"百宝囊"或"藏宝的仓库"。现在看来，先哲们的下述观点是与幼态持续学说遥相呼应的：老子主张"复归于婴儿"、孟子主张"不失其赤子之心"，宋明理学、心学主张"复性"，耶稣认为向童年复归才能进入天国，华兹华斯认为幼儿是人群中"最伟大的哲学家"，是"盲人中间的明眸慧眼"。这些观点佐证了幼态持续学说的可信度。

成年养育和拱卫儿童，童年反过来反哺成人，儿童和成人是互哺互补的。幼态持续学说可以成为这一话题的新论据。

童年的发现，不是由儿童完成，而是由成人完成的。童年的发现，是成人对自己成长历史的发现，因而是自我发现。童年宝库的发现，是对进化历史这一自然进程之伟大奇迹的发现，这一发现对于人之认识自我具有重要意义。童年宝库的发现，为人文学科（神话学、宗教学、文学、艺术、文化学、心理学、教育学、认识论、伦理学、美学等）的发展提供了不竭泉源。它不只是能帮助人理解自身的生产,而且能激发生产的潜能。

总之,儿童需要成人照料——哺乳、喂养和教育,似乎童年是无用的,然而看似无用,恰恰是整个人生的大用,恰恰是整个人生的发源地和潜在适应的"贮藏室"。成人可以劳动,他们是社会栋梁,他们支撑社会、照顾儿童,但是成人的心灵深处住着自己曾经是的那个儿童。

童年资源与儿童本位

啊,你珍藏着神圣的目标,故而在我
世俗的躯体养育未来光明和爱的天使……
——柯尔律治《致一个婴儿》

童年是人类个体共同的根。童年作为一种资源,是人类所能拥有的最珍贵的自然资源(人自身内部的自然资源,是天之予人者,是天性),也是最珍贵的人文资源(例如,老子所谓"复归于婴儿",孟子所谓"四端"说[①]以及所谓"大人者,不失其赤子之心者也",华兹华斯所谓"儿童是成人之父",波德莱尔所谓"天才就是呼之即来的童年",等等)。儿童本位的哲学既是彻底自然主义的,也是彻底人本主义的,它与马克思所讲的彻底的自然主义和彻底的人本主义的社会理想是一致的。成人文化与儿童文化最好的互动,也许就是成人竭力"复归于婴儿",从而"不失其赤子之心",

---

① 孟子所谓"四端"即"恻隐之心""羞恶之心""辞让之心""是非之心",分别为"仁""义""礼""智"的源头。孟子还将"四端"比作人的"四体",认为"四端"如同四肢一样是与生俱来的。

而儿童则在相反的向度即成长的向度上从容成长，逐步迈入成人世界而又童心不灭。理想社会的建设，离不开人类对童年资源的发现和利用，离不开儿童和成人建立一种互哺、互补的关系。对童年资源的发现与挖掘，将会使儿童本位原则从教育学扩展至文化学、政治学等领域，从而对文化建设、道德提升、社会改造、政治变革等问题发挥重要影响。这种扩展反过来又会进一步巩固教育学的儿童本位原则。

一、鲁迅的儿童视角与马克思彻底的自然主义、彻底的人本主义

鲁迅《故乡》使用儿童视角的文学手法[①]，以表现童年鲁迅与童年闰土的平等，并将成年后二人的差距进一步放大对比，以彰显二人童年的亲密关系被撕裂的社会悲剧，并对闰土的成年生活给予极大的同情。鲁迅社会批判的尺度就是二人童年的平等、友爱、欢乐，就是少年闰土的那种活泼机警、灵巧可爱的"自然人"形象。但这种活泼、机警、灵巧、可爱的"自然人"形象被社会所毁灭。

值得注意的是，鲁迅在批判社会造成成年后的闰土和自己的身份对立时，试图寻找弥补社会裂隙以重建理想社会的门径。他理想的社会是他侄子宏儿和闰土的儿子水生长大后得以平等相处的社会，是童年的"自然人"形象在长大成人后未被破坏的那种社会。于是，他描摹了幼年的宏儿和同龄的水生相与嬉戏的温馨情景，揭示新一代人——水生和宏儿——是天然平等、友爱的，不是主仆关

[①] 鲁迅在小说《故乡》中使用了两种视角，即成人视角和儿童视角，于是《故乡》被称为"复调小说"。

系，没有被社会分裂，他们的生活应当顺着这一线索而持续至成年。鲁迅在《故乡》里为社会之异化病开出的药方依然是"复归于婴儿"，成人社会向童年的自然、自由、平等、友爱的复归。实现这种复归的社会才是健康的社会。

这让我想到了马克思所讲的彻底的自然主义和彻底的人本主义的社会。① 在马克思看来，彻底的自然主义即彻底的人本主义，彻底的人本主义即彻底的自然主义。这种彻底的人本主义的理想社会，因其是彻底的自然主义，所以充分保全和实现了人的天性，从而进一步证明，它又是彻底的人本主义。它的儿童社会是保持儿童自身天性的社会，它的成人社会是向童年复归的社会。

可以看出，鲁迅的理想社会与马克思的理想社会是可以通约的。

这不只是马克思、鲁迅的理想社会。基督教的理想社会是让天国降临人间，值得注意的是，耶稣认为只有像孩子那样的人才能进入天国。这表明，耶稣的说法也是与鲁迅在《故乡》中所表达的理想社会有可会通之处。

儿童视角在《故乡》中可谓是一个重要的文学手法，它是政治观察的手法，也是社会批判的最终尺度。当老子"复归于婴儿"、华兹华斯"儿童是成人之父"与第欧根尼"人是万物的尺度"等命题相加、合并在一起时，"人是万物的尺度"这一命题便转换为

---

① 马克思认为，共产主义作为完成了的自然主义，等于人本主义；而作为完成了的人本主义，等于自然主义。（见马克思. 1844 年经济学—哲学手稿［M］. 刘丕坤，译. 北京：人民出版社，1979：73.）北京大学杨适教授认为，此处"完成了的"一词不甚好懂，其德文原文是 vollendet，voll 相当于英文 full 或 filled，是"充满的、丰满的、完整的"意思，end 是"完了，结束"的意思，vollendet 是 vollenden（动词）的分词形式，作形容词用。因此，动词意义是"做完，完成"，形容词是"完备的""完善的""全部实现了的"这样一种意思。（见杨适. 马克思《经济学—哲学手稿》［M］. 北京：人民出版社，1982：81.）我将"完成了的自然主义""完成了的人本主义"分别理解为"最彻底的自然主义""最彻底的人本主义"。

"儿童是万物的尺度",童心或儿童的"眼睛"成为评判万物的最终标准。

鲁迅期望侄子宏儿和闰土的孩子水生将来能过上与他和闰土这一代人不一样的生活,但是历史表明,宏儿和水生并没有能走出历史的峡谷。在阶级斗争的年代,他们只是交换了一下主奴的身份而已。而在当前存在"拼爹"现象的时代,孩子的未来又在哪里?孩子的成功不是依赖于自身的奋斗,而是依赖于亲爹或干爹的富贵身份。面对这种现象,鲁迅又会作何感想呢?

二、莫言小说对童年资源的挖掘

童年经验是莫言小说能走向世界的秘密。莫言对童年资源进行了充分挖掘和利用。"可以狂妄地说:中国当代作家可以写出他们各自的好书,但没有一个人能写出一本像《酒国》这样的书,这样的书只有我这样的作家才能写出。因为我自己知道,尽管我的肉体已经是一个中年人,但我的心还跟当年听我的大爷爷讲故事时一样年轻。我只有在面对着镜子时,才知道自己已经老了,而当我面对着稿纸时,我就忘记了自己的年龄,我的心中充满了儿童的趣味,我疾恶如仇,我胡言乱语,我梦话连篇,我狂欢,我胡闹,我醉了。"[①] 这段自白对于理解莫言的写作、作品都是极其重要的。

莫言小学五年级时被退学,后来却成为一位了不起的作家。这说明教育对他无用吗?虽然学校教育在莫言的成功中几乎没起多少作用,但这并不意味着莫言没有接受教育,他后来接受的教

---

① 莫言. 我在美国出版的三本书——科罗拉多大学波尔德校区的演讲 [M] // 我的高密. 北京:中国青年出版社,2011:195—196.

育其实是修炼，是自我培育。（西方人同样重视这一点，即 self-cultivation）莫言四处听故事，搜集各种图书来看，学习他大哥保存完好的各科课本，无形中获得了文化的、学科知识的滋养。他参加劳动，放牛，放羊，这使他对自然界有极为深刻的接触和感受，对大千世界、世态炎凉、芸芸众生相都有深刻的认识和体会，乃至有许多残酷的边缘体验，如饥饿、家暴、被批斗、被退学、孤独等等。这些让他产生极端痛苦的体验，也导致他的情感世界得到了挖肉刻骨般的拓展和锤炼。其写作中的汪洋恣肆乃至"放肆"，其对人物入木三分的刻画，无疑均可溯本于兹。

莫言自言痛恨所有的神灵，但是他内心的那个孩子（《透明的红萝卜》中的黑孩、《拇指铐》中的阿义等等）却是另一种神灵。那个孩子是莫言童年时代的自己，也是所有儿童和成人共同拥有的童年原型。莫言因自己与这个"孩子"的深刻关系而成为神灵。正如上面莫言的自白，写作状态中的莫言"忘记了自己的年龄"，是恒在的神，而生活中有名有姓的管谟业，面对镜子，发现自己是有个人独特外貌的成人，是凡夫俗子。

莫言是大江大河，其"自性"虽历经风风雨雨却得以保全未受损害。正如他自白中的"狂妄"之言，绝大多数受过"良好"教育的人是很难与莫言匹敌的。这也表明现实的教育是值得反思的。理想的教育应当是怎样的？如何实现理想的教育？这不只是中国面对的问题，也是全球面对的问题，只是这一问题在中国更尖锐而已。

三、《皇帝的新衣》中那个拯救成人社会的孩子

我最早是在自己的小学课本里读到《皇帝的新衣》这篇童话的。我还记得当时流行的评论是：安徒生在这里揭露了以皇帝为首

的统治阶级是何等虚荣、何等奢靡、何等愚蠢；想不到这个可笑的骗局，一到老百姓面前就被揭穿了，这正表明了领袖语录"卑贱者最聪明，高贵者最愚蠢"无比正确。

其实，这篇童话批判的依据不是阶级斗争学说，因为它不是在说臣民与皇帝的对立；骗局也不是由臣民识破的，而是由一名儿童。这篇童话营造的是儿童与全体成人（皇帝和臣民共同构成的成人社会）这两大阵营的对立；成人社会共同维护一个骗局，而戳破骗局的是一个孩子，以未受成人文化习染的清澈目光。这让我想到了明代李贽的《童心说》。李贽不也是说只有童心不失，才能避免"满场皆假"的腐败社会吗？

《皇帝的新衣》中的那个孩子长大后，他会做什么？他可能是普通的臣民，也可能是骗得皇帝团团转的新裁缝，甚至也可能通过厮杀而成为大臣乃至皇帝。我们怎样拯救这个孩子呢？更接近本质的问题或许是：如何拯救我们自身？

并不是哪一个孩子可以拯救世界。所有孩子都无法拯救世界。可是童话《皇帝的新衣》中的那个孩子可以拯救世界。这是不是矛盾呢？不矛盾。安徒生是通过这篇童话让成人向儿童学习，就像不少人主张向儿童学习一样。安徒生等人已经认识到童年是重要的文化资源，成人可以借此更新人类社会、文化。这也是"向儿童学习"这句话背后的深义。

一旦成人珍视、占有童年资源，一旦成人充分成熟而又具有儿童的精神气质，一旦成年以童年为核心，那么，儿童资源和儿童气质将保全于成人世界。

这是将自然性保全于成人世界，这是成人向童心的回归，这是对人的"异化"（从而导致社会异化或文化异化）的克服。成人由此真正拥有了成人的知识、智慧和体力，同时保全了童年潜能，占有了童年资源，这样的成人才是具有创造力的成人，才是真正自我实现的成人，才是全面发展的成人。这样的成人是社会的人，但却是向自然人复归的人或成为自然人的人，这样的社会通过"复归于婴儿"而实现了"彻底的自然主义"和"彻底的人本主义"的社会。

四、从童年崇拜到成人对自身童年性的崇拜

一旦将儿童与成人在同一个个体那里相应转换为童年与成年，那么，对儿童的崇拜便转换为对自身童年的崇拜。一旦将童年与成年在同一个个体那里相应转换为儿童性、成人性，那么，对童年的崇拜便转换为成人对自身的童年性（其实还是"童心"）的发现。这是成人对自己自然本质的发现，也是成人在观念上对自身本性的发现、信任、复归和占有。成人发现天下最珍贵的资源原来就在自己身上。

这本身就具有启蒙意义，这一发现就是政治、文化、社会变革的真正基础。蒙台梭利已认识到这一点，因而其最后一部著作《有吸收力的心灵》第一章的标题就是"儿童在重建世界中的作用"。

从成人的儿童崇拜发展到成人的童年崇拜，再从童年崇拜发展到成人对自身童年性的崇拜，这是学术话语的两次递进。每次递进都可以避免成人本位论者的攻讦。

从儿童/成人（两个不同的个体）的两分，到童年/成年（可以是同一个个体，也可以是两个不同的个体）的两分，再到儿童性/成人性（二者统一在同一个个体身上）的两分，这是不同的概念在两次话语递进中的变换。而儿童性/成人性的两分，其实将童年性和成年性统一到具体的个体那里，——从辩证法上看已经不再是两分，而是实现了"同一"。

这一新的学术话语是让儿童、成人落实在同一个个体身上，而不是让单个的儿童与单个的成人对峙；是让童年和成年还原在具体的个体身上，而不是让童年与成人所处的生命阶段比对。这样的比对有时会让不少成人感到委屈，感到尊严受到挑衅。新的学术话语的递进可以解决这个问题。我相信对于绝大多数成人来说，面对自己的童年，是能感受到自己生命深处的玄妙和引力的。童年记忆已催生了多少灵感，产生了多少伟大的文学和艺术作品！莫言只是其中一例。

童年宛若心脏，为个体的精神系统提供"血液"。只要你愿意，你就能感觉到它依然在自己的心灵深处跳动。童年也如一棵大树最初成长留下的年轮，这最初的若干圈年轮连同根系，为整棵大树提供营养，使其枝繁叶茂，一旦大树中空，等待大树的将是枯老坏朽。

五、"自然的人化"与"人的自然化"

人向赤子的复归（或复归于婴儿）是人的哲学的永恒命题。用心去看看小孩子的生活，回味一下成人的生活，你或许能得出这种结论。

人的哲学或文化学的起点是自然（包括人自身的自然，即天性），终点也是自然（文化如何复归自然，即人的自然化）。人向自然的回归，其实也是"自然人"的生成。有学者称："自然人不是我们最早的野蛮祖先，而是最后的人，我们正走在成为这最后的人的旅途中。"[①]

---

① E.H.Wright, The Meaning of Rousseau, London: Oxford University Press, 1929: 164. 转引自卡西勒. 卢梭问题 [M]. 王春华, 译. 南京: 译林出版社, 2009: 19.

"人的自然化"和"自然的人化"是发生于同一过程中的。

主张"复归于婴儿",其实就是回归自然主义,是人、社会、文化向自然的复归,是马克思"人的自然化"。文化创造只有通过向人的自然(天性)复归,文化才能真正变成属人的、符合人天性的文化,因而也才能与自然界和谐相处。向人的自然的复归,就要走出对自然的统治与破坏,走出对人性的塑造与扭曲。在这种人与自然的新关系中,人既是自然界的一部分,又高于一般自然界。这其实也是一种复归,因为人与自然的关系本来就是如此。①

文学中的所谓儿童视角,就是回到自然主义,回到纯净目光,将一切与自然天性相对立的文化剥离。当我们用儿童视角来看问题时,其实依然是一种文化视角,不过这种文化视角是一种彻底的自然主义和彻底的人本主义的视角。这种文化视角是实现了自然复归的视角,它有助于成人社会的省思以避免异化,从而拥有真正的以人为本的社会文化。

六、儿童和成人相向而行:向儿童学习与"儿童反儿童化"

面对儿童的涂鸦,毕加索推崇备至,称自己用一生的时间才学会像六岁的孩子那样作画。同样,保罗·克利也是如此,他羡慕自己两三岁孩子涂鸦中的那种自然、流畅。音乐家布约克沃尔

---

① 李泽厚曾说:"如果说儒家讲的是'自然的人化',那么庄子讲的便是'人的自然化':前者讲人的自然性必须符合和渗透社会性才成为人;后者讲人必须舍弃其社会性,使其自然性不受污染,并扩而与宇宙同构才能是真正的人。"(李泽厚. 美学三书[M]. 合肥:安徽文艺出版社,1999:292.)这段话对于理解"自然的人化"与"人的自然化"的内涵具有参考价值。

德认为儿童的自发性歌唱"比之于巴赫、舒曼、门德尔松和艾甫斯这些大师们的作品毫不逊色"。[①] 什么是艺术？这些顶级的艺术家一定是深知其中真味的，可他们面对童年的艺术如此谦卑、如此仰慕！为什么？

著名的哲学家加雷斯·马修斯、乔斯坦·贾德面对儿童对周围世界的好奇、追问，认为儿童比成人更容易成为哲学家。这些哲学家熟知哲学史上的大人物，但他们面对儿童的探究活动却发出慨叹，表现敬畏！为什么？

当耶稣的弟子欲阻止衣着褴褛的幼童靠近耶稣，耶稣却让自己的弟子放他们过来，并说，那进入天国里的必是像孩子这样的人。为什么？

…………

儿童身上体现着童年的资源，成人应当向儿童学习。但并不是说，成人可以解除自己对儿童的保护和教育的责任。当我们主张成人向儿童学习、童年是成人可资利用的宝贵资源的时候，应当看到，儿童的生存、成长也不可须臾离开成人社会。

儿童自己是渴望早日进入成人社会的。我在幼儿园看到过这样的现象：教师批评大班的幼儿不守常规而不像大班的孩子，应当送到中班或小班去的时候，受批评的幼儿往往是非常惧怕的。在这位幼儿看来，他是大孩子了，将他降级到小班或中班的孩子，那简直是莫大的羞辱。文学理论家班马曾提出"儿童反儿童化"的命题试图解释这种现象。[②]

成人文化和儿童文化具有互补、互哺的关系。成人文化与儿童

---

① 让-罗尔·布约克沃尔德. 本能的缪斯——激活潜在的艺术灵性［M］. 王毅，等，译. 上海：上海人民出版社，1997：249.
② 班马. 前艺术思想［M］. 福州：福建少年儿童出版社，1996：516.

文化最好的互动，也许就是成人竭力"复归于婴儿"，而儿童则在相反的向度即成长的向度上按照进化赋予个体成长的"时间表"而从容成长，逐步迈入成人世界。成人文化在向童年的复归中进一步实现"人的自然化"，而儿童在成人的护佑中将天性展现为现实文化，从而实现"自然的人化"。

七、"曾点言志"与理想社会的生成

《论语·先进》记述了这么一个故事：在轻松温馨的氛围中，孔子让自己的四个学生各言其志。曾点一边听着，一边随意地轻轻地鼓瑟，乐音恰到好处地应和着大家的交谈。三个同学讲完了，就剩下曾点还没有谈。孔子便让曾点也说说自己的抱负。

（子曰：）"点，尔何如？"鼓瑟希，铿尔，舍瑟而作，对曰："异乎三子者之撰。"子曰："何伤乎？亦各言其志也。"曰："莫春者，春服既成，冠者五六人，童子六七人，浴乎沂，风乎舞雩，咏而归。"夫子喟然叹曰："吾与点也！"

每次读到这段话，我都有特别的感慨：赞同曾点的又何止孔子一人？

暮春时节，在沂水里游泳，在舞雩台上吹风，这是"春满人间"的气象；穿上春天的衣服，脱去沉重如枷锁般的棉衣，让人感到轻松愉悦，自然自在，这是"乐满人间"，是"自由之境"；冠者五六人，童子六七人，游泳、吹风后唱着歌回家，大手牵小手，小手牵大手，这是成人与儿童的相互依存，是"爱满人间"的境界。

历史上对"曾点言志"这段话的解读可谓众说纷纭，我对它的解读可用贝多芬交响乐《欢乐颂》作为背景音乐。我相信这一解读是值得注意的。我用"曾点言志"这段话，来支援马克思彻底的自然主义和彻底的人本主义的社会理想。而走向这一理想，实现"春满人间""爱满人间""乐满人间""自由之境"，就离不开人类对童年资源的发现和利用，离不开儿童和成人建立一种互哺互补的和谐关系。

发现儿童与儿童本位

> 教师是自然的仆人,不是自然的主人;他的使命是培植,不是改变。
>
> ——夸美纽斯:《大教学论》

> 我们教师只能像仆人侍奉主人那样地帮助儿童进行工作。然后我们会变成人类灵魂发展的见证人。
>
> ——蒙台梭利:《有吸收力的心灵》

儿童本位就是"以儿童为本",就是以儿童为教育工作的出发点。"儿童本位"曾被视为资产阶级的教育学原则而屡遭批判,为"儿童本位"正名的时候到了。

进入新世纪以来,中国共产党将"以人为本"作为治理国家的基本原则,这为教育学在中国实现现代转型提供了政治保障。"以人为本"的政治原则要求教育工作者应当以自己的教育对象——儿童为本位。

一、儿童教育的现代观念源于对儿童的发现

儿童教育的现代观念的主要内容是什么？现代儿童教育的基本原则是什么？我们可从儿童教育学发展的历史轨迹中探寻答案。

这一观念是在文艺复兴运动的大背景中萌生的。文艺复兴运动高歌人的天性、尊严和权利，当时教育学领域也出现了对儿童的生命进行讴歌的思想家。捷克教育家夸美纽斯就是其中的一位，他被视为文艺复兴运动时期最后一位教育思想家，因而也是文艺复兴运动时期教育学思想的集大成者。夸美纽斯认为"人是造物中最崇高、最完善、最美好的"，他把这种认识作为其著作《大教学论》第一章的标题。这种认识其实也是夸美纽斯全部教育学的逻辑起点或理论基础。在这部书中，他认为儿童与生俱来拥有学问、德行和虔信的种子，这被后人称为"种子说"。[①]"种子说"对"发现"儿童是有历史贡献的，"种子说"的儿童观引导夸美纽斯以师法自然为思想方法论，构建了园丁说的教育学体系。

比夸美纽斯晚约一个世纪，法国启蒙思想家卢梭在其1762年出版的教育学著作《爱弥儿》中发现：儿童不是小大人，他具有独立的不同于成人的生活。[②]对儿童的这种新认识，史称"儿童的发现"（或"发现儿童"）。《爱弥儿》对儿童的发现，是卢梭对文艺复兴以来儿童观的集大成，是继承和发展，是一次儿童观的飞跃。[③]

夸美纽斯认为教师应当像园丁从事种植那样遵循自然规律，不应当将成人世界的东西不加辨别、不考虑儿童的成熟度而生硬地教给儿童；有些东西即便最终要教给儿童，也必须耐心等待适当的时

[①] 夸美纽斯. 大教学论 [M]. 傅任敢，译. 北京：教育科学出版社，1999：13.
[②] 卢梭. 爱弥儿 [M]. 李平沤，译. 北京：商务印书馆，1978：91.
[③] 刘晓东. 儿童教育新论 [M]. 南京：江苏教育出版社，2008：10—12.

机。与夸美纽斯一样,卢梭也认为儿童教育必须要学会等待,这是卢梭"否定教育论"的基本原则。"儿童的发现"促使卢梭提出了现代儿童教育学的核心原则:"教育即(儿童)自然发展。"

"教育即自然发展"是杜威对卢梭教育学核心原则的总结。杜威在与其女儿合著的《明日之学校》一书的第一章便对卢梭的教育思想进行了挖掘,这一章的题目即为"教育即自然发展"。杜威对卢梭的教育主张评价甚高,他曾在教育史上如此定位卢梭:"他〔卢梭〕的意思是,教育不是从外部强加给儿童和年轻人某些东西,而是人类天赋能力的生长。从卢梭那时以来教育改革家们所最强调的种种主张,都源于这个概念。"[1] 杜威自己也不例外,他提出的"教育即生长"与卢梭的"教育即自然发展"是一致的。其实夸美纽斯的教育思想也可以概括为"教育即自然发展",而如果承认"教育即自然发展",那么,这种教育学必然是以儿童为中心的。虽然儿童中心论是由杜威直接提出的,但是夸美纽斯和卢梭的教育学思想都是"儿童中心"的。

可以看出,儿童教育的现代观念在夸美纽斯的那个时代开始萌生,这是文艺复兴运动的思想成果在教育学领域的积淀,是文艺复兴运动开出的教育学之花。这朵教育学之花有着浓郁的人本主义气息,结出了累累硕果:由于卢梭"发现"了儿童,在此基础上提出了相应的新教育观,而杜威继承了教育学的这些现代思想遗产并有所发展,明确提出了儿童中心论的教育体系,于是儿童教育的现代观念和现代立场已经基本成熟。儿童教育的现代观念从萌生到成熟,都是基于对儿童心灵、儿童生活、儿童世界的发现而演进的,

---

[1] 杜威. 明日之学校 [M] // 杜威. 学校与社会·明日之学校. 赵祥麟,等,译. 北京: 人民教育出版社,1994: 221.

儿童教育学的现代体系也是围绕着儿童心灵、儿童生活、儿童世界而展开的。现代儿童教育是以儿童为出发点的，又是以儿童的成长为其归宿的。也就是说，现代儿童教育的基本立场是以儿童为中心、以儿童为本位的。

不少人将尊重儿童的生活理解为"放羊"，将儿童本位的教育理解为放弃教师对儿童的指导，拒绝社会（成人世界）对儿童施加影响。这是错误的。现代教育不是放弃教师对儿童的指导，而是放弃传统教育中教师的暴力、专制，反对瞎指挥和无的放矢。现代教育通过对儿童天性和儿童生活的了解，通过寻找儿童成长所需要的种种条件，以彰显教育的本义，从而更有效地对儿童进行帮助和指导。儿童本位的教育对教师的要求比传统教育更高了，因为它要求教师充分了解儿童的生活面貌和成长需要，而不再是一厢情愿地控制和灌输。

人们还有一种误解，认为现代教育里的教师应当变成一个儿童，应当蹲下来与儿童平视，方才显示出师生平等。对于蹲下来与儿童平视的教师，儿童通常是欢迎的，但是这个教师必须清楚自己是成人世界的代表。儿童欢迎那些尊重他们的教师，欢迎那些与他们交朋友的教师，欢迎教师进入他们的世界，但是儿童本身又有一种成长的愿望，有一种认识成人世界、进入成人世界的愿望。所以一味地蹲下来与儿童平视，儿童未必一概地欢迎，儿童欢迎的是那种愿意与他们平视、珍视他们的世界，但又随时能够站起来、展示成人强大力量的那种教师。

尊重儿童的天性，尊重儿童的生活，尊重儿童的世界，并不是不要教师的指导，并不是把成人世界的大门在儿童面前关闭起来，而是要求成人世界给予儿童更有效、更有力、更人道的影响，这对教师、教育、社会提出了更高的要求。

二、儿童本位之于国家建设

儿童的生活、儿童的世界是儿童本性的外在化表达，儿童就是在他自己的生活和世界里实现成长的。儿童的生活、儿童的世界是儿童的生命和心灵寄寓的屋所，如果儿童的生活和世界被压制和贬抑，那么儿童到哪里找寻自己的存身之所？儿童到哪里去表现自己的生命，到哪里实现自己的成长？

儿童的生命与生俱来地拥有宝贵的"种族遗产"，儿童在生长发育中自发地开发着这些宝贵的天赋。这些天赋不是人工制造的，不是圣人、圣王或领袖恩赐的，更不是用暴力手段硬造、强制的。

只要有健康的自然生态和文化生态，只要有适当的物资食粮和精神食粮，只要有成人世界的关爱、支持和帮助，任何遗传学上正常的儿童都会按照共同的生物学指令实现类似长胳膊长腿这样的生长发育，都会逐步展开童年的精神世界，都会主动地探索、游戏、梦想、涂鸦、歌唱、表达。所有这一切构成了儿童的生活、儿童的世界、儿童生命的现实形态。儿童通过这些方式就能够表达和挖掘自己的种族天赋。这些天赋是人的先验本质，忽视或贬抑这些天赋，人将无法正常地适应世界，更不要说积极地根据自然世界的本性而改造自然世界了。一个人是如此，一个民族、一个国家也是如此。

《论语·泰伯》云："唯天为大，唯尧则之。"这是说，天（自然、天赋）是第一位的，人——哪怕是伟大的帝王——也要遵循它。《墨子·天志上》云："顺天意者，……必得赏；反天意者，……必得罚。"我们应当从古人的这些说法里有所领悟。如果对天予以尊崇与遵从，便会得到好结果。相反，如果对天不够尊崇与遵从，便会受到惩罚。一个民族、一个国家，如果它的儿童、它的公民失去了某些人之为人的自然天性,这个民族和国家就会"异化",就会变得死气沉沉而非生龙活虎,就会变得万马齐喑而不是百舸争流。与那些保存有健全天性的民族和国家相比,这个民族或国家将很难与之竞争,即便和平相处都很难得,它只能被别的民族、国家欺侮。世界历史的演进已经证明这是历史事实和历史规律。

如果儿童生活在一个贬抑童心的文化里,如果教师和成人对儿童的要求和教育,总体上来说是背离儿童生活和儿童世界的,那么,儿童将失去自由而本真地表达自我的机会。

一旦儿童无法本真地表现自己的生活,无法得到适合其天性的精神食粮,却要被动地迎合成人与成人世界,他自然发展的时机就被剥夺了,他的人性花园因错过适当的时节从而荒芜了,那么,他便成为精神的残废者。在这样的文化生活和教育过程中,儿童要隐藏自己真实的精神世界,要戴上假面具迎合成人的要求、满足社会的需要,从而失去本真、失去真诚,成为一个虚伪者。鲁迅在民国时期曾经揭露中国有"吃人"的文化传统,更早的如明代李贽曾批评传统中国社会"失却童心",从而"失却真人",继而"满场皆假"。应当说,保护童心,保护儿童世界,对于民族复兴、改造国民性也是重要的手段。

"创造力就是童心不灭","创造力从根本上说就是儿童品性在成年时期的延续"。[①] 目前我国试图建设创造型国家,保护童心其实就是保护民族的创新能力。

儿童生活在自己的世界里是天经地义的,就像鱼天经地义地生活在水里。鱼是不愿意离开水的,除非强制它出水。同样,如果教师和成人对儿童的要求和教育背离儿童天性、儿童生活和儿童世界,那么成人要实现自己的要求和教育,就必然要对儿童采取暴力

---

① 德斯蒙德·莫理斯. 人类动物园[M]. 刘文荣, 译. 上海:文汇出版社,2002:210.

和专制的方式。成人的这种暴力和专制必然牺牲儿童成长的种种时机。这不仅对儿童的成长有所破坏，同时也使儿童适应了甚至学会了暴力和专制，这对于培养儿童的民主精神也是致命的。"儿童是成人之父"，儿童每天的生活正在创造儿童将成为的那个成人，所以从根本上来说，中国的民主政治建设的成效也取决于中国儿童教育是否能够成功地从传统形态向现代形态转换。

《中华人民共和国宪法修正案》（2004年版）已经将"人权"写入其中（按，《宪法》第三十三条增加一款作为第三款："国家尊重和保障人权。"），这意味着新宪法已经具有"以人为本"的新精神。这充分体现了改革开放政策使古老中国取得了又一个巨大成就。中国儿童教育从传统向现代转换在政治和法律上已经扫清了过去的障碍。在儿童教育中倡导儿童本位，提倡以儿童为中心，其实就是落实新的宪法精神。

三、儿童本位是教育原则、政治原则，是未来理想社会的文化特征

现代社会变革的方向是以人为本，现代教育变革的方向是以儿童为本（儿童本位）。只有张扬儿童本位的教育才能构造以人为本的社会。"儿童本位"与"以人为本"是辩证统一的。

如果一个社会是进步的、开放的，那么教育便不只是为了满足现有社会和现行政治的需要，不只是为了实现文化的传承，而是更强调教育对现存社会、现有文化的改造和发展。教育是第一性的，社会是第二性的；社会随教育的变革而变革，教育的组织与变革是以儿童为中心的。教育通过培养新人而从根本上实现社会改造和文化变革；在社会改造和文化变革的多种手段中，教育是最有效、最

重要、最健全、最稳妥的手段。

而过去以教师为中心、以教材为中心、以成人为中心的教育，其实质是社会、文化是第一性的，儿童是由社会、文化塑造的；在教育与儿童的关系上，教育则排在儿童的前面，儿童是教育压迫的对象。这种社会、文化和教育不可能容忍"以人为本"这一现代社会的基本原则。

中国文化的重建既不应当以西方文化为本位，也不应当以中国文化为本位，而是应当以人为本位。"以人为本"有可能彻底消解文化的古今之争、中西之争中的不少悬而未决的问题。

而在儿童本位的教育中，儿童不再是单纯的被塑造者，不再是被动地接受灌输，而成了教育过程中积极的、主动的、创新的主体。这种儿童本位的教育作为一种社会生活便是以儿童为本位的社会生活，是以人为本的社会生活。

明末清初的学者黄宗羲曾提出："必使治天下之具皆出于学校，而后设学校之意始备。"（《明夷待访录·学校》）黄宗羲已意识到中国社会、中国文化需要深刻变革。上面这句引文表明，他所设计的中国政治变革、社会变革、文化变革的样式，是将学校和教育放在了社会、政治前面，学校和教育不再消极、被动、驯顺地跟在政治、文化后面，卑躬屈膝地为政治、社会、文化服务，而是要走在政治、社会、文化的前面，引领政治、社会、文化的变革与进步。黄宗羲的话提醒我们：要让学校、教育成为新社会、新文化、新风气的创造者、引领者。这对于中国当前的改革事业具有重要意义。

法国思想家加斯东·巴什拉写道："社会将为学校而构成，而不是学校为社会建造的。"[①] 在他看来，学校至上，教育至上，学校

---

① 巴利诺. 巴什拉传［M］. 顾嘉琛，杜小真，译，上海：东方出版中心，2000：512.

应当是社会的中心。"我会毫不犹豫地向你们提出学校至上这个主题。人们反复说，学校的责任是使孩子准备好投身于生活。人们还没完没了地使用一个好斗的隐喻：应当武装好我们的青年一代去迎接生活的斗争。总之，学校是为社会而建造的。"巴什拉接着说，"但是，如果我们颠倒这命题，如果我们说社会是为学校而构成的话，那么，在人的内心该是多么明快，多么可亲！学校是一种目的，学校就是目的。我们的全部身心都对未来的一代负有责任。"①也就是说，在学校和社会的关系中，学校成为第一位的，社会成为第二位的；学校是本，社会是末；学校是根茎，社会是花果。学校不再单纯是社会的工具，其本身就是目的；学校就是目的，学校成为社会的楷模，成为社会的引领者，成为社会的母机，成为社会的理想形式，社会全体都对未来的一代负责。学校至上、教育至上、儿童至上不再只是教育原则，而且成为以人为本的社会所遵循的政治原则，是未来理想社会的文化特征。这是一种彻底的以人为本的主张：人为本，社会为末。我以为这是中国教育和中国社会变革的方向。现在，这种在过去看来离经叛道的说法，已经与时下中国共产党"以人为本"的治国方略不相矛盾。

　　论述至此，我想做一个小结。从历史学角度看，儿童教育的现代观念是基于对儿童的发现而产生和发展的。儿童的发现导致了教育学中的儿童本位，也即儿童本位、儿童中心主义的教育学立场。现代儿童教育是以儿童为本位的。教育以儿童为本位，并不是降低教师的作用，而是对教师提出了更高的要求。中国亟须建设儿童本位的教育学立场和理论，以实现儿童教育从传统到现代的转型。儿童教育应当以儿童为本，这是走出目前儿童教育和基础教育改革的

---

① 巴利诺. 巴什拉传［M］. 顾嘉琛，杜小真，译，上海：东方出版中心，2000：515.

瓶颈状态之现实需要,也是落实"以人为本"的重要举措之一。儿童本位不只是教育原则,而且是以人为本的社会所遵循的政治原则,是未来理想社会的文化特征。在儿童本位的社会,学校、教育成为新社会、新文化、新风气的创造者、引领者。这是一种彻底的以人为本的主张。

儿童本位：从教育原则、文化原则到理想社会

> 夫赤子孩提，其真体去天不远，……夫尽四海九州之千人万人，而其心性浑然只是一个天命，……如木之许多枝叶而贯以一本，如水之许多流派而出之一源。……圣贤宗旨，是欲后世学者知得千心万心只是一心。
>
> ——罗汝芳：《孝经宗旨》

卢梭在其著作《爱弥儿》中实现了对儿童的"发现"。以此为基础，以儿童为本位的现代教育学应运而生。说其应运而生，是说儿童本位的教育学顺应和体现了时代精神。儿童本位看似是教育学原则，其实也是文学、艺术、社会、文化、政治等领域的共同观念。本文倚重对相关历史文献的梳理，从考察教育学的儿童本位原则出发，逐步将这种考察扩展至政治、社会、文化等领域，让历史上的思想文本昭显其内蕴的儿童本位观念与童心主义哲学传统。

一、儿童本位作为教育原则

著名的儿童史著作《儿童的世纪》的作者阿利埃斯（Philippe Ariès）认为"在中世纪人们缺乏儿童观念"[①]。儿童观念是什么时候产生的呢？通常认为，启蒙思想家卢梭的著作《爱弥儿》实现了对儿童的发现。

文艺复兴运动为儿童的发现提供了理论基础。为什么这样说呢？

被视为一次人本主义运动的文艺复兴运动唱颂自然界，同时推崇人自身的自然（天性），因而在更深的层次上也是一次自然主义的运动。对人的自然的推崇，推动了对人的自然的发现，所以，文艺复兴运动也是一次"人的发现"的运动。

一旦人的本性、人的成长被视为自然，进而童年作为人类个体生命周期最初的部分、成长之一个阶段，被视为每一个成熟的个体都必须经过的不可跨越的自然过程，那么，童年便获得了其存在的价值和自然合理性，同时，儿童和成人（人生的不同阶段）的生活自然也就不再雷同。这就是"儿童的发现"背后的逻辑。

从"文艺复兴"到"启蒙运动"，人本主义和自然主义不断发展与进步，到了卢梭，童年作为一个自然的、客观的生命阶段而被发现，在逻辑上成为必然，并且成为史实。

卢梭《爱弥儿》开篇就从"天性"入手，阐述"我们的才能和器官的内在的发展"，指出儿童的成长是儿童自身的"内在自然"的展开，而且是朝向"自然的目标"的展开。卢梭认为："大自然希望儿童在成人以前就要像儿童的样子。如果我们打乱了这个次

[①] 阿利埃斯. 儿童的世纪：旧制度下的儿童和家庭生活［M］. 北京：北京大学出版社，2013：6.

序，我们就会造成一些早熟的果实，它们长得既不丰满也不甜美，而且很快就会腐烂。"他指出："儿童是有他特有的看法、想法和感情的；如果想用我们的看法、想法和感情去代替他们的看法、想法和感情，那简直是最愚蠢的事情……"① 可见在卢梭看来，童年与成年有本质的不同，儿童不是小大人。

卢梭不只是发现了童年的自然属性，还发现了童年的价值属性。他诘问成人："你们当中，谁不时刻依恋那始终是喜笑颜开、心情恬静的童年？你们为什么不让天真烂漫的儿童享受那稍纵即逝的时光，为什么要剥夺他们绝不会糟蹋的极其珍贵的财富？他们一生的最初几年，也好像你们一生的最初几年一样，是一去不复返的……"② 在这里，卢梭发现了童年拥有"极其珍贵的财富"。这种财富其实就是"天性"，类似中国哲学的"赤子之心""童心""良知良能"等概念。

卢梭《爱弥儿》还有不少相关论述。总之，文艺复兴运动开启了现代意义上"人"这一概念的发现，而启蒙运动时期的卢梭对"儿童"的发现，是对文艺复兴时期"人的发现"的深化和实现（或初步完成）。

在卢梭之前，无人达到卢梭在《爱弥儿》中对童年认识的深度和广度，不过，已经有一些人对儿童有了一些重要认识。没有这些先贤的认识，卢梭是难以发现儿童的。比卢梭约早一个世纪的夸美纽斯就是其中的佼佼者。

夸美纽斯是一位牧师，他将儿童看作上帝的种子或化身，"生育子女并非为了我们自己，而是为上帝并且表明作为上帝的子女，

---

① 卢梭. 爱弥儿［M］. 李平沤，译. 北京：商务印书馆，1978：91.
② 卢梭. 爱弥儿［M］. 李平沤，译. 北京：商务印书馆，1978：72—73.

要求我们对他们（儿童）的尊敬"。夸美纽斯引用耶稣的话："上帝还严厉警告那些要欺侮儿童的人，哪怕是最小限度，命令这种人要尊敬他们像尊敬他［上帝］一样并且用严厉的惩罚谴责任何人对儿童中最小的一个的冒犯。"① 意思是说，哪怕是最年幼的孩子，也是不能欺侮和冒犯的，也要像尊敬上帝一样加以尊敬。儿童是"由至圣的三位一体举行特别会商产生出来的并且按照自己的形象来塑成的"，儿童是"上帝的生气勃勃的形象"。② 夸美纽斯认为儿童与生俱来地拥有"学问、德行和虔敬的种子"，他还提出"灯"的比喻，表达"万物确乎都已存在人的身上"③。这与中国古代的孟子、罗汝芳、李贽等人的童心主义思想类似。

夸美纽斯对儿童有这样的看法，就足以让我们想象他的教育学会有一种怎样的立场、姿态。是的，他的教育学最大的原则就是师法自然："教师是自然的仆人，不是自然的主人；他的使命是培植，不是改变……"④

也就是说，尽管是杜威首次提出教育学应当发生一种从教师中心或教材中心向以儿童为中心的哥白尼式革命，但儿童中心的教育学却早于杜威出现了。夸美纽斯的教育学已经是地地道道不折不扣的儿童中心或儿童本位的教育学。

晚于夸美纽斯约半个世纪的卢梭越过了"发现儿童"这一历史分水岭，从而提出"教育即（儿童的）自然发展"的教育学理论，

---

① 夸美纽斯. 母育学校［M］// 夸美纽斯. 夸美纽斯教育论著选. 任钟印，选编. 任宝祥，等，译. 北京：人民教育出版社，2005：13.
② 夸美纽斯. 母育学校［M］// 夸美纽斯. 夸美纽斯教育论著选. 任钟印，选编. 任宝祥，等，译. 北京：人民教育出版社，2005：15.
③ 夸美纽斯. 母育学校［M］// 夸美纽斯. 夸美纽斯教育论著选. 任钟印，选编. 任宝祥，等，译. 北京：人民教育出版社，2005：16.
④ 夸美纽斯. 大教学论［M］. 傅任敢，译. 北京：教育科学出版社，1999：138.

于是，一种现代教育学的体系诞生了。

正如杜威所言，后世的一切教育改革家都是以卢梭"教育即自然发展"为教育立场的。裴斯泰洛齐、福禄培尔、杜威、蒙台梭利、维果茨基、皮亚杰，直到今天，教育学的现代观念和立场都是如此。遗憾的是，这种教育学立场在中国的教育学界依然处于艰难的萌生状态。

中国的教育学体系里，教育对象是"受教育者""学生"，但不是"儿童"。"儿童"是自然概念，但"受教育者"或"学生"不是。"儿童"至今没有成为中国教育学体系的关键词。[①]

陶行知和陈鹤琴当年从杜威那里取来的现代教育学的火种，刚刚点燃就被熄灭了。尽管这两位"普罗米修斯"现在已经从"天神"手上解放出来，但他们所宣传的学说，如点点星火尚未燎原。事实上，陈鹤琴在解放后的政治改造运动中被迫否定了杜威及其教育学的现代立场。陈鹤琴解放后的批判与自我否定竟然是目前教育学界的主要观念和立场，但事实上，陈鹤琴内心坚持的是杜威等人的立场，他对杜威的批判和自我否定都是言不由衷的。[②]

我们暂不谈这些，让我们继续谈论教育学在认识儿童方面取得的成就。先谈谈蒙台梭利。与华兹华斯相似，蒙台梭利可能是迄今最伟大的儿童崇拜者之一。让我们读读其最后一部著作即《有吸收力的心灵》中的几句话（这些话让我受到震动，我相信这些话也会让不少读者受到震动）：

要想帮助和拯救世界只能依靠儿童，因为儿童是人类的创造

---

① 刘晓东. 儿童教育新论 [M]. 南京：江苏教育出版社，1998：381—383.
② 刘晓东. 政治改造背景下陈鹤琴的生活与思想 [J]. 南京师大学报（社会科学版），2012（6）.

者。……儿童被赋予各种未知的能力，这些能力能够引导我们走向一个光辉灿烂的未来。如果我们确实渴望一个新世界，那么教育就必须把发展这些潜在的可能性作为它的目标。①

我坚持任何教育改革必须依据人的天性。人本身必须成为教育的中心。……如果我们遵循这些原则，儿童不仅不会成为负担，而且会以自然奇迹中最伟大、最令人欣慰的形象出现在我们面前。我们会发现自己所面对的将不再是一个被看作幼弱无依的生命，像一个需要我们的智慧去填充的容器；而是一个具有崇高的尊严而被看作我们自己的心灵塑造者的人，一个自我引导按照精确的时间表在愉快与欢乐中孜孜不倦地从事着创造宇宙中最伟大的奇迹——人——的工作的人。我们教师只能像仆人侍奉主人那样地帮助儿童进行工作。然后我们会变成人类灵魂发展的见证人。②

教育学发展到蒙台梭利这里，在我看来，已经成为几个世纪以来"儿童本位"呼声的最强音，迄今我还没有看到比这更有力地推崇儿童的思想。这是"儿童本位"思想的闪光，这是"儿童本位"原则的胜利！

请注意，蒙台梭利在这里说教师和儿童的关系是主仆关系，这是一种修辞。这种修辞只是在倡导一种革命性的颠覆，即颠覆传统教育中教师与儿童的关系。但是，仅仅颠覆传统的教师与儿童的关系是不够的。要实现这种颠覆，必须颠覆成人与儿童的关系，那就

---

① 蒙台梭利. 有吸收力的心灵［M］//蒙台梭利. 蒙台梭利幼儿教育科学方法. 任代文，主译校. 北京：人民教育出版社，2001：324.
② 蒙台梭利. 有吸收力的心灵［M］//蒙台梭利. 蒙台梭利幼儿教育科学方法. 任代文，主译校. 北京：人民教育出版社，2001：328.

是以儿童本位的原则建设儿童本位的文化和社会。

二、儿童本位：从教育原则到政治原则

上面已提到夸美纽斯是一位牧师，他以这种身份来研究教育学，也透露了他研究教育学的主要目的便是建设他理想中的基督教社会。在《大教学论》的扉页，夸美纽斯写明此书旨在"使每个基督教王国的一切教区、城镇和村落，全部建立这种学校的一种可靠的引导，使男女青年，毫无例外地，全部迅速地、愉快地、彻底地懂得科学，纯于德行，习于虔敬，这样去学会现世与来生所需要的一切事项"，"使基督教的社会因此可以减少黑暗、烦恼、倾轧，增加光明、整饬、和平与宁静"。[1] 可以看出，夸美纽斯儿童本位的教育学是有政治目的的。

与此类似，作为政治思想家的卢梭在写作《社会契约论》的同时，也写成了教育学著作《爱弥儿》。他的《爱弥儿》也有政治目的，那就是实现其《社会契约论》等著作中所体现的社会理想。卢梭知道，这种理想社会需要通过新人的诞生来实现，而新人的诞生需要通过教育来实现。有趣的是，卢梭在《爱弥儿》中认为，人们将柏拉图《理想国》看成政治学著作是错误的，《理想国》彻头彻尾是一部教育学著作。卢梭写道："请你读一下柏拉图的《理想国》，这本著作，并不像那些仅凭书名判断的人所想象的是一本讲政治的书籍；它是一篇最好的教育论文……"[2]

将《理想国》看成教育学著作，这是卢梭的发现，但是将《理

---

[1] 夸美纽斯. 大教学论 [M]. 傅任敢, 译. 北京: 教育科学出版社, 1999: 题献.
[2] 卢梭. 爱弥儿 [M]. 李平沤, 译. 北京: 商务印书馆, 1978: 11.

想国》视为政治学著作难道就错了吗？没错。应当说，《理想国》既是政治学著作，又是教育学著作。

《理想国》这部著作的学科属性，其实也暴露了教育学学科的一个秘密，那就是教育学与政治学存在惊人的交叉。有时候，教育学就是政治学，政治学就是教育学。这也是为什么中国最早的教育学作品《学记》开篇就讲"建国君民，教学为先"的原因。[①]

让我们再看看杜威。杜威将哲学视为苏格拉底接生术的事业，这种事业当然是与人的发展和理想社会的建设联系在一起的。正因为此，90岁时的杜威不承认自己是教育学家，而只承认自己是哲学家（当然也与当时哲学界有些人排斥杜威有关），而他的绝大多数著作是教育学著作，其中最著名的《民主主义与教育》主张通过发展教育科学和教育民主来保障儿童自然地健康地成长，从而为民主社会的生成和发展提供保障。也就是说，杜威是哲学家，也是教育学家，他是以哲学家的身份自居的具有政治目的的教育学家。

无论是夸美纽斯，还是卢梭、杜威，他们的教育学都以建设理想社会为鹄的。他们的教育学全是以儿童为本位的。他们通过儿童本位的教育理论与教育实践来实现他们的政治目的。可以说，在他们的思想体系中，儿童本位既是教育学原则，也是政治学原则。

蒙台梭利也是如此。蒙台梭利将"新人的诞生"[②]和"重建世界"[③]作为其教育学的宗旨，这种教育学宗旨其实是蒙台梭利的政治目的。

---

① 刘晓东. 蒙蔽与拯救：评儿童读经[M]. 南京：江苏教育出版社，2009：317—325.
② 蒙台梭利. 有吸收力的心灵[M]//蒙台梭利. 蒙台梭利幼儿教育科学方法. 任代文，主译校. 北京：人民教育出版社，2001：328.
③ 蒙台梭利. 有吸收力的心灵[M]//蒙台梭利. 蒙台梭利幼儿教育科学方法. 任代文，主译校. 北京：人民教育出版社，2001：323.

1939年7月28日，蒙台梭利在伦敦世界真理会上，发表了题为《幼儿——和平的导师》的演讲。面对当时世界的严峻形势，蒙台梭利试图寻找人类和平的新途径。"是否有新的途径提供我们遵循？是否有新的人类能让我们寄托所有的希望？是的，答案就在幼儿身上。"（我读到这里，情不自禁想到明代罗汝芳的相关思想。）①蒙台梭利认为幼儿是人类和平的导师，他们可以带引我们走向和平。"我所见到的孩子，正如我们仔细观察后所了解的相同。他们并不是像一般人看到身体蜷曲、柔弱不堪的无助小可怜；我们所见到的乃是张开双臂、昂然挺立，并召唤世人追随的救世主。"② 可见，蒙台梭利将儿童看作人类的拯救者和引路人。

由此可见，几乎所有伟大的教育思想家的教育学都有其政治学之维。在现代教育学理论体系里，儿童本位不只是教育原则，还是政治原则。

三、儿童本位：对成人本位的传统社会和传统文化的颠覆

英国湖畔诗人威廉·华兹华斯写过许多歌颂自然和儿童的优美诗篇。在《彩虹》一诗中，他写出"儿童是成人之父"的诗句。华兹华斯认识到成人生活的本源是儿童，成人生活奠基于童年，并终身仰仗童年、受用童年，也就是说，儿童是第一位的，成人是第二位的。

华兹华斯为什么会提出"儿童是成人之父"的思想？有一种猜

---

① 玛丽亚·蒙台梭利. 教育与和平[M]. 庄建宜, 译. 台北：及幼文化出版股份有限公司, 2000：161.
② 玛丽亚·蒙台梭利. 教育与和平[M]. 庄建宜, 译. 台北：及幼文化出版股份有限公司, 2000：163.

测是可能受弥尔顿《复乐园》的影响。《复乐园》中有"童年展示成人，正如早晨展示白天"这样的句子。这其实也是说，儿童是第一位的，成人是第二位的。

继华兹华斯以后，人文学科的不少著名学者都在引述和阐释"儿童是成人之父"这一说法，可见这一著名诗句暗含了值得挖掘的丰富意蕴。

蒙台梭利也曾引述和解释"儿童是成人之父"这一说法。在《童年的秘密》一书中，蒙台梭利写道："事实上，母亲和父亲对他们子女的生命有何贡献呢？父亲提供了一个看不见的细胞。母亲除了提供另一个细胞外，还为这个受精的卵细胞提供了一个生活环境，以便使它能最终成长为一个充分发展的小孩。说母亲和父亲创造了他们的孩子，那是不对的。相反，我们应该说：'儿童是成人之父。'"[①] 在另一处，蒙台梭利又解释说："人一旦获得生命，在人最初创造时所发生的事情在所有人的身上都会再现出来。因此，我们可以不断地重复说：'儿童是成人之父。'"[②] 可以看出，这种说法属于进化论、重演论的范畴。

蒙台梭利认为，儿童的工作任务是造就成人。"就儿童的活动领域而言，我们是他的儿子和扈从，正如在我们的特殊工作领域他是我们的儿子和扈从一样。在一个领域成人是主人，但在另一个领域儿童是主人。"[③] 应当说，这种说法对成人和儿童都是公允的。

在《有吸收力的心灵》一书中，蒙台梭利进一步阐述了儿童与成人之间究竟谁是创作者、谁是作品的问题。在她看来，儿童是由成人塑造的传统看法是错误的，恰恰相反，是儿童创造了成人。蒙

---

① 蒙台梭利. 童年的秘密 [M]. 马根荣, 译. 北京: 人民教育出版社, 1990: 59.
② 蒙台梭利. 童年的秘密 [M]. 马根荣, 译. 北京: 人民教育出版社, 1990: 191.
③ 蒙台梭利. 童年的秘密 [M]. 马根荣, 译. 北京: 人民教育出版社, 1990: 191.

台梭利写道:"儿童不是一个事事依赖我们的呆滞的生命,好像他是一个需要我们去填充的空容器。不是的,是儿童创造了成人;不经历童年,不经过儿童的创造,就不存在成人。""我们过去常说母亲塑造了儿童,因为是母亲教他走路、说话,等等。但这些实际上都非由母亲所教,这是儿童的成就。母亲所带来的只是婴儿,是婴儿创造了成人。……是儿童吸收了周围世界的材料并将其塑造成未来的人。"① 所有儿童天生具有一种"吸收"文化的能力,他们在其"内在教师"(the inner teacher)的引导下积极主动地工作着。"教育并非教师教的过程,而是人的本能发展的一种自然过程。"② 儿童也是一个劳动者,其工作的目的是创造人","儿童是在塑造人类本身——不仅仅是一个种族、一个社会阶层或一个社会集团,而是整个人类"。③ 可以看出,蒙台梭利将华兹华斯"儿童是成人之父"理解为:"是儿童创造了成人。"④

拙著《儿童精神哲学》也谈到对"儿童是成人之父"的理解,其中有这么一段话:"在进化论的意义上,儿童的生命实际上就是历代祖先前仆后继一步步构筑起来的生命,而这生命的火炬总是由最新一代的儿童承继,儿童承继的是整个生命进化过程经过进化选择后而保留下来的宝贵资源,儿童是历代祖先生命的代言人。也正是在这种意义上,我们才可以说儿童是成人之父,也才可以理解

---

① 蒙台梭利. 有吸收力的心灵[M]//蒙台梭利. 蒙台梭利幼儿教育科学方法. 任代文,主译校. 北京:人民教育出版社,2001:334.
② 蒙台梭利. 有吸收力的心灵[M]//蒙台梭利. 蒙台梭利幼儿教育科学方法. 任代文,主译校. 北京:人民教育出版社,2001:326—327.
③ 蒙台梭利. 有吸收力的心灵[M]//蒙台梭利. 蒙台梭利幼儿教育科学方法. 任代文,主译校. 北京:人民教育出版社,2001:335.
④ 刘晓东. 论"儿童是成人之父"[J]. 南京师大学报(社会科学版),1999(4).

'儿童是成人之父'这一观念的深刻内涵。"[1] "儿童是成人之父"这一思想是对成人本位社会的一次反叛,是儿童观的一次革命。[2]

在中国传统文化背景中,鲁迅提出了类似的思想。1919 年,鲁迅在《新青年》第六卷第六号上发表了《我们现在怎样做父亲》一文,抨击了中国社会人伦的"逆天行事",宣称中国社会"本位应在幼者,却反在长者",指出"以幼者弱者为本位,便是最合于这生物学的真理的办法"。[3] 很明显,这既是一种呼吁——呼吁建立一种儿童本位、儿童"在先"的新文化,又是一种批判——批判成人本位的旧社会。

鲁迅认为,为了人类"去上那发展的长途",则必须尊崇"后起的生命",以幼者为本位。他甚至提出,"前者的生命,应该牺牲于他"[4]。在自然界,极端的例子是,某些种类的蜘蛛或螳螂交配后,雄性个体会被雌性配偶吃掉,用自己的肉身作为后代发育的养料。这是极端的"幼者本位",似可佐证鲁迅的幼者本位思想在动物世界确有存在且如此直观。

继鲁迅之后,丰子恺是另一位儿童崇拜者。丰子恺在 1928 年曾发表《儿女》一文,他认为:"天地间最健全的心眼,只是孩子们的所有物,世间事物的真相,只有孩子们能最明确、最完全地见到。我比起他们来,真的心眼已经被世智尘劳所蒙蔽,所斫丧,是一个可怜的残废者了。"[5] 丰子恺谈论的是自己和儿女,揭示的却是

---

[1] 刘晓东. 儿童精神哲学 [M]. 南京:南京师范大学出版社,1999:385.
[2] 刘晓东. 论"儿童是成人之父" [J]. 南京师大学报(社会科学版),1999(4):65—70.
[3] 鲁迅. 我们现在怎样做父亲 [M] // 鲁迅. 鲁迅全集:第一卷. 北京:人民文学出版社,2005:138.
[4] 鲁迅. 我们现在怎样做父亲 [M] // 鲁迅. 鲁迅全集:第一卷. 北京:人民文学出版社,2005:137.
[5] 丰子恺. 儿女 [M] // 丰子恺. 丰子恺文集 5:文学卷一. 杭州:浙江文艺出版社,1992:114.

儿童与成人的关系。在他看来，只有儿童是健全的；与儿童相比，成人都是残废者。他将儿童摆在了成人需要师法、膜拜的位置上。

"儿童是成人之父"这一思想是对成人本位社会的一次反叛，是儿童观的一次革命。这种革命的结果，到了我们这个时代，到了我们这个时代的研究者的笔下，就是对"儿童本位"社会的畅想和冀望。

四、儿童本位作为理想社会的核心特征

是儿童让成人变成真正意义上的人，是儿童让成人更富有人性。周国平对刚刚出世的女儿表白道："你改变了我看世界的角度。"一个弱小的新生儿改变了一个成人对世界的态度："我独来独往，超然物外。如果世界堕落了，我就唾弃它。如今，为了你有一个干净的住所，哪怕世界是奥吉亚斯的牛圈，我也甘愿坚守其中，承担起清扫它的苦役。"[①] 一个幼小的孩子唤醒了成人对世界的爱和关心以及建设美好世界的责任。

孩子是生活的目的与生活的支点。法国哲学家巴什拉说："在生活的巨大灾难中，当人们是孩子的支柱时，他立即有了勇气。"[②] 这是巴什拉自己面对壮年丧妻的悲剧时，年幼的女儿给予他心灵支撑和生活勇气的生动写照。

我读到巴什拉下面的话，发现他之所以这样说，与他上面的话是有联系的。

"我会毫不犹豫地向你们提出学校至上这个主题。人们反复说，

[①] 周国平. 妞妞：一个父亲的札记 [M]. 上海：上海人民出版社，1996：21.
[②] 巴什拉. 梦想的诗学 [M]. 刘自强，译. 北京：生活·读书·新知三联书店，1996：168.

学校的责任是使孩子准备好投身于生活。人们还没完没了地使用一个好斗的隐喻：应当武装好我们的青年一代去迎接生活的斗争。总之，学校是为社会而建造的。但是，如果我们颠倒这命题，如果我们说社会是为学校而构成的话，那么，在人的内心该是多么明快，多么可亲！"巴什拉接着说，"学校是一种目的，学校就是目的。我们的全部身心都对未来的一代负有责任。"①

显然在巴什拉看来，"人们反复说，学校的责任是使孩子准备好投身于生活"是错误的。错就错在将童年的生活看作成人生活的预备，这意味着成年生活是目的，而童年生活只是成人生活的准备和预演，童年生活只是成年生活的手段。但是，巴什拉是反对这种观念的。在他看来，儿童是成人社会的目的，成人社会应当成为儿童的拱卫者。学校是儿童与社会直接发生连接的地方，是成人承担儿童的成长和教育这种义务的地方。

于是，巴什拉提出"学校至上"的观点，认为学校应当是社会的中心。他畅想这样一种理想社会："社会将为学校而构成，而不是学校为社会建造的。"②

这是一种思想的突破。众所周知，杜威提出了儿童中心主义，从而使儿童与教师的关系发生了哥白尼式的变革。杜威强调的是，教育是变革社会最有效、最稳妥的手段，学校是为建设民主社会而设计的。然而，巴什拉比杜威又向前迈了一步，以至于学校与社会的传统关系受到更彻底的颠覆。

在巴什拉看来，学校是社会的中心和目的，社会是为学校服务的。说学校是社会的目的，其实是说，儿童是社会的目的；说学校

---

① 巴利诺. 巴什拉传［M］. 顾嘉琛，杜小真，译，上海：东方出版中心，2000：515.
② 巴利诺. 巴什拉传［M］. 顾嘉琛，杜小真，译，上海：东方出版中心，2000：515，512.

是至上的，其实是说儿童不只是社会的目的，而且是社会的根本。巴什拉的话促使我们思考：儿童中心主义或儿童本位的原则可以从学校扩展到社会，可以从教育原则扩展为社会原则。

主张社会的目的是学校，不只是出于人道主义、人本主义，而且还是在倡导整个社会都应围绕学校来建设，围绕下一代来建设，同时还倡导整个社会都在享用童年资源，又为保全和享用童年资源而战。从巴什拉的话语中，我们亦可窥测，巴什拉试图让整个社会拱围和保卫学校，让整个社会变成学校本位、学校中心的社会，其实就是将社会建设为以儿童为本位的"学校"。这是多么温暖人心的人本主义！这是多么彻底的以人为本的社会！

社会成了学校，于是学校也成了社会。社会之所以成为学校，是因为儿童成为这个社会的教师或导师。

在儿童本位、儿童中心的社会，儿童能够充分保全和享用童年的资源，同时能够最大程度得到成人文化的滋养，因而可以最大可能地实现天性潜能；而成人也能"复归于婴儿"，不仅能继续享受自己身上的童年资源，还能享受集中于学校里的那些童年资源。这时，无论是对于个人还是社会来说，天赋的人性资源得到最大的保全、占有和实现，学校与社会自然而然便生机勃勃。

于是，社会理想变成理想社会，天上的国降临于地上……

于是，中国先哲老子以及《圣经》中耶稣等的政治理想、文化理想、社会理想在巴什拉的理想社会——儿童本位和学校中心的社会——得以真正实现。

我还想强调一下，在儿童本位的社会，在儿童中心的学校，童年资源得到最大保护和最大利用；学校和社会从童年获得最多的营养源，同时也实现了其目的和天命。每个人的童年都得到最大保护和最大实现，每个人都获得了最好最适切的发展，社会当然也就成为最人道最完美最繁荣的社会。巴什拉的真实想法是这样的吗？我在这里对巴什拉的话语做了尽可能大的发挥，是巴什拉的话激扬了我的这些思考。①

五、儿童本位是人类主要的思想文化体系暗含的原则

儿童在儒学思想体系中占据特殊的地位。孟子提出"四端说"，推重"赤子之心"，声言"大人者，不失其赤子之心者也"（《孟子·离娄下》）、"反身而诚，乐莫大焉"（《孟子·尽心上》）。又云："人之所不学而能者，其良能也；所不虑而知者，其良知也。孩提之童无不知爱其亲者，及其长也，无不知敬其兄也。亲亲，仁也；敬长，义也；无他，达之天下也。"（《孟子·尽心上》）这为宋明心学的发展埋下了种子。

心学体系的开拓者陆九渊尝自谓学无所受，"因读《孟子》而自得之"。牟宗三认为陆九渊"是孟子之后（到陆九渊这段历史时期）唯一能懂孟子，与孟子相应者"②。陆九龄认同其弟的思想立场，在著名的"鹅湖之会"的前夜，写出这样的诗句："孩提知爱长知钦，古圣相传只此心。大抵有基方筑室，未闻无址忽成岑。"

---

① 阿尔贝·雅卡尔（Albert Jacquard，当代法国著名的种群遗传学家和人口学家）有一种观点与巴什拉此处的说法相近。雅卡尔写道："人们常常提到，教育的目的是使孩子们准备好进入明日社会。在这个目的的名义下，童年和青少年[时期]变成了一段'战士的经历'，这段经历把每个孩子投向一种永久竞争的生活中。"雅卡尔主张"有必要在方向上作一次根本性转变"，那就是，"我们要重新确定教育体制的作用：不再是培养孩子准备好进入这个社会，而是培养他们建设一个新社会"。他认为，"这种变化，只有注入了新生代的力量才能实现"。（见阿尔贝·雅卡尔.睡莲的方程式——科学的乐趣[M].姜海佳，译.桂林：广西师范大学出版社，2001：117—118.）由此可见，雅卡尔与巴什拉一样主张变革现有教育体制。
② 牟宗三.从陆象山到刘蕺山[M].上海：上海古籍出版社，2001：1—2.

(《陆九渊集》卷三十四《语录上》)"孩提"指的就是幼童。"心"显然是指"赤子之心"或"童心",陆九龄将其视为思想文化建设之"基"。

在赴会途中,陆九渊对其兄的上述诗作进行唱和,其中有云:"墟墓兴哀宗庙钦,斯人千古不磨心。涓流积至沧溟水,拳石崇成泰华岑。"(《陆九渊集》卷三十四《语录上》)这几句诗有康德先验哲学、历史哲学的意味,又可与李泽厚的历史积淀说相会通,对陆九龄的诗句有所肯定,又做了提升。

心学的另一开拓者王阳明强调"致良知","其学之义理系统客观地说乃属于孟子学者亦无疑"[①]。阳明心学的一支泰州学派更是将"赤子之心"或"童心"作为思想体系的核心概念之一,最突出的有罗汝芳的"赤子之心说"和李贽的"童心说"。可以看出,儒家学说具有童心主义这一学脉。而这种历史渊源可以温润滋养"儿童本位"的观念。

道家也有儿童本位的思想文化追求。老子主张师法自然、复归婴孩。后来道教尊老子为太上老君,复归婴孩的思想保存在道教的思想体系中。例如,道家"逆则成仙"的修炼方法,始出于老子倡导的"反者道之动""归根复命""复归于婴儿"之"复归"说。可见,童心主义不只是儒学的一脉,也是道家的核心观念。

佛教讲求"初心",初心即佛,人心是佛,人人是佛。佛学将佛性、法性、自性、真心、真如等概念相同看待。佛学所谓真心、真如,类似儒学的童心。体悟真心、真如必须把"我执""法执"全部"空"掉,所得就是真心。这与儒学的"求放心""不失其赤子之心",与道家的"为道日损""复归于婴儿",是可以相互会通、

---

① 牟宗三. 从陆象山到刘蕺山 [M]. 上海:上海古籍出版社,2001:152.

相互支援的。

与儒道释各家类似，基督教将变成孩子或像孩子看作得到救赎进入天国的条件。那进入天国里的或在天国里的，都是像孩子一样的人。对此，《新约全书》的马可福音第10章和路加福音第18章等处均有记载。

文艺复兴以来，西方主要的哲学流派总体来看，是围绕自然与天性来组织其思想体系的。这些哲学流派与"儿童本位"观念同属一个"家族"。

文艺复兴时期，人们唱颂自然和天性，唱颂自然权力（天赋人权），以至引发宗教改革、启蒙运动和法国大革命，为现代民主政治的建设、自然科学的诞生和工业革命铺好了道路。卢梭唱颂人与社会的自然状态，以《爱弥儿》宣告"发现儿童"；康德的"三大批判"乃至历史哲学以"先验""天才""自然目的""合目的""合规律"等作为其思想体系的关键词，谢林则建设了自然的先验的唯心论体系。黑格尔在《精神现象学》中写道："有许多在从前曾为精神成熟的人们所努力追求的知识现在已经降低为儿童的知识，儿童的练习，甚至成了儿童的游戏。"[①] 在他看来，精神运动的目的是从成人世界自然化为儿童的知识、儿童的练习，甚至儿童的游戏，或者说，成人文化创造的目的在于将自身转变为儿童的知识、儿童的练习，甚至儿童的游戏，其实质就是成人文化创造最终必然要儿童化，儿童化是成人文化创造的历史逻辑使然。与谢林、黑格尔是大学同学和同寝室友的荷尔德林则将"精神还乡"作为诗歌创作的主题，海德格尔曾指出："荷尔德林步入其诗人生涯以后，他的全

[①] 黑格尔. 精神现象学：上册［M］. 贺麟，王玖兴，译. 北京：商务印书馆，1987：18.

部诗作都是还乡。"① 童年与故乡是相互缠绕的：故乡之所以是故乡，是因为童年时我们栖居于那里，是童年的生活使我们早期的栖居地成为我们的故乡。对于童年，荷尔德林曾多次沉思：

> 犹如辛勤的人在睡眠中蓄养精神，我饱经风霜的生命沉湎于无邪的往日的怀抱。
> 童年的宁静！天国的宁静！我多少次在爱的关照中静静伫立在你面前，欲思考你！但是我们只对失而复得的东西有概念；关于童年，关于纯洁，我们没有概念。
> 经历了所有心灵的磨难，所有的思索和斗争，而当我还是一个孩子，对周围的一切一无所知，和现在相比，当时我不是丰富吗？②

在荷尔德林心中，童年是生命养精蓄锐的地点，是滋养生命、诗意地栖居于大地之上的原点。也就是说，童年是在大地上诗意栖居的家园，是游子必然试图回归的故乡。对荷尔德林高度推崇的海德格尔，对老子哲学也非常推崇。这本身就说明老子"复归于婴儿"的思想与荷尔德林、海德格尔的思想在一定程度上有相互化约的可能。

谢林哲学还深深影响了叔本华。"自然意志"是叔本华哲学的核心概念。叔本华又深刻地影响了尼采。尼采借查拉图斯特拉之口来述说精神的三种变形：精神怎样变为骆驼，骆驼怎样变为狮子，狮子怎样变为孩子。尼采问道："请告诉我，孩子能做什么呢？他

---

① Heidegger. Existence and Being [M]. Chicago: Vision Press Lit., 1967. 253.
② 荷尔德林. 荷尔德林文集 [M]. 戴晖，译. 北京：商务印书馆，1999：9—10.

能做狮子无能为力的事吗？为何猛狮还要变成孩子呢？"尼采给出了答案："孩子清白无辜、健忘，是一个新的开始、一种游戏、一个自转的轮子、一种初始的运动、一种神圣的肯定。"①尼采认为儿童是人的生命循回往复的起点，又是循回往复的生命向起点的回归，在回归中实现再生和提升。

乔姆斯基可谓在世的最有影响力的哲学家之一。他在1971年与福柯的著名辩论中谈到自己的政治观点。他试图"建立一套人本主义的社会理论"，"这套理论基于人类本质或人性某一坚定的、人性化的观念"。②乔姆斯基认为，任何一个身心健康的人，"如果获得合适的机会，不仅可以，而且应该坚持从事生产性的、创造力的工作"，"我还没有见过哪个孩子不想用砖石来建造什么，不想学习新东西，或做完一件事不想做另一件事的。成年人不像孩子这样，我想唯一的原因是因为他们曾经被送去学校或其他压制人的机构，他们身上的求知欲就这样被消灭了"。③乔姆斯基认为所有的孩子都是向上的、有创造力的，而成人缺乏童年时的创造精神是因为其天性受到了抑制。可见，乔姆斯基的人性观和政治学与童心主义哲学是相互通约的，儿童本位是乔姆斯基学说隐含的思想原则。

在经济学领域，重农学派以自然秩序为最高信条；亚当·斯密提出市场中有"看不见的手"在调控，从而与康德的历史哲学相呼应；哈耶克则将亚当·斯密的经济学发展为包括经济学、法理学、政治学、认识论、心理学的庞大体系。哈耶克对老子哲学也像海德

---

① 尼采. 查拉图斯特拉如是说[M]. 黄明嘉，译. 桂林：漓江出版社，2000：20.
② 乔姆斯基，福柯. 乔姆斯基、福柯论辩录[M]. 刘玉红，译. 桂林：漓江出版社，2012：60.
③ 乔姆斯基，福柯. 乔姆斯基、福柯论辩录[M]. 刘玉红，译. 桂林：漓江出版社，2012：83—84.

格尔一样推崇,他多次征引老子语录以说明自己的观点。这些思想其实都是对自然的自发秩序和人的天性(人之自然)的信赖,与童心主义多有会通和相互支援之处。

浪漫主义文学则对大自然和儿童进行了热情讴歌,布莱克的《天真与经验之歌》和华兹华斯的《颂诗》等都是重要的代表作品。

马克思提出自然的人化和人的自然化,其中,"人的自然化"与老子的"复归于婴儿"是可通约的。马克思曾说过这样的话:"一个成人不能再变成儿童,否则就变得稚气了。但是,儿童的天真不使成人感到愉快吗?他自己不该努力在一个更高的阶梯上把自己的真实再现出来吗?在每一个时代,它固有的性格不是以其纯真性又活跃在儿童的天性中吗?为什么历史上的人类童年时代,在它发展得最完美的地方,不该作为永不复返的阶段而显示出永久的魅力呢?"[①]从马克思文本的互文性来看,这句话是与"人的自然化"思想相呼应的。显然,马克思欣赏儿童的天真,同时主张成人应当在更高的阶梯上把自己的真实如同当年的童真一样展现出来。这与马斯洛对自我实现的人的研究是相通的。马斯洛发现,所有自我实现的人都有"童稚",都很"孩子气",而这种"童稚"是心灵健康的必备条件。

在我看来,老子、孟子等先哲的童心主义哲学传统可与儿童本位的哲学相互会通、相互支援,而儿童本位或童心主义与马克思主义思想是相合的。马克思认为共产主义是对自我异化的扬弃,"因而也是通过人并且为了人而对人的本质的占有;因此,它是人向社

[①] 马克思.《政治经济学批判》导言[M]//马克思恩格斯选集:第2卷.中共中央马克思恩格斯列宁斯大林著作编译局,译.北京:人民出版社,1995:29.

会的人即合乎人的本性的人的自身的复归"①。这句话体现了马克思"人的自然化"的思想，与老子的"复归于婴儿"的哲学有相通的地方。马克思对共产主义的这一表述与老子"复归于婴儿"、孟子"不失其赤子之心"是直通的。我甚至认为，得以实现的共产主义社会一定是儿童本位的社会（当然它还会有其他属性）。为了实现这一理想社会，就要落实教育、思想、文化、政治等领域中的儿童本位原则。

六、儿童本位是用好人类最为珍贵的天性资源的方法论

儿童或童年可被视为最重要的人文资源。画家毕加索自言："学会像一个六岁的孩子那样作画，用了我一生的时间。"②音乐家让-罗尔·布约克沃尔德认为儿童的自发性歌唱"比之于巴赫、舒曼、门德尔松和艾甫斯这些大师们的作品毫不逊色"③。什么是艺术？当毕加索和让-罗尔·布约克沃尔德面对儿童时，他们似乎在儿童身上发现了答案。其实，什么是认识？什么是道德？什么是宗教？……这些问题也可以在儿童的世界里得到启示。皮亚杰不就是通过研究儿童认知发展而建设了发生认识论吗？不少学者已经认识到，儿童是人文学科的关键词，儿童或童年托载着人性资源，儿童按其自然本性展现其人性资源的过程，也是文化创造的过程。儿童也是文化的创造者，儿童文化与成人文化是互补、互哺的。一旦儿

---

① 马克思. 1844年经济学—哲学手稿[M]. 刘丕坤，译. 北京：人民出版社出版，1979：73.
② 让-罗尔·布约克沃尔德. 本能的缪斯——激活潜在的艺术灵性[M]. 王毅，孙小鸿，李明生，译. 上海：上海人民出版社，1997：270.
③ 让-罗尔·布约克沃尔德. 本能的缪斯——激活潜在的艺术灵性[M]. 王毅，孙小鸿，李明生，译. 上海：上海人民出版社，1997：249.

童和成人相向而行（儿童迈向成人社会，成人在"复归于婴儿"的过程中走向儿童世界），理想的社会和文化将有望达成。

文化人类学之父泰勒（Edward Burnett Tylor，1832—1917）多次引用华兹华斯"儿童是成人之父"的说法，以佐证自己的研究。皮亚杰通过研究儿童的认知发展提出发生认识论，以儿童认知发展为模型来展现人类的认识发展。不仅蒙台梭利的儿童教育理论是儿童中心主义的，她的教育研究方法也是儿童中心主义的。1923年，蒙台梭利在一次集会上这样说过："无论我听到什么和工作有关的事，总是让我回到最初的开端，也是我们要一起接触的——孩子。"她提醒听众，儿童教育变革的方法十分简单，那就是，孩子是真正的老师，"蒙台梭利教学法的真正教师是孩子本身"。[①] 综上所述，儿童也是一种重要的学术方法论资源。

"婴儿""童心"是人之天性的体载者。对于具体的个人来说，"儿童是成人之父"，即他的成年来源于他的童年，来源于"婴儿""童心""赤子之心"。李贽之所以强调"童心"是"最初一念之心"，就是看到人一旦脱胎，成为现实人的一刹那，是人的天性最圆满、未受损害、未受异化的天然状态。护持童心，不失其赤子之心，便是保护人的天性，拒绝异化的姿态。

文化是人性的外化，是通过具体的个人与外部世界相互作用而形成的。自然在人化的过程中变成人性，自然在与人的互动中变成人化的自然。在"自然的人化"过程中，在社会生活和文化创造中，人只有保持天性，才能避免异化，避免非人化。

马克思说："任何解放都是使人的世界即各种关系回归于人

[①] 里塔·克雷默. 玛丽亚·蒙台梭利：第三部 蒙台梭利教学法与运动［M］. 台北：及幼文化出版股份有限公司，1998：429.

自身。"① 捍卫童年，守护童心，"复归于婴儿"，是保护人自身的身心自然、回归人之本性的必然要求，其目的在于抑制异化的发生。童心主义或儿童本位的哲学既是自然主义的，也是人本主义的，它是一种解放的哲学。它不只关涉教育改革，而且关涉政治、社会和文化的进步，关涉未来理想社会的生成。儿童本位原则从教育学扩展至文化学、政治学等领域，会对文化建设、社会改造、政治变革等有所裨益，这种扩展又会进一步反哺和巩固教育学的儿童本位原则。

---

① 马克思恩格斯文集：第1卷[M]. 中共中央马克思恩格斯列宁斯大林著作编译局，译. 北京：人民出版社，2009：46.

第三章

从童心主义到儿童主义

童心哲学论要

儿童隐藏着未来的命运。

儿童是神秘的和强有力的,他内藏着人性的秘密。

正如爱默生已看到的,儿童就像弥赛亚,他降临到堕落的人间,是为了引导他们返回天国。

——蒙台梭利:《童年的秘密》

人类的一切文化生活和文化创造,其根源都是童心。如果童心得以保全,那么个人、社会、文化便可扎根于人的天性(人自身的自然)而获得深厚的天然的根系。儿童本位并不为西方所独有,中国拥有悠久的童心主义的思想传统,童心主义其实就是中国的儿童本位。不只是教育学应当以儿童(童心)为本位,文化学、政治学、伦理学等人文学科均应当以儿童(童心)为本位。

一、何谓童心?

人是一切文化的创造者,一切文化都是人创造的。因此,在人与文化的关系里，人是本，文化是末。

从个体生命历程这一向度看"人"，我们可将其分为处于童年与成年两阶段的儿童和成人。每一个成人都是由童年的那个"我"——自己曾经是的那个儿童——创造的，这也是华兹华斯提出"儿童是成人之父"，蒙台梭利提出"儿童是成人的创造者"的深义。也就是说，儿童与成人之间存在本末关系：儿童是本，成人是末；儿童是根本，成人是枝叶。

我们可以从上述命题得出以下推论：在儿童、成人和教育—文化这三者的关系中，儿童第一，成人次之，教育—文化再次之。于是，儿童的社会地位和文化地位便凸显出来，儿童在教育中的地位便凸显出来。类似的认识在中国有悠久的传统，那就是童心哲学。

童心，又称赤子之心。童心是人的根。它是自然之心，是天赋的、先验的人心，是人之初，是未被异化的人心，是李贽所谓"最初一念之心"，是"真心"，是"真人"的心。它是人的天性的总和，是人的灵魂。

童心是哲学概念，不是心理学概念。童心指儿童的心，但又并不专指儿童的心，它还可以指成人心中保存完好的儿时的心，被生命的年轮包裹着的童年的心。因而，童心不仅为儿童所拥有，也为成人所拥有。成人所拥有的那颗童心依然是童年的、天赋的、先验的心。

童心何来？或者说，童心的发生学来源是什么？童心是自然的造化，是上天的赐予，是进化的结果。

童心是人之为人的本质，是个人不断提升的生长点和根基。童心也是文明的生长点和根基。由于童心是根，它那里有营养，有关于人之为人的规定性，有人之按本性而存在的规定性。因此，不论是个体的人还是社会文化都应当守护童心，不失童心，复归童心，从而在人的古老根性中获得供养，在回归中获得提升。

二、中国思想传统中的童心哲学

童心哲学在中国的思想传统里时隐时现，历史悠远。

老子把万物归根视为生命存在的秘密："夫物芸芸，各复归其根。"(《老子》第十六章)。老子主张"复归于婴儿"的人生哲学，这与他"道法自然"的"无为"哲学是一致的。复归于婴儿，其实就是回归人的天性，回归人自身的自然。主张回归人自身的自然，必然主张自然而然（"无为"），人的自然而然就是不假外力、不受束缚，就是"由自"，就是"自由"，就是由人自然地自由地表现自己的本然；自由不是脱缰的野马，而是合规律合目的地体现自然自身的秩序。

儒学也有崇尚"复归"的思想。孟子说："万物皆备于我矣。反身而诚，乐莫大焉。"(《孟子·尽心上》)孟子的"反身"与老子的万物归根思想似乎可以相互贯通。孟子对赤子之心予以讴歌："大人者，不失其赤子之心。"(《孟子·尽心上》)这与老子"复归于婴儿"的思想亦能相互贯通。

后世还有一些思想家主张类似的哲学，例如程颢、陆九渊、陈白沙、王阳明、罗汝芳等人。李贽是其中的一位。李贽对童心进行热情讴歌："夫童心者，真心也。若以童心为不可，是以真心为不可也。夫童心者，绝假纯真，最初一念之本心也。若失却童心，便失却真心；失却真心，便失却真人。人而非真，全不复有初矣。"（李贽：《童心说》）这是对童心的礼赞，是对人之天性的礼赞，同时也是警告：失却童心，人便不再是真人，而是异化为假人、非人。

李贽接着写道:"童子者,人之初也;童心者,心之初也。夫心之初,曷可失也? 然童心胡然而遽失也。盖方其始也,有闻见从耳目而入,而以为主于其内而童心失。其长也,有道理从闻见而入,而以为主于其内而童心失。其久也,道理闻见日以益多,则所知所觉日以益广,于是焉又知美名之可好也,而务欲以扬之而童心失。知不美之名之可丑也,而务欲以掩之而童心失。夫道理闻见,皆自多读书识义理而来也。"(李贽:《童心说》)李贽在这里主要是批评传统的读书人的生活,认为一味地"多读书""识义理"会导致外部的"道理闻见"障蔽童心,从而"(道理闻见)主于其内而童心失"。在李贽看来,多读书识义理,不应以此蒙蔽童心,恰恰应当用以守护童心。"古之圣人,曷尝不读书哉。然纵不读书,童心固自在也;纵多读书,亦以护此童心而使之勿失焉耳,非若学者反以多读书识义理而反障之也。夫学者既以多读书识义理障其童心矣,圣人又何用多著书立言以障学人为耶?"(李贽:《童心说》)顺带说一句:李贽这种思想恰恰可用以批评"儿童读经运动"的所谓"读经理论",他的这些话恰恰点中了"儿童读经运动"的要害。

童心受到障蔽,其后果对个人、对社会都是极端负面的。"童心既障,于是发而为言语,则言语不由衷;见而为政事,则政事无根柢;著而为文辞,则文辞不能达。……以童心既障,而以从外入者闻见道理为之心也。""夫既以闻见道理为心矣,则所言者皆闻见道理之言,非童心自出之言也,言虽工,于我何与? 岂非以假人言假言,而事假事、文假文乎! 盖其人既假,则无所不假矣。由是而以假言与假人言,则假人喜;以假事与假人道,则假人喜;以假文与假人谈,则假人喜。无所不假,则无所不喜。满场是假,矮人何辩也。然则虽有天下之至文,其湮灭于假人而不尽见于后世者,又岂少哉! 何也?"(李贽:《童心说》)李贽是说:如果童心受到蒙蔽，人不再是真人，心不再是真心，于是说话做事、著书立说、处理政治事务便会不由衷、无根柢、不能达。"其人既假"，则"无所不假"。假人假事假文多矣，则真人真事乃至"至文"便湮灭于这个"满场是假""劣币驱逐良币"的社会。李贽揭露的这种社会现象不正是安徒生《皇帝的新衣》所鞭挞的社会吗？鲁迅先生发出"救救孩子"的呐喊，其实就是要改造这种"无所不假"的中国传统社会。鲁迅之所谓"救救孩子"，也可以视为从"无所不假""满场是假"的火海里，拯救童心，拯救真心，拯救真人，拯救儿童。

安徒生让一个孩子出场来拯救这个假惺惺的世界。李贽则请童心来挽救这个"无所不假""满场是假"的社会。"天下之至文，未有不出于童心焉者也。苟童心常存，则道理不行，闻见不立，无时不文，无人不文，无一样创制体格文字而非文者。……童心者之自文也，更说什么六经，更说什么《语》《孟》乎！"（李贽：《童心说》）李贽提出"童心自文"的说法，是对童心的讴歌，也是对天性的讴歌。同时也表明，在李贽看来，童心是第一位的，而六经、《论语》《孟子》，即便具有重要的学术价值和文化价值，与童心相比，也是第二位的。这与"儿童读经运动"的倡导者们对儿童与经书之关系的认识，有天壤之别。

接着，李贽对崇拜经书、拘泥于圣人、把经书视为"万世之至论"的社会现象进行了批评："夫六经、《语》《孟》，非其史官过为褒崇之词，则其臣子极为赞美之语，又不然，则其迂阔门徒、懵懂弟子，记忆师说，有头无尾，得后遗前，随其所见，笔之于书。后学不察，便谓出自圣人之口也，决定目之为经矣，孰知其大半非圣人之言乎？纵出自圣人，要亦有为而发，不过因病发药，随时处方，以救此一等懵懂弟子，迂阔门徒云耳。医药假病，方难定执，是岂可遽以为万世之至论乎？然则六经、《语》《孟》，乃道学之口实,假人之渊薮也,断断乎其不可以语于童心之言明矣。呜呼!吾又安得真正大圣人童心未曾失者而与之一言文哉!"(李贽:《童心说》)在这里,李贽指出,由于教条主义地对待儒经、圣人,反而糟践了儒经、圣人,于是"六经、《语》、《孟》,乃道学之口实,假人之渊薮也",反而与童心势不两立,以致沦落为童心的敌人。而事实上,"天下之至文,未有不出于童心焉者也",六经、《语》、《孟》岂能例外?

童心是个人的根本,也是社会、文化、民族、国家的根本。这一根本如果能得以保全,那么个人、社会、文化便自然保全了深厚、健全、天然的根系,便自然而然得以枝繁叶茂。

三、"童心"与"自然人"的会通

李贽的《童心说》不只是与安徒生《皇帝的新衣》有可比之处,与卢梭的教育学、政治学思想也有可比之处。

卢梭的《爱弥儿》所培养的自然人,其实就是具有童心的人。而要培养这种自然人,就要改造文化,防止文化对儿童这种自然人的腐蚀。"出自造物主之手的东西,都是好的,而一到了人的手里,就全变坏了。……他不愿意事物天然的那个样子,甚至对人也是如此,必须把人像练马场的马那样加以训练;必须把人像花园中的树木那样,照他喜爱的样子弄得歪歪扭扭。"[①] 这是卢梭对当时欧洲教育的批评。应当说,在现代化进程中,西方基本解决了卢梭所批评的这种情况。然而这种情况在中国还没有多少改变,有多少小学生乃至学前儿童还在起早贪黑,忙于各种学习,忙于各种作业,忙于

---

① 卢梭. 爱弥儿[M]. 李平沤,译. 北京:商务印书馆,1978:5.

各种"兴趣班"！童年何在？童心何在？

不要以为卢梭只是将儿童视为自然人。事实上，卢梭的教育学、政治学的最终目的就是自然人的真正完成："自然人不是我们最早的野蛮祖先，而是最后的人，我们正走在成为这最后的人的旅途中。"①

杜威曾经说后世的一切教育改革家几乎都坚守卢梭的立场。与杜威同时代的另一位伟大教育家蒙台梭利也不例外。在《童年的秘密》中，蒙台梭利宣称："儿童时代已经开始出现，随之而来的结果对社会来讲具有极大的重要性。"②其最后一部著作《有吸收力的心灵》开篇即交代全书的主旨："保护儿童巨大的内在潜力。"③蒙台梭利将"儿童在重建世界中的作用"作为此书的第一章，将"儿童"视为未来世界的福音的书写者。"要想帮助和拯救世界只能依靠儿童，因为儿童是人类的创造者。"④

华兹华斯有诗句云："儿童是成人之父。"蒙台梭利多次引用这一诗句，她用自己的研究进一步丰富了这一诗句的内蕴。蒙台梭利写道："儿童被赋予新的活力进入这个世界，这种活力能纠正前辈的错误，并给世界以新的气息。"⑤"儿童自身隐藏着一种生气勃勃的秘密，它能揭开遮住人的心灵的面纱；儿童自身具有某种东西，一旦被发现它就能帮助成人解决他们自己的个人和社会问题。"⑥蒙台

---

① E. H. Wright, The Meaning of Rousseau [M]. London: Oxford University Press, 1929: 164.
② 蒙台梭利. 童年的秘密 [M]. 马根荣, 译. 北京：人民教育出版社, 1990: 21.
③ 蒙台梭利. 有吸收力的心灵 [M] // 蒙台梭利. 蒙台梭利幼儿教育科学方法. 任代文, 主译校. 北京：人民教育出版社, 1993: 323.
④ 蒙台梭利. 有吸收力的心灵 [M] // 蒙台梭利. 蒙台梭利幼儿教育科学方法. 任代文, 主译校. 北京：人民教育出版社, 1993: 323—324.
⑤ 蒙台梭利. 童年的秘密 [M]. 马根荣, 译. 北京：人民教育出版社, 1990: 20.
⑥ 蒙台梭利. 童年的秘密 [M]. 马根荣, 译. 北京：人民教育出版社, 1990: 24.

梭利的这些话对于理解儿童与成人的关系，对于理解儿童在改造世界中的作用，具有重大意义。

四、现代教育是以儿童（童心）为本位的

文艺复兴高举的是人本主义、自然主义两面旗帜，这两面旗帜引领西方实现了现代化。过去我们往往只谈文艺复兴的人本主义（以人为本）这面旗帜，忽视了自然主义的这面旗帜。其实，如果没有自然主义这面旗帜，人本主义旗帜是无法树立的。这在达·芬奇那里得到充分体现。达·芬奇既是艺术家，又是科学家。他既面对外部自然界，又面对人的内在的自然界。观其著名画作《蒙娜丽莎》，画中女子从容、自信、淡定，富于人性的魅力，并与背景中的山崖、小径、石桥、树丛、潺潺的流水等所构成的自然风光融为一体。也就是说，在达·芬奇笔下，蒙娜丽莎"洋"味十足，这种"洋"就是未被破坏的、饱满的人的天性，是人自身的自然，是现代性的气息与奥秘；画中的蒙娜丽莎就是未被破坏的"自然"，同时又凸显在自然的背景里。我以为这幅画艺术地体现了文艺复兴时期的精神气质。儿童教育学的现代观念和现代立场就是在文艺复兴时期孕育的，成熟后的西方现代儿童教育学具有浓郁的自然主义和人本主义气息。

彻底的自然主义与彻底的人本主义是马克思在《1844年经济学—哲学手稿》中对理想社会的怀想：共产主义"作为完成了的自然主义，等于人本主义，而作为完成了的人本主义，等于自然主义"[①]。

[①] 马克思. 1844年经济学—哲学手稿 [M]. 刘丕坤，译. 北京：人民出版社，1979：73. 人民出版社2014年版《1844年经济学哲学手稿》将刘丕坤1979年译本中的"人本主义"均改译为"人道主义"。"humanism"可译为"人本主义""人道主义""人文主义"。

马克思还写道:"自然界的属人的本质只有对社会的人来说才是存在的;因为只有在社会中,自然界才对人说来是人与人间联系的纽带,才对别人说来是他的存在和对他说来是别人的存在,才是属人的现实的生命要素;只有在社会中,自然界才表现为他自己的属人的存在的基础。只有在社会中,人的自然的存在才成为人的属人的存在,而自然界对人说来才成为人。因此,社会是人同自然界的完成了的、本质的统一,是自然界的真正复活,是人的实现了的自然主义和自然界的实现了的人本主义。"[①] 这里所说的"自然界的属人的本质""属人的现实的生命要素""人的自然的存在"其实就是人的天性或人的自然性。这段话与"作为完成了的自然主义,等于人本主义;而作为完成了的人本主义,等于自然主义"存在互文性,是相互支持、相互阐释的。

人本主义和自然主义是人类宝贵的精神财富,是开放的、发展的、丰富的马克思主义的重要组成部分。教育学应当具有自然主义和人本主义的属性。儿童教育应当师法自然,尊崇天性,尊重儿童的生活与世界,这是自然主义的。儿童教育应当以儿童的成长和幸福为起点和目的,这就是儿童本位的教育,这种教育便是人本主义的。

当人本主义与孟子"大人者,不失其赤子之心"以及华兹华斯"儿童是成人之父"相遇,我们就会发现,儿童本位或童心本位其实是人本主义的内芯,是人本主义的核心原则。儿童本位并不是西方独有的,中国拥有悠久的童心主义的思想传统,童心主义其实就是中国的儿童本位观。

传统教育不了解儿童的生活,不了解童年的价值,不惜牺牲童

---

① 马克思. 1844年经济学—哲学手稿[M]. 刘丕坤,译. 北京:人民出版社,1979:75.

年，一味地将儿童推往成人世界，只为了让儿童快快变成大人，这是本末倒置、南辕北辙。而对于现代教育而言，儿童的成长是与他身上的自然禀赋及其自然的展现过程不可分离的，教育帮助儿童健全地发展，知识、道德、技能等教育内容相对于儿童的生活、成长是第二位的，它们不是教育的起点和归宿。教育的起点和归宿是儿童的天性、儿童的生活和儿童的成长，知识、道德、技能等教育内容是儿童生活中的食粮，是儿童成长的工具。现代教育是以儿童（童心）为本位的，是儿童本位的教育。

2004年全国人大通过的宪法修正案将保护人权写入宪法。从宪法上看，保护人权上升为国家的意志。中国已经开始建设"以人为本"的社会。在"以人为本"的社会里，儿童教育以儿童为本是顺理成章的。

五、尊崇天性（童心）是现代社会政治学说的逻辑起点

中国实现振兴或崛起，需要将眼光从圣人、帝王那里转向我们心中的童心，转向我们曾经是的那个儿童，转向我们身边的儿童。童心是童年的"我们"，是我们曾经是的那个儿童的灵魂。华兹华斯认为"儿童是成人之父"，蒙台梭利则认为每个成人都是自己曾是的那个儿童所造。人类的一切文化生活和文化创造，其根源都是童心。

在此，我想说说福泽谕吉。他的尊崇人的天性的思想是其社会政治学说的基石和起点。他之所谓人的天性，就是此处所论之童心。

福泽谕吉（1835—1901）是日本明治时期的启蒙思想家，被称为"日本的伏尔泰"，在日本近代化进程中发挥过重要作用。这样

一位以思想干政的思想家，注意使用教育学的视角和方法来洞察和解决社会政治问题。

福泽谕吉认识到个人与天下的本末关系，认识到个人本位对于日本转变为现代国家具有重要意义。这也是他之所以注重从教育学入手来建设其思想体系的根源。福泽谕吉的这些思想后来体现在他影响极大的著作《劝学篇》《文明论概略》中。

在《文明论概略》中，福泽谕吉指出，日本的变革既不能单靠政府命令的强制，也不能依赖宗教的说服，更不能仅仅通过衣食房屋等的改革从表面来引导。"唯一方法是顺应人民的天性，消除弊害，排除障碍，使全体人民的智德自然发展，使其见解自然达到高尚的地步。"① 这其实是一种启蒙或教育的主张。与西方的启蒙思想家和教育学家一样，福泽谕吉对人的天性进行了讴歌："人的天性本来是趋向于文明的，所以只要不伤害天性就可以了。文明的真谛在于使天赋的身心才能得以发挥尽致。"②"只要无碍人的天性，各种事物便必定日趋繁荣……因为人的天性自然趋向于文明……"③ 可见福泽谕吉是推崇天性、以人为本的。他的这些思想对日本的现代化建设产生了重要影响。

而西方现代化则是以文艺复兴运动的自然主义、人本主义的思想为观念的基础。文艺复兴运动唱颂大自然，尊崇人的天性即尊崇人自身的自然，肯定人的价值与尊严，主张以人为本。经过科学革命、宗教改革、启蒙运动、工业革命等阶段，自然主义、人本主义的思想逐步贯穿于文学艺术、自然科学、宗教、政治等领域，并直接影响社会变革与科学技术的发展以及社会化大生产等领域的繁

---

① 福泽谕吉. 文明论概略 [M]. 北京编译社，译. 北京：商务印书馆，1995：14.
② 福泽谕吉. 文明论概略 [M]. 北京编译社，译. 北京：商务印书馆，1995：14.
③ 福泽谕吉. 文明论概略 [M]. 北京编译社，译. 北京：商务印书馆，1995：15—16.

荣，这便是西方现代化的基本理路和面貌。

可以看出，无论是西方，还是日本，在走向现代化的过程中，无一例外是尊崇天性、以人为本的，可以说这是实现现代化的基本规律。日本与欧美有不同的国情，但其现代化进程却遵循共同的准则，这些准则是现代文明之所以是现代文明的本质属性。中国与欧美、日本相比，自然有不同的国情，但中国的现代化欲达目的，同样必须遵循现代化的一般规律和共同准则。其实古代中国人的童心哲学所倡导的童心主义，亦可视为现代化的一般规律和共同准则。李贽的童心哲学便是中国童心主义思想的集成与成熟。

日本学者岛田虔次将李贽的思想看成"中国近代思维的一个顶点"，认为李贽的"童心说"是"（王阳明）良知的成年"。[①] 岛田虔次的《中国近代思维的挫折》一书以这句话煞尾："李卓吾（李贽）的狱死，正是中国近世最终没有形成市民性近代社会之命运的一个确切的象征。"[②] 可见，古代中国已经独立地生成与西方现代思想相互会通的思想，只是这种思想被中国的教条主义和经学思维所绞杀。现代化是西方的，也是中国的，不宜继续将现代化简单地视为西化。中国自生的现代化可与西方现代化相互会通、相互支援。

六、童心哲学与马克思主义的关系问题[③]

上文已经论及，在《1844年经济学—哲学手稿》中，马克思认

[①] 岛田虔次. 中国近代思维的挫折 [M]. 甘万萍，译. 南京：江苏人民出版社，2008：112.
[②] 岛田虔次. 中国近代思维的挫折 [M]. 甘万萍，译. 南京：江苏人民出版社，2008：173.
[③] 本书接下来《童心哲学史论》《李贽童心哲学》两文将有助进一步理解这一问题。

为，彻底的人本主义是自然主义，彻底的自然主义是人本主义。而童心主义哲学既是彻底的人本主义，也是彻底的自然主义。同样是在《1844年经济学—哲学手稿》中，马克思提出：共产主义是"人的自我异化的积极的扬弃，因而也是通过人并且为了人而对人的本质的真正占有；因此，它是人向作为社会的人即合乎人的人性的人的自身的复归，这种复归是彻底的、自觉的、保存了以往发展的全部丰富成果的"①。而童心主义哲学所主张的守护童心、反身而诚，不正是防范与医治人的自我异化的良方吗？马克思认为未来的理想社会是"人向自身"、向"合乎人性的人的复归"，这种主张与童心主义如出一辙。

有学者认为，马克思人学理论的逻辑线索是："人在逻辑上必然先有一个人格本质的设定，然后在历史中实现为不同的历史存在，并在进一步发展中实现其理想本质。"②这种论断与以上所引马克思的思想是可以相互印证的。这种人学理论其实也是童心主义的基本理路。也有学者指出："人的一切活动，人类社会和人类历史的一切现象都是建基于人的本性、表现着人的本性。"③这种思想亦有助于我们理解马克思人学理论和古代中国人的童心哲学。

马克思写作《1844年经济学—哲学手稿》后又过四年，即1848年，他与恩格斯合著的《共产党宣言》向世界宣告，共产主义社会"将是这样一个联合体，在那里，每个人的自由发展是一切人的自由发展的条件"④。后来，在《资本论》等一系列重要著作中，马克思、恩格斯一再说明每个人的自由全面发展是构建未来

---

① 马克思. 1844年经济学—哲学手稿［M］. 刘丕坤，译. 北京：人民出版社，1979：73.
② 韩庆祥. 哲学的现代形态：人学［M］. 哈尔滨：黑龙江教育出版社，1996：28.
③ 高清海. 论人的"本性"：解脱"抽象人性论"走向"具体人性观"［J］. 社会科学阵线，2002（5）：216—222.
④ 马克思恩格斯选集：第1卷［M］. 中共中央马克思恩格斯列宁斯大林著作编译局，译. 北京：人民出版社，1995：294.

理想社会的"基础"与"基本原则"。1894年,即马克思逝世11周年,也即《共产党宣言》发表46周年,当《新纪元》杂志负责人要求恩格斯找一段话能够概括地表达未来社会新纪元的基本思路时,恩格斯回信说:"除了从《共产党宣言》中摘引以下一段话外,我再也找不出合适的了。"恩格斯所摘引的就是上面所引《共产党宣言》中的那段话。恩格斯认为,只有那段话能够"概括未来新时代的精神",准确而又简洁地表达他和马克思关于未来的社会主义纪元的基本思想。[①] 这都表明,马克思恩格斯都认为人是未来理想社会的起点,每个人的自由发展是未来社会的终极目的。

马克思在《1844年经济学—哲学手稿》中写道:"工业的历史和工业的已经产生的对象性的存在,是人的本质力量的打开了的书本,是感性地摆在我们面前的、人的心理学……"[②] 工业就是心理学,这就意味着文化或文化创造是人的本质的外化。贫困的生产是心理的贫困造成的,反之亦然;社会的片面和黑暗是心理的片面和黑暗造成的,反之亦然。可见,文化和人是相互创造的,然而人终究是第一位的。马克思还说:"人们的社会历史始终只是他们的个体发展的历史,而不管他们是否意识到这一点。"[③] 恩格斯也说:"不言而喻,要不是每一个人都得到解放,社会也不能得到解放。"[④] 可见,在马克思、恩格斯眼中,归根结底,个人是社会的本位和目

[①] 马克思恩格斯选集:第4卷[M]. 中共中央马克思恩格斯列宁斯大林著作编译局,译. 北京:人民出版社,1995:北京:人民出版社,1995:730—731.
[②] 马克思. 1844年经济学—哲学手稿[M]. 刘丕坤,译. 北京:人民出版社出版,1979:80.
[③] 马克思恩格斯全集:第47卷[M]. 中共中央马克思恩格斯列宁斯大林著作编译局,译. 北京:人民出版社,2004:440.
[④] 马克思恩格斯选集:第3卷[M]. 中共中央马克思恩格斯列宁斯大林著作编译局,译. 北京:人民出版社,1995:644.

的，个人与社会是相互依赖、辩证统一的。以人为本，以人为目的，这也是童心主义的基本观念。

马克思又说："工业是自然界因而也是自然科学跟人之间的现实的、历史的关系。因此，如果把工业看作人的本质力量的公开的展示，那么，自然界的属人的本质，或者人的自然的本质，也就可以理解了；从而，自然科学将失去它的抽象物质的，或者毋宁说唯心主义的倾向，并且将成为人文科学的基础……"[①]"历史本身是自然史的一个现实的部分，是自然界生成为人这一过程的一个现实的部分。正像关于人的科学将包括自然科学一样。自然科学往后也将包括关于人的科学。这将是一门科学。"[②] 由此可见，马克思认为人与文化、自然界是统一乃至同一的，于是宇宙人生问题便统整为单一的问题。这与中国的童心主义所体现的天人合一等一系列思想亦是一致的。

总之，马克思主义与古代中国的童心主义或童心哲学是可以相互支持、相互支援的。或者说，中国的童心哲学是发展当代中国马克思主义的思想资源和丰厚滋养[③]，是可以支持、支援、丰富和发展马克思主义的。童心哲学对于建设当代中国马克思主义，推进马克思主义中国化，具有重要意义。

---

① 马克思.1844年经济学—哲学手稿［M］.刘丕坤，译.北京：人民出版社出版，1979：81.
② 马克思.1844年经济学—哲学手稿［M］.刘丕坤，译.北京：人民出版社出版，1979：82.
③ 2017年1月，中共中央办公厅、国务院办公厅发布并实施《关于实施中华优秀传统文化传承发展工程的意见》，要求"深刻阐明中华优秀传统文化是发展当代中国马克思主义的丰厚滋养"。

童心哲学史论
——古代中国人对儿童的发现

来源始终是未来。

回到开端中去。

——海德格尔:《从一次关于语言的对话而来》

童心主义成熟体系的伟大之处在于,它是一种彻底的自然主义和彻底的人本主义。童心主义是彻底的反教条主义,它主张彻底回到人之自然规定性(人的天性或人自身的自然),主张人自身的自然是人文体系的原点。

——作者题记

中国的童心主义哲学有悠远的历史。从先秦老子、孟子,经由宋明心学,到泰州学派的罗汝芳,尤其是到李贽那里,童心主义成熟起来,而成为具有现代气息的学说。遗憾的是,它与浩浩荡荡地进入那个时代的旧思想、旧习惯、旧人物有尖锐的、紧张的、水火不容的矛盾与斗争,甚至与当时乃至后世具有先进思想的人物存在尖锐矛盾,这恰恰是李贽的童心主义发源于它的时代而又高出它的时代的地方。李贽的下狱自戕，标志着童心主义所肩负的中国思想现代转型的使命在中国遭遇挫败。西方现代学说可以给予中国的童心主义有力的支持和支援，而中国的童心主义可以进一步丰富和提升西方现代学说。童心主义东山再起，为中国现代化建设出力的时代已经到来。

一、"天人合一"与童心主义哲学

钱穆（1895—1990）去世前写作《中国文化对人类未来可有的贡献》一文，时年95岁。他总结中国传统文化可贡献于世界的核心思想是"天人合一"说。钱穆认为"天人合一"是儒学的最高命题，他对这一最高命题屡屡"专一玩味"，并因自己最终"彻悟"而感到"快慰"。

该文介绍了"天人合一"的主要意涵："中国人是把'天'与'人'和合起来看。中国人认为'天命'就表露在'人生'上。离开'人生'，也就无从来讲'天命'。离开'天命'，也就无从来讲'人生'，所以中国古人认为'人生'与'天命'最高贵最伟大处，便在能把他们两者和合为一。离开了人，又从何处来证明有天，所以中国古人认为一切人文演进都顺从天道来。违背了天命，即无人文可言。'天命''人生'和合为一，这一观念，中国古人早有认识。我以为'天人合一'观，是中国古代文化最古老最有贡献的一种主张。"[①]

钱穆不只是将"天人合一"视为儒学的最高命题，而且将其视为"中国古代文化最古老最有贡献的一种主张"。同时他又认为，"天人合一"是中国文化的"最高信仰"与"终极理想"。

---

① 钱穆. 中国文化对人类未来可有的贡献[J]. 中国文化，1991（1）：93—96.

钱穆在该文中认为西方文化是天人二分的。这就将西方文化简单化了。卢梭的"自然人"理想以及康德、谢林、黑格尔等人建设的"自然的形而上学"体系，以及海德格尔、哈耶克等人的哲学，是类似于中国"天人合一"思想体系的。马克思的一些说法也有"天人合一"的气息。例如，马克思说过，共产主义是"人的自我异化的积极的扬弃，因而也是通过人并且为了人而对人的本质的真正占有；因此，它是人向作为社会的人即合乎人的本性的人的自身的复归，这种复归是彻底的、自觉的、保存了以往发展的全部丰富成果的。这种共产主义，作为完成了的自然主义，等于人本主义，而作为完成了的人本主义，等于自然主义；它是人和自然界之间、人和人之间的矛盾的真正解决，是存在和本质、对象化和自我确立、自由和必然、个体和类之间的抗争的真正解决。它是历史之谜的解答，而且它知道它就是这种解答"①。马克思将完成了的人本主义等同于自然主义，将完成了的自然主义等同于人本主义，并将它们视为未来理想社会的特征。这种说法显然也是可与"天人合一"说相会通的。

"天人合一"说其实就是主张彻底的自然主义与彻底的人本主义的学说，就是主张彻底的自然主义与彻底的人本主义一体化的学说。这与马克思上述哲学立场可以说是完全一致的。

正如钱穆所言，"天人合一"确是中国传统文化的精髓。儒学强调"天人合一"自不必说。②道家强调"道法自然"，禅宗强调人性自足、自性与佛性合一，其实都体现"天人合一"的原则。有趣的是，与陆九渊在鹅湖相会时，朱熹暗责那主张"尊德性"的陆

---

① 马克思. 1844年经济学—哲学手稿[M]. 刘丕坤，译，北京：人民出版社，1979：73.
② 《荀子》的思想也不背离"天人合一"。"性也者，吾所不能为也，然而可化也。"（《荀子·儒效》）"性者，本始材朴也；伪者，文理隆盛也。无性则伪之无所加，无伪则性不能自美。"（《荀子·礼论》）在荀子看来，伪是以性为根的，伪又是性"自美"的手段。

学为禅学。由此亦可见禅学含有《中庸》所强调之"尊德性"的意味。当然，朱熹后来还是受到陆学的影响，亦强调"尊德性而道问学"其二事可合为"尊德性"一事。在历史际会中，儒道释相互融合，其融合的主线即"天人合一"。

在儒道释各家学说中，最能高明地体现"天人合一"说的，当属童心主义哲学。童心主义哲学是中国"天人合一"说最充分、最完全的体现，是中国"天人合一"说的思想高峰。

为什么说童心主义哲学是中国"天人合一"说最充分、最完全的体现呢？既然主张天人合一，那么必然会主张人与天的一致，或者说人对天命的遵从，而不是相反。这是因为，人及其人文创造均来自于洪荒自然，本从天出；人必然会寻找人自身所体现之"天"或"天命"。

《中庸》云："天命之谓性。"什么是"性"？"生之谓性。""性"字源于"生"字。以生言性之观念很早就出现了，可一直追溯至《诗经》的时代，其后亦源远流长，如战国时的告子、荀子，两汉时的董仲舒、王充等。[①] 程颢也主张"生之谓性"（《遗书》卷一、卷二），又说："天地之大德曰生；天地氤氲，万物化醇；生之谓性（原注：告子此言也，是谓犬之性犹牛之性，牛之性犹人之性，则非也）。"（《遗书》卷十一）可见，尽管程颢赞同"生之谓性"这一说法，但反对"犬之性犹牛之性，牛之性犹人之性"。

如何将人之性与犬、牛之性区分开来呢？早在先秦时期，孟子就对此问题做了探索。

孟子云："人之所异于禽兽者几希，庶民去之，君子存之。"陆

---

① 郭晓东. "生之谓性"与"天命之谓性"——程明道"性"论研究[J]. 复旦学报（社会科学版），2004（1）: 93.

九渊解之曰:"去之者,去此心也,故曰'此之谓失其本心';存之者,存此心也,故曰'大人者,不失其赤子之心'。四端者,即此心也;天之所以与我者,即此心也。人皆有是心,心皆具是理,心即理也。"(《陆九渊集·与李宰书》)

孟子又云:"尽其心者知其性,知其性则知天矣。"他将"心""性""天"做了贯通,又提出"万物皆备于我,反身而诚,乐莫大焉"的思想,还提出"四心""四端""赤子之心"等概念,于是,"心"的地位在孟子那里便矗立起来:心具有丰富的资源,而心的根本或"本心"便是赤子之心。

赤子之心是"性",但它不同于犬、牛之性;赤子之心是人的本心,是人独有的,并且是与犬、牛之性相区分的性。"赤子之心"一经孟子提出,便埋下了童心主义的种子。当然,孟子能提出"赤子之心"这一概念,能提出"大人者,不失其赤子之心"这一命题,这与孟子的整个学说体系是紧密相关的。有这样的学说体系,才会有这样的概念;反之亦然,有与"赤子之心"相关联的一系列家族相似性的概念,才会有这样的学说体系。

二、童心哲学简史

从春秋战国时期的"复归于婴儿""大人者,不失其赤子之心",到宋代陆氏兄弟"孩提知爱长知钦,古圣相传只此心",到明代王阳明的"吾性自足""满街都是圣人",再到明末罗汝芳的赤子之心说和李贽的童心说,童心本体论、童心主义哲学的建设基本完成。

(一)老子:"复归于婴儿"

根据目前所能查阅到的文献,最早具有童心主义思想的要属春秋时期的思想家老子。

老子将"婴儿""赤子"视为人的身心所体现的"自然""道""天",所以,"婴儿""赤子"代表了人性的原初、本真状态。

"抟气致柔,能婴儿乎?"(《老子》第十章)

"沌沌兮,如婴儿之未孩。"(《老子》第二十章)

"复归于婴儿。"(《老子》第二十八章)

"圣人皆孩之。"(《老子》第四十九章)

"含德之厚,比于赤子。"(《老子》第五十五章)

老子主张通过对"婴儿""赤子"的复归,来保全人之身心所体现的"自然""道""天",以防止人及其人文世界脱离人自身的自然这一根系而发生歧变。在老子看来,成人若能"含德之厚,比于赤子""复归于婴儿",那么人的生命、生活就处于最圆融、最圆满、最理想也最为自然的状态。如果治国者能了解到这一点,做到"知常"而"不妄作",顺应人、物、事的自然,返璞归真,无为治世,那么社会就能进入理想境地。儒家经典《中庸》亦有类似理想。

在先秦时期,老子以后对童心主义有重大贡献的莫过于孟子。

(二)孔子:"为仁由己,而由人乎哉?"

北宋陆九渊认为心学源于孔子仁学。他认为"夫子以仁发明斯道,其言浑无罅缝"。他又认为孟子将孔子仁学如切西瓜般"十字打开",从而使孔子仁学"更无隐遁",从而得以充分展现(参见《陆九渊集》卷三十四,《语录》上)。

晚明罗汝芳亦将孔子仁学解释为赤子学说。在与友人论学时,罗汝芳说道:"盖为学,第一要得种子,《礼》谓人情者,圣王之田也，必仁以种之。孔门教人求仁，正谓此真种子也，则曰'仁者人也'。人即赤子，而心之最先初生者，即是亲爱，故曰'亲亲为大'。至义礼智信，总是培养种子，使其成熟耳。"（《明儒学案》卷三十二）由此可见，罗汝芳将"仁"既解说为"真种子"，又解说为"赤子"。这与陆九渊对孔子仁学的理解是相互呼应的。孟子、王阳明的"良知"概念亦可与"仁"相互阐释。

孔子曰："仁远乎哉？我欲仁，斯仁至矣。"（《论语·述而》）又曰："为仁由己，而由人乎哉？"（《论语·颜渊》）可知在孔子看来，"仁"是人所固有、不假外求的，也即是说，"仁"来自"天命"，是人的天性。

孔子又说："人而不仁，如礼何？人而不仁，如乐何？"（《论语·八佾》）可知在孔子看来，礼乐等文化范畴必须以人的天性为根基，也就是说，仁是第一位的，而礼乐均以仁的存在为其存在的前提。这就意味着，孔子视人的天性为文化建设、政治建设的前提和基础，他所欲建设的文化与政治从根本上来说是人本主义的，是自律的，而非他律的。《中庸》《孟子》延续了这一基调。当然，后世将孔子学说改造为一家独尊、捆绑人性的帝王之学，以至于这种"孔家店"的学问作为文化范畴、政治范畴而凌驾于每个个体所固有的童心之上，这就将孔子的仁学完全颠倒了。晚明李贽倡导童心说，强调"不以孔子是非为是非"，表面看确实是"非圣无法"，而究其实质则是孔子仁学之心印的传人。而李贽竟以此下诏狱而被迫自戕，可见孔子思想传至明清时期已经变质到了何种田地！孔子学说在独尊一家的风气中走向其自身的反面，新文化运动激烈的反孔运动之所以应运而生，乃势所必然。"孔家店"的掌门人、被独尊一家的孔子非真孔子也，乃被历代朝廷反复涂画为孔子面目的一傀儡也。目前弘扬文化传统渐成运动，我们应当恢复孔子的人本主义者的本来面目。

历史上那位真实的孔子与老子一样，是赤子童心学说的重要开创者。

（三）孟子："大人者，不失其赤子之心"

孟子是孔子之孙孔伋（字子思）的再传弟子，是战国时期儒家学派的重要代表人物。

相传《中庸》为子思所作。《中庸》开篇即言："天命之谓性，率性之谓道，修道之谓教。"《孟子》一书的思想基调与《中庸》有明显的家族相似性。

孟子认为："君子所性，虽大行不加焉，虽穷居不损焉。"（《孟子·尽心上》）这一思想对后世影响深远。阳明所悟"吾性自足"与此相连。

孟子又云："大人者，不失其赤子之心者也。"（《孟子·离娄下》）孟子将赤子之心视为成就"大人"的本源与前提。

孟子赤子之心学说有身心一元论的色彩。孟子有云："君子所性，仁、义、礼、智根于心。其生色也睟然，见于面，盎于背，施于四体，四体不言而喻。"（《孟子·尽心上》）由此可见，孟子有身心一体化的倾向，他将身心一体化的仁、义、礼、智之"端"作为人之核心（赤子之心）。这也开辟了身心一体化的思想之旅。例如，泰州学派王艮就特别强调"保身"，似乎是对孟子的回应。

孟子又云："我善养吾浩然之气。"（《孟子·公孙丑上》）养浩然之气，便是葆养赤子之心。"浩然之气"亦有身心合一的意味。

"不虑而知""不学而能"，就是这种"端"（四端）的特性。人应当以此为起点和根据来做扩充、拓展的功夫，要保护、求索、回归它，永远不破坏它。它外而化之为文化，文化又会反哺它、滋养它。

孟子的这些思想对后世儒学有重要影响。这些思想可谓宋明心学的思想胚胎;"良知""良能""赤子之心"(童心)还是宋明心学的重要关键词。可见,孟子学说为童心主义哲学在宋明心学中的发扬光大埋下了伏笔。

(四)程颢:"学也者,使人求于内也""使人求于本也"

《二程语录》有程颢论"仁"一段,后世称之为《识仁篇》,有云:"学者须先识仁。仁者,浑然与物同体,义、礼、智、信皆仁也。识得此理,以诚敬存之而已,不须防检,不须穷索。若心懈,则有防;心苟不懈,何防之有!理有未得,故须穷索;存久自明,安待穷索!此道与物无对,'大'不足以明之。天地之用,皆我之用。孟子言'万物皆备于我',须'反身而诚',乃为大乐。若反身未诚,则犹是二物有对,以己合彼,终未有之,又安得乐!《订顽》(引者按,张横渠《西铭》旧名《订顽》)意思,乃备言此体,以此意存之,更有何事。'必有事焉而勿正,心勿忘,勿助长',未尝致纤毫之力,此其存之之道。若存得,便合有得。盖良知良能,元不丧失。以昔日习心未除,却须存习此心,久则可夺旧习。此理至约,惟患不能守。既能体之而乐,亦不患不能守也。"

程颢将义、礼、智、信都称为仁,又引孟子言"反身而诚",以存"此心""此体"。"此心""此体"为"赤子之心"无疑。程颢思想的气质于此可窥一斑。所以,后世亦有人将程颢视为宋明心学先驱者之一。

下面这段话也有程颢的气息:"学也者,使人求于内也。不求于内而求于外,非圣人之学也。何谓不求于内而求于外?以文为主者是也。学也者,使人求于本也。不求于本而求于末,非圣人之学也。何为不求于本而求于末？考详略，采同异者是也。是二者皆无益于吾身，君子弗学。道无精粗，言无高下。"（《二程遗书·论学篇》）

这里所说的"学也者，使人求于内也。不求于内而求于外，非圣人之学也"，表明程颢持内在主义的立场，已认识到为学要弄清"内外""本末"关系。王阳明在龙场所悟"圣人之道，吾性自足，向之求理于事物者误也"，则是对"内外""本末"关系的进一步发现。

明儒罗汝芳对程颢推崇备至，曰："有宋大儒，莫过明道。而明道先生入手则全在'学者先须识仁'，而识仁之说则全是'万物皆备于我'一章，令学者于孔门求仁宗旨明了，则看孟子此章之说，其意便活泼难穷矣。"（《一贯编·孟子下》）这是罗汝芳对程颢学问的评论。尽管找不到程颢对赤子之心的直接评论，但如罗汝芳所言，程颢的仁学是对孟子学的发明，"赤子之心"说必在程颢衷心矣。

（五）陆九渊："心同""理同"

宋明心学将童心主义哲学发展起来。陆九渊自言其学是直承孟子的。《语录》有："先生之学亦有所受乎？曰：因读《孟子》而自得之。""夫子以仁发明斯道，其言浑无罅缝。孟子十字打开，更无隐遁。盖时不同也。"陆九渊认为自己直承孟子，而孟子将孔子的仁学剖开，而发现其中的赤子之心，可见孟子学说来源于孔子的仁学。从上引程明道《识仁篇》（"学者须先识仁。仁者，浑然与物同体，义、礼、智、信皆仁也。识得此理，以诚敬存之而已，不须防检，不须穷索。……"）可知，由孔子仁学而到孟学，亦是顺风顺水，自然而然。亦可见陆九渊将其学脉经孟子而溯延至孔子是合理的。

在赴鹅湖之会前夜，陆九龄为了支持其弟陆九渊的想法，特别作诗一首，有云："孩提知爱长知钦，古圣相传只此心。"其中的意思也正是陆九渊这段话的意蕴："东海有圣人出焉，此心同也，此理同也。西海有圣人出焉，此心同也，此理同也。南海北海有圣人出焉，此心同也，此理同也。千百世之上有圣人出焉，此心同也，此理同也。千百世之下有圣人出焉，此心同也，此理同也。"（《陆九渊集》卷三十六，《年谱》）

古圣相传的就是"孩提知爱长知钦"的孩提之心，它是一个历史性的存在。这首诗还有诗句"大抵有基方筑室，未闻无址忽成岑"，即可解释为个人需以童心为根基方能成人，亦能阐发这样的道理：社会、文化需以童心为本为根方能枝繁叶茂。

陆九渊赞同其兄陆九龄"孩提知爱长知钦，古圣相传只此心"的说法，评论说："诗甚佳，只是第二句微有未安。"陆九渊应和其兄的诗句有："墟墓兴哀宗庙钦，斯人千古不磨心。涓流滴到沧溟水，拳石崇成泰华岑。"（《陆九渊集》卷三十四，《语录》上）这是说，辈辈相传的是人心，朝代更迭而人心不变；将人心与"涓流滴到沧溟水"联系起来，是说人心与先验世界是相联系的，人心根于先验世界；以"千古不磨"之心为本，社会文化就能如拳头大的石头演变成雄伟磅礴的崇山峻岭那样，创生出庞大的文化世界。

（六）王阳明："吾性自足"

王阳明的学问亦源于孟子。他曾说："吾平生讲学，只是'致良知'三字。"（王阳明：《寄正宪男手墨二卷》）而"良知者，孟子所谓是非之心，人皆有之者也。"（王阳明：《大学问》）

可见其"良知"概念属于孟子"赤子之心"范畴。亦可见，其思想体系属于童心主义而无疑。所以，自阳明学而开出罗汝芳、李赘的童心主义，实为理势所致。

在王阳明的思想发展中，最有传奇色彩的是龙场悟道。《年谱》"正德三年即1508年，先生三十七岁条目"对此有记载。"龙场悟道"，所悟者何耶？"圣人之道，吾性自足，向之求理于事物者误也。"再简单一点就是："圣人之道，吾性自足"。其核心即是四字："吾性自足"。

王阳明在此觉悟的基础上，写作《五经臆说》。在为此说所作的《序》中，王阳明写道："得鱼而忘筌，醪尽而糟粕弃之。鱼醪之未得，而曰是筌与糟粕也，鱼与醪终不可得矣。《五经》，圣人之学具焉。然自其已闻者而言之，其于道也，亦筌与糟粕耳。窃尝怪夫世之儒者求鱼于筌，而谓糟粕之为醪也。夫谓糟粕之为醪，犹近也，糟粕之中而醪存。求鱼于筌，则筌与鱼远矣。"

王阳明一方面说"圣人之道，吾性自足，向之求理于事物者误也"，另一方面又以"吾性"以外之"五经"证之。可见，王阳明并未否认外在的"五经"所代表的文化存在的正当性、必要性，而是发现"吾性"为第一义——无论文化多么重要，然而与"吾性"相较，"吾性"本也，文化末也。吾性与文化之间的本末、终始、先后关系于此明矣。

由于确立了"圣人之道，吾性自足"的观念，王阳明才敢将《五经》视为鱼与筌、醪与糟粕俱存于其中。这就否定了盲目崇拜经书的传统观念。可见王阳明"吾性"与文化之间的本末关系由此得以确立，泰州学派的反教条主义亦滥觞于此。后世李贽反对"以孔子是非为是非"的观念是与此一脉相承的。

正是基于"吾性自足"而"不须外面添一分"，"圣人之求尽其心也"，"圣人之学，不出乎尽心"（王阳明：《重修山阴县学记》），所以，王阳明反对世儒"舍心逐物"，"终日驰求于外，只做得个义袭而取，终身行不著，习不察"（《传习录》上）。这是反对腐儒丢弃自性、弃内求外、弃己求人、鹦鹉学舌、机械教条，总之，这是反对舍本逐末，也是反对自欺欺人、自奴奴人。只有如此，才能避免"满场皆假"、社会溃败。这些观念是值得今人学习的，其中的历史教训是值得今人记取的。

（七）罗汝芳："赤子之心自能做得大人"

宋明心学之"心"其本源即是赤子之心。这也就可以理解，为什么宋明心学发展到泰州学派能产生罗汝芳的赤子之心说。

有位弟子曾当面评论罗汝芳的思想："先生虽随言对答，然多归之赤子之心。"（《近溪子集》卷乐）罗汝芳默认这一评论，并继续用"赤子之心"这一概念启发这位弟子。足见罗汝芳思想的起点与归宿确是赤子之心。

罗汝芳对孟子"大人者，不失其赤子之心"的解释是："不是说大人方能不失赤子之心，却是说赤子之心自能做得大人。"（《近溪子集》卷数）可见在罗汝芳看来，赤子之心便是"大人"的胚胎，是宝贵的圣贤潜质资源，做大人完全得之于这一资源，不宜外求。

今有学者发此议论：成人的赤子之心与他幼年的赤子之心其含义应当有异。这种说法之所以是错误的，是因为未明赤子之心的意蕴，亦未明成人的赤子之心与其幼年的赤子之心是同一个心而已。罗汝芳亦曾遇到类似挑战。有人问他："今世解者谓大人无所不知，无所不能，而赤子则亦无所知，一无所能。此解果得根本乎？亦还只在枝叶而已也。"罗汝芳答曰：

> 如曰知得某事善，能得某事善，此即落在知能上说善，所谓

善之枝叶也。如曰虽未见其知得某事善,却生而即善知,虽未见其能得某事善,却生而即善能。此则不落知能说善,而亦不离知能说善,实所谓善之根本也。人之心性,但愁其不善知,不愁其不知某善某善也,但愁其不善能,不愁其不能某事某事也。类观夫赤子之目,止是明而能看,[①]然未必其看之能辨也;赤子之耳,止是聪而能听,然未必其听之能别也。今解者只落在能辨能别处说耳目,而不从聪明上说起,所以赤子、大人,不惟说将两开,而且将两无归著也。呜呼!人之学问,止能到得心上,方才有个入头。据我看,《孟子》此条,不是说大人方能不失赤子之心,却是说赤子之心自能做得大人。(《近溪子集》卷数)

罗汝芳这里的解释很了不起。他其实发现了赤子之心内含的本末关系和体用关系。今人对儿童心智的认识往往是不见其本而只见其末,从而舍本逐末;今人只知舍本求用,而不知其用乃源于其本。无其本而何以求末?无其体而何用之有?罗汝芳的诘难者有此盲点,今人尤甚!君不见,应试教育、题海战术等等,不都是以压迫、损毁儿童的身心来提高考试分数吗?可见当今教育研究至今依然不知本末、体用而难走出误区。中国教育体系中类似的基础问题不能正本清源,那么教育改革走向成功则"道阻且长"。

罗汝芳接着对孟子"大人者,不失其赤子之心者也"做了进一步解释:

若说赤子之心止大人不失,则全不识心者也。且问天下之

[①] 凤凰出版社2007年版《罗汝芳集》第196页此句为"类观夫赤子之目,止是明而能着"。而《明儒学案》卷三十二此句作"观夫赤子之目,止是明而能看"。这里将此句订定为"类观夫赤子之目,止是明而能看"。

人,谁人无心?谁人之心,不是赤子原日的心?君如不信,则观天下之耳,天下之目,谁人曾换过赤子之耳以为耳,换过赤子之目以为目也哉?今人言心,不晓从头说心,却说后来心之所知所能,是不认得原日之耳目,而徒指后来耳之所听,目之所视者也。此岂善说耳目者哉。噫!耳目且然,心无异矣。[①](《近溪子集》卷数)

在罗汝芳看来,不只是大人不失其赤子之心,其实每个人都有其赤子之心。这一观点在思想史上具有重要价值。这一观点可以解释阳明学派的一些说法。例如,王阳明在《咏良知四首示诸生》中有"个个人心有仲尼""人人自有定盘针",其中的"仲尼""定盘针"不正是"赤子之心"吗?亦可见王阳明亦能承认人人都有赤子之心。弟子王艮、董梦石分别向王阳明报告自己出游所见:"见满街都是圣人。"之所以称凡人亦是圣人,不正是因为凡人亦有赤子之心吗?

罗汝芳又云:"孩提之童,无不知爱其亲,无不知敬其兄者也。老吾老以及人之老,长吾长以及人之长,幼吾幼以及人之幼,而家国天下运之掌矣,故曰:'大人者,不失其赤子之心者也。'"(《盱坛直诠》)从此处可见,罗汝芳认为,赤子之心自然能使爱充溢于家庭生活,若扩而充之,便能从修身齐家进而实现治国平天下。

罗汝芳的《孝经宗旨》更是将这种思想表述得淋漓尽致:"夫赤子孩提,其真体去天不远,世上一切智巧心力都来着不得分毫,然其爱亲敬长之意,自然而生,自然而切,浓浓蔼蔼,子母浑是一

[①] 凤凰出版社2007年版《罗汝芳集》第197页此句为"耳目且然,心与异矣"。而中华书局2008年版《明儒学案》卷三十二此句作"耳目且然,心无异矣"。这里根据上下文选定"耳目且然,心无异矣"。

个。其四海九州，谁无子女，谁无父母？四海九州之子母，谁不浓浓蔼蔼浑是一个也哉！夫尽四海九州之千人万人，而其心性浑然只是一个天命，虽欲离之而不可离，虽欲分之而不可分。如木之许多枝叶而贯以一本，如水之许多流派而出之一源。其与人家宗法正是一样规矩，亦是一样意思。人家宗法是欲后世子孙知得千身万身只是一身；圣贤宗旨，是欲后世学者知得千心万心只是一心。既是一心，则说天即是人，可也；说人即是天，亦可也；说圣即是凡，可也；说凡即是圣，亦可也；说天下即一人，可也；说一人即天下，亦可也；说万古即一息，可也；说一息即万古，亦可也。"（《孝经宗旨》）

罗汝芳将"赤子孩提"与"天""天命"联系起来，将子女与父母联系起来，将一心、一身与千万人之心、千万人之身联系起来，最后推得：圣凡合一，万古与一息合一，天下一心，天下一人，天人合一。

罗汝芳接着说："《四书》《五经》中无限说中、说和、说精、说明、说仁、说义，千万个道理也，只是表出这一个体段；前圣后圣无限立极、立诚、主敬、主静、致虚，致一千万个工夫也，只是涵养这一个本来；往古今来，无限经纶、宰制、辅相、裁成、底绩、运化，千万个作用功业，也只是了结这一个志愿。"（《孝经宗旨》）

前面那段是从赤子之心出发，谈到天人、凡圣、万古与一息，等等。而这一段明看是说《四书》《五经》，其实是说往古今来的一切文化活动，其本质与目的均可归结为持守、涵养赤子之心。

"若人于这一个不得归著，则纵言道理，终成邪说；纵做工夫，终是跛行；纵经营事业，亦终成霸功。与原来不虑而知、不学而能、天然不变之体，又何啻霄壤也哉！"（《孝经宗旨》）

这一段则是罗汝芳的告诫，大意是说，如果人的文化活动和社会实践脱离天性，脱离赤子之心，那么，思想、文化、社会、政治方面的建设都会违背天命与人的根本，都是旁门左道而无以立根，难以久远。

罗汝芳将守护赤子之心作为修身、齐家、治国、平天下的关键。童心主义所体现的"天人合一"思想在罗汝芳这里达到新高度。

（八）李贽：童心者，"自出""自文"也

李贽的童心哲学是中国童心主义思想在明代晚期的大发展。比李贽年长12岁的罗汝芳提出赤子之心说。而李贽亦以童心（赤子之心）为其学说的起点。

《童心说》是李贽童心主义思想的宣言书。《童心说》云："夫童心者，真心也。若以童心为不可，是以真心为不可也。夫童心者，绝假纯真，最初一念之本心也。若失却童心，便失却真心；失却真心，便失却真人。人而非真，全不复有初矣。"

这段话多次出现"真"字，此"真"乃天真、自然之意。整篇《童心说》均是主张童心是文化的本位和中心，反之则谬焉。

《童心说》又云："古之圣人，曷尝不读书哉。然纵不读书，童心固自在也；纵多读书，亦以护此童心而使之勿失焉耳，非若学者反以多读书识义理而反障之也。"

这句话有这么几层意思：纵不读书，童心固自在；多读书，亦以护此童心而使之勿失；古代的圣人是读书的，他们读书是为了守护童心而使之勿失，这正是孟子所谓"大人者，不失其赤子之心"；现在太多的文人雅士与古之圣人守护童心不同，他们多读书，是为了识义理，他们将义理与童心对立起来，多读书识义理的目的不是守护童心，而是不惜障蔽童心。例如，朱熹就说过："然必谓从初不失此（按：赤子之心），恐太拘。既失而反之，到此地位，亦何害其为不失乎。"（朱熹《晦庵集》，《晦庵先生朱文公文集》卷第四十六）这就意味着，朱熹公然反对"从初不失"赤子之心的主张。试问朱子：本末之间，末可须臾离其本吗？

《童心说》又云："天下之至文，未有不出于童心焉者也。苟童心常存，则道理不行，闻见不立，无时不文，无人不文，无一样创制体格文字而非文者。诗何必古《选》，文何必先秦，降而为六朝，变而为近体，又变而为传奇，变而为院本，为杂剧，为《西厢曲》，为《水浒传》，为今之举子业，皆古今至文，不可得而时势先后论也。故吾因是而有感于童心者之自文也，更说什么六经，更说什么《语》《孟》乎！"

在这里，李贽将童心视为政治建设、社会建设、文化建设、文学创作的支点、原点、源泉。"天下之至文，未有不出于童心焉者也"——"苟童心常存，则……无时不文，无人不文，无一样创制体格文字而非文者"——出于童心者"皆古今至文，不可得而时势先后论也"——六经、《语》《孟》亦出于童心，亦不能不出于童心，盖"童心者之自文也"。李贽此处的一道道命题的爆发，如排山倒海，又如闪电霹雳，照亮历史，撞击心灵，启蒙读者。我们亦能从中感受到他此时激扬文字、心潮逐浪的智慧、勇猛、豪迈。

任何一个人，如果其言行不是发自"内心"，那么，这种"人为"的东西都是"假货""次品"，会反过来障人耳目，障蔽童心，骗人骗己，害人害己，妨碍社会和文化的繁荣。这也是李贽《童心说》的基本观点之一。

李贽看到了内在的童心与外部的文化之间的对立；童心受到外部文化的压迫，就会产生可怖的后果，那就是人的童心被障蔽，从而产生假人假事。是故，《童心说》又云："以童心既障，而以从外入者闻见道理为之心也。夫既以闻见道理为心矣，则所言者皆闻见道理之言，非童心自出之言也，言虽工，于我何与？岂非以假人言假言，而事假事、文假文乎！盖其人既假，则无所不假矣。"

李贽已经发现，一旦童心被障蔽，人就从真人变成了假人；人一旦成为假人，则无所不假。

李贽可谓赤子童心的活生生体现者，他特别清醒，特别独立，特别勇敢，特别坚毅，特别能战斗。下诏狱后，他依然矢志不移，最终杀身成仁，使其赤子童心及其童心说得以保持尊严。明代状元焦竑亦是李贽好友，他"笃信卓吾之学"，"以为（李贽）未必是圣人，可肩一狂字，坐圣门第二席"。（黄宗羲：《明儒学案》卷三十五）焦竑已经认识到李贽是横空出世的天才，认识到李贽的思想有别于传统圣经贤传，其中差别其实是李贽对传统圣经贤传的超越，所以焦竑认为李贽未必会被纳入圣经贤传之列。焦竑给足孔夫子颜面，依然让孔夫子坐圣门第一席，而李贽名列其余各位圣贤前面而位居第二。未必是圣人，却可坐圣门第二席。焦竑作为状元，作为当时天下学子的榜样，作为当时学界的领袖之一，对李贽的评价和推崇何其高也！与朝廷评价如此不同，亦可见焦竑亦是独具只眼的真英雄也！

以赤子童心为核心概念而构建思想体系，这是李贽了不起的地方。日本学者岛田虔次将李贽的思想看成"中国近代思维的一个顶点"，认为李贽的"童心说"是"（王阳明）良知的成年"。[①]它岂止是王阳明"良知"的成年，而且是中国思想史上心性学说的成熟，是中国"天人合一"说的成熟。

李贽的童心主义学说，是古代中国思想文化遵循自身逻辑发

---

① 岛田虔次. 中国近代思维的挫折[M]. 甘万萍，译. 南京：江苏人民出版社，2008：112.

展出来，而又具有现代气息的思想高峰，是与西方卢梭等人关于政治、教育、伦理、社会等现代学说可堪比肩的学说，对于当今中国的改革开放、现代化建设和文化复兴，具有重大意义。

三、童心主义哲学的特质与世界意义

（一）童心主义哲学是对童心资源的发现，是中国式的"发现儿童"

王阳明学派（尤其是泰州学派）的人往往有"满街都是圣人"的议论（这种思想可以追溯至先秦时期，孟子曾言"人皆可以为尧舜"），其理论根源在于人人均有赤子之心。这在罗汝芳判狱记述中有鲜活的说明："某自始入仕途，今计年岁将及五十，窃观五十年来，议律例者，则日密一日；制刑具者，则日严一日；任稽察、施拷讯者，则日猛一日。每当堂阶之下，牢狱之间，睹其血肉之淋漓，未尝不鼻酸额蹙，为之叹曰：'此非尽人之子与？非曩昔依依于父母之怀，恋恋于兄妹之傍者乎？夫岂其皆善于初，而不皆善于今哉？及睹其当疾痛而声必呼父母，觅相依而势必先兄弟，则又信其善于初者，而未必皆不善于今也已。故今谛思吾侪能先明孔、孟之说，则必将信人性之善，信其善而性灵斯贵矣，贵其灵而躯命斯重矣。兹诚转移之机，当汲汲也，隆冬冰雪，一线阳回，消即俄顷。诸君第目前日用，惟见善良，欢欣爱养，则民之顽劣，必思掩藏，上之严峻，亦必少轻省。谓人情世习，终不可移者，死亦无是理矣。"（《明儒学案·参政罗近溪先生汝芳》）

罗汝芳对犯人的认识，是对"满街都是圣人"这一观念的强力推进，那就是，不只是满街都是圣人，而且，监牢里所关押的罪犯亦有圣人潜质，只是其赤子之心被蒙蔽而已，剥脱这层蒙蔽，依然能复见其赤子之心。不能体认自身的赤子之心即圣人潜质，便是"沿门持钵效贫儿"。而人其实并不是人性的"贫儿"，他本来是富且贵之赤子。说其富，是说赤子先天拥有巨大的人性资源之宝藏；说其贵，是说赤子具有圣人潜质。

这是对"自家性命"的发现。当这种对思想史中的"性命"意蕴的发现是基于赤子、童心概念，而"挖掘"赤子、童心所体载之"性命"时，将赤子、童心作为独立的研究对象而形成独立的学术体系，也就成为逻辑必然。中国的心性之学发展为童心主义哲学是逻辑必然、历史使然，亦是历史实然（已经展开了的历史实存）。作为历史实然，这是有目共睹的。中国的儒道释三教均有对人的童心（或根心，或道心，或自性）的类似认识。

童心主义哲学是对童心资源的发现，是中国式的"发现儿童"。

童心是最宝贵的自然资源和人文资源。童年资源其实也是童心资源。它是人之天命（使命）的体现者，是人、社会、文化合目的、合规律发展的渊薮和最终尺度。它是人文的起点，也是目的和归宿。"柏拉图问题"① 向我们暗示，童心资源总是大于文化资源。为什么童心资源总是大于文化资源？因为童心资源是本源，而文化资源是从童心资源中所导出；无论文化多么繁荣，它都是由童心资源这个源头所导出的。

童心是丰富的，是人之天命天性的宝藏，以至于王阳明批评那些对童心宝藏视而不见者是"抛却自家无尽藏，沿门持钵效贫儿"，

---

① 语言学家乔姆斯基发现：在没有足够语料证据的情况下，人类个体能轻而易举地学会复杂的母语。为什么呢？乔姆斯基试图找寻背后的原因，他将这一问题进一步延伸至认识论领域：在证据材料如此有限的条件下，为什么我们能知道如此之多。柏拉图也曾有过这样的问题，罗素将其转述为："尽管人类在其短暂的一生中与世界的接触是如此之少，而他们的知识为什么如此丰富呢？"于是，乔姆斯基便将这一问题命名为"柏拉图问题"。

这是对那些对自身的童心财富视而不见之人的批评。

（二）童心主义哲学是平民主义的哲学

李贽的思想乃至整个明代心学思想都是颂扬"愚夫愚妇"的，罗汝芳甚至承认犯人亦有未曾消泯的赤子之心。

王阳明曾说："与愚夫愚妇同的，是谓同德；与愚夫愚妇异的，是谓异端"，"须做得个愚夫愚妇方可与人讲学"。（《传习录》下）这种思想完全解构了传统的"圣人"和"愚夫愚妇"的等差区分，是对愚夫愚妇的唱颂，完全解构了人与人之间不平等关系的基础。王阳明的这种思想对王艮、李贽等人的影响是可想而知的。

所谓愚夫愚妇，就是布衣平民、普通百姓。这种对平民的发现和尊重，与卢梭等人的思想也是一致的。康德在谈到卢梭对他的影响时，曾说是卢梭的著作使他相信平民是伟大的。[①] 为什么卢梭认为普通人是伟大的呢？他的论证方式与王阳明等人是类似的，都是从天赋平等，因而生而平等这个角度出发的。

由于这种思想揭示了圣贤与平民内在潜能的平等，于是就导致了这样的思想转型：从过去唯圣贤马首是瞻的传统，转换为向自身良知求索，最终可以使他律的社会与文化，转换为自律的社会与文化。

"须做得个愚夫愚妇方可与人讲学"，则将由圣贤垄断的、高高在"我"之上的学术，下降到民间，下降到每个人，以寻找其扎根的基础。这个基础不是别的，正是每个人都拥有的良知良能或赤子

---

① 罗曼·罗兰转述过康德的一段话："曾经有过一个时期，那时我骄傲地设想过知识是人类的光荣，因此我对愚昧无知的人们采取蔑视的态度。正是卢梭打开了我的眼界。这种幻想的优越性消失了：我学会了尊重人。"（罗曼·罗兰，编选：卢梭的生平和著作［M］．王子野，译．北京：生活·读书·新知三联书店，1993：30．）

之心；没有发现平凡而伟大的"我"这一概念的学说，即是没有发现平常人之伟大天赋的学说；不能体认平常人之伟大天赋与尊严的人，便没有资格去"讲学"。

儒学从强调上下尊卑的等级次序发展到强调众生平等，强调有本事讲学的圣人必须认同自己是愚夫愚妇，这是了不起的飞跃。这些思想与王阳明"吾性自足"的觉悟是相关联的。"吾性自足"，强调的是"自家性命"的自足，这其中蕴藏着不卑不亢的人格平等的觉悟。这不只是对自己性命的发现，也是对他人性命的发现，归根到底，这是对"人"的发现。人性不因某人被称为圣人而增一分，亦不因某人是"愚夫愚妇"而减一分。

在这里，儒学已经静悄悄地发生了革命。这是具有现代气息的思想，从中可开出现代教育学，亦可开出现代政治学说和现代政治制度。可是，李贽的遭遇表明，所谓正统儒学将这些思想视为异端，从而失去了一次自我超越的良机。这最终导致几千年未有之大变局的发生。

有此童心主义，就不会有20世纪臭名昭著的出身论，就不会有"文革"时期的"老子英雄儿好汉，老子反动儿混蛋"的立足之地，也不会有"一句顶一万句"的极端个人崇拜及其所导致的空前"浩劫"。有此童心主义，就不会有解放后对西方儿童中心主义、陈伯吹童心论的批判。

有人说，我们正处于一个"以儿童为敌"的时代。其实，我们这个时代对儿童充满关爱，可是，由于不理解儿童，我们依然会好心办坏事，以致"充满爱心"地"以儿童为敌"。这种"以儿童为敌"的文化无意识不只是以儿童为敌，而且会以童心主义为敌。

（三）中国童心主义与西方自然主义的人本主义相互会通、相互支援

人在万物中的位置是怎样的？童年在人生中的位置是怎样的？从童心主义哲学可以推出这样的命题：人的天性是文化、文明的出发点和目的；人是目的，儿童是目的，童心是目的。童心究其实质是人自身之自然的托载体。确定童年、童心在人生中的位置，其实就是确定人与自然的关系、文化与人的天性的关系，也即确定天人关系。这是关涉"天人之际"的大问题。

自然是人之母，人是文化之母；人脱胎于自然，依然且当然是自然的一部分；人和文化体现了自然的新形态。

文化是人的创造物，所以说人是文化之母。《老子》第五十二章谈到母子关系："既得其母，以知其子，复守其母，没身不殆。"只有了解这种关系，天人之际的基本秩序才能得以回复于本来面目，大自然、人的天性和文化才能良性互动，才能"没身不殆"而永续繁荣，而不会亲子相残，走向灭亡。

文艺复兴对自然（天性）的发现与讴歌，经过宗教改革和启蒙运动，导致了卢梭"自然人"概念的诞生。"自然人"（葆有一切天性资源的人）概念向我们昭示：天性是人的本源，是"自然的人化"，是人之为人的内在依据。而文化是天性的外化，是"自然的人化"，也是人之为人的外部条件。人不应将人之天性与文化的这种本末关系翻转过来，否则就是本末倒置、终始混淆了。

卢梭的《论科学与艺术》（"第一论"）、《论人与人之间不平等的起因和基础》（"第二论"）和《爱弥儿》都是围绕人与自然的关系、文化与人的天性的关系来展开讨论的，尤其是他的第一篇重要论文《论科学和艺术》就是直接以人与自然的关系、文化与人的天性的关系为论题的。卢梭的思想与李贽的观点在我看来是可以

通约的。

卢梭在《论科学与艺术》的结尾写道："德行啊！你就是纯朴的灵魂的崇高科学，难道非要花那么多的苦心与功夫才能认识你吗？你的原则不就铭刻在每个人的心里吗？要认识你的法则，不是只有返求诸己，并在感情宁静的时候谛听自己良知的声音就够了吗？这就是真正的哲学了，让我们学会满足于这种哲学吧！"①

这与孟子学说、陆王心学完全可以会通。我们甚至可以说这就是老子的自然主义，这就是孟子的赤子之心说，这就是陆王心学，这就是童心主义。（这里的"德行"类似于中国古代哲学的"性"概念。）

再看《爱弥儿》开篇那段话："出自造物主之手的东西，都是好的，而一到了人的手里，就全变坏了。……偏见、权威、需要、先例以及压在我们身上的一切社会制度都将扼杀他的天性，而不会给它添加什么东西。他的天性将像一株偶然生长在大路上的树苗，让行人碰来撞去，东弯西扭，不久就弄死了。我恳求你，慈爱而有先见之明的母亲，因为你善于避开这条大路，而保护这株正在成长的幼苗，使它不受人类的各种舆论的冲击！你要培育这棵幼树，给它浇浇水，使它不至于死亡；它的果实将有一天会使你感到喜悦。趁早给你的孩子的灵魂周围筑起一道围墙，别人可以画出这道围墙的范围，但是你应当给它安上栅栏。"②这里的"偏见、权威、需要、先例以及压在我们身上的一切社会制度都将扼杀儿童的天性，而不会给他添加什么东西"，与王阳明"吾性自足"不能增减的思想是相同的，与李贽《童心说》也存在家族相似性。卢梭呼吁母亲们培

---

① 卢梭. 论科学和艺术 [M]. 何兆武，译. 北京：商务印书馆，1997：37.
② 卢梭. 爱弥儿 [M]. 李平沤，译. 北京：商务印书馆，1978：5-6.

育的"树苗""幼苗""幼树"不正是童心吗？

童心主义的"童心""赤子"概念与卢梭的"自然人"概念是相通的，童心主义与卢梭学说是相通的。

再对比卢梭、李贽的政治、社会、伦理、文化等观念，不难发现二者存在相似之处。二者都是从人的天性出发，而以人的天性的充分展开为目的；人是出发点，同时又是目的。

康德说他读了卢梭著作才知道平凡人的伟大。康德在其伦理学体系里明确提出"人是目的"的命题，是不是也受卢梭思想的影响呢？康德的先验理性、审美判断力、自然目的论，等等，不正是对卢梭"自然人"的呼应吗？不是可与中国哲学的"赤子"概念相会通吗？康德对那与头顶的星空相互辉映的心中的道德法则的唱颂，不正是对"天命""心性""良知""童心"的唱颂吗？

"童心说"体系的伟大，在于它是一种彻底的自然主义和彻底的人本主义学说，它是最彻底的自然人本主义或人本自然主义，它是彻底的反教条主义（主要表现于李贽的童心说思想体系）。"童心说"体系主张彻底回到人之自然规定性（人的天性或人自身的自然），主张人文的原点是人自身的自然。它以"童心"这一概念为核心，发扬了老子"复归于婴儿"、孟子"大人者，不失其赤子之心"的思想并使之充分完成。它体现了西方彻底的自然主义和彻底的人本主义。"童心"（或"赤子之心"）这一概念本身可以将人本主义和自然主义相融通。

卢梭的"自然人"也能很好地体现彻底的自然主义和彻底的人本主义，但此概念与"赤子""童心"相比，略显抽象。"赤子""童心"完全可以替换"自然人"，但"自然人"无法完全替换"赤子""童心"；"赤子""童心"自身还显示"自然人"的本源以及"自然人"与童年的关系。尽管卢梭提出了"自然人"，在逻辑上必然会发现"儿童",事实上也发现了"儿童",但"自然人"难以像"赤子""童心"那样表现"儿童"与"成人"之间暗含的"亲子"关系。在西方,"儿童"与"成人"的亲子关系最早是由华兹华斯"儿童是成人之父"的诗句所表现的。这种亲子关系在《老子》那里,是以母子关系表现的。《老子》第五十二章:"天下有始,以为天下母。既得其母,以知其子,复守其母,没身不殆。"所以,了解"儿童"与"成人"暗含的"母子"关系,其意义是重大的。

《大学》有云:"物有本末,事有终始。知所先后,则近道矣。""赤子""童心"概念比"自然人"多出对"儿童"与"成人"之"母子"关系的标示,也多出了对"始终""先后""本末"关系的标示。因而可以说,"赤子""童心"比"自然人"更近于"道"。"赤子""童心"比任何其他概念能更好地体现彻底自然主义和彻底人本主义。

在西方语言里,诸如"human nature"("人性",又可译为"天性""人自身的自然")、"natural man"("自然人")亦可将人本主义和自然主义相融通,而这些概念也是"发现"儿童的逻辑前提,并最终导致"发现"儿童。先秦时期的"赤子""童心"(或"赤子之心"、"复归婴儿"之"婴儿")一经提出,就已经包含了西方语言中"human nature""natural man"等概念。

马克思主张:关于人的科学与关于自然的科学是同一门科学,未来的理想社会是彻底的自然主义和彻底的人本主义的统一与同一,并向人的本性复归的社会。可见,童心主义与马克思主义亦多有可通约之处。

彻底的自然主义和彻底的人本主义的交汇点不可能是别的概念,而只能是"赤子""童心"。泰州学派某些学人如王艮、罗汝芳等人的身心观类似于梅洛·庞蒂的身心一元论,当然,王艮、罗汝芳比梅洛·庞蒂要年长数百岁。我以为，童心主义具有丰富内蕴，具有可与西方思想并驾齐驱的地方。

童心主义是自然主义的人本主义，它在理论上解决了卢梭试图解决的"自然"与"人为"的矛盾（自然与文化之间的矛盾，文化与人之间的矛盾），解决了人压迫自然、文化奴役人的问题。这就是后来的马克思所谓彻底自然主义与彻底人本主义对"自然—人"这对矛盾的真正解决。其实西方的这些发现导致了西方社会翻天覆地的变化——卢梭、马克思等人的这种自然主义的人本主义来源于文艺复兴（而文艺复兴自称复兴古希腊的文学艺术），文艺复兴生发了宗教改革（宗教改革发现了人内在的神圣性，从而结束了传统宗教外在于人而压迫人的历史），稍后的启蒙运动则解决了人的思想解放与人的政治权利问题以及民主政治的推广，与其相应的是自然科学的诞生、工业革命与信息革命等的相继产生。① 也就是说，文艺复兴尊崇自然、尊崇人自身之自然（天性）的时代精神孕育了卢梭等人的自然主义的人本主义思想。当然，人们也称卢梭是浪漫主义。浪漫主义其实就是强调人的天性在现实人生中的那种诗情画意的灵动性，是一种追求幸福人生、体现幸福人生的生趣盎然的人本主义的自然主义。《论语》里的"曾点言志"以及宋儒程颢或养鱼或不除窗前茂草以观"万物自得意"，其间亦有浪漫主义气息。浪漫主义何尝不是自然主义加人本主义的一种体现。马克思的彻底的自然主义和彻底的人本主义是与卢梭的思想有继承关系的。中国古代浪漫主义与西方浪漫主义亦可会通。

---

① 1974年，李约瑟对黄仁宇说："以我多年读书的经验，深觉得欧洲的文艺复兴、宗教改革、资本主义的形成和现代科技的发展，是一种'成套'的（package）事迹，一有都有，四件事前后发生，彼此关联。"（王国忠. 李约瑟与中国［M］. 北京：中央文献出版社，1992：477.）

（四）童心主义复兴的现实意义

卢梭生于 1712 年，李贽生于 1527 年，王阳明生于 1472 年。王阳明、李贽分别比卢梭早出生 240 年、185 年。卢梭思想引发了法国大革命和《人权宣言》的诞生，可是类似的情况却未能在中国发生。原因何在？这似乎是一个类似于李约瑟难题的难题。

中国诞生了与卢梭类似的人物。卢梭一生颠沛流离，而李贽与卢梭相比更为不幸。李贽的下狱和自戕，标志着中国近代思维的挫折。但卢梭遭遇众多不幸后得以寿终正寝，并且，法国人接受了卢梭的思想而爆发了大革命并影响了全世界。为什么李贽与卢梭的命运如此不同，这要从两国的文化传统里找寻答案。

岛田虔次云："李卓吾的狱死，正是中国近世最终没有形成市民性近代社会之命运的一个确切的象征。"[1] 李贽的死是一个象征，是中国传统文化中的所谓正统儒学对童心主义思想的绞杀，标志着儒家顽固派的持续胜利。

在李贽童年时期，孔子被明王朝封为"至圣先师"，对孔子的崇拜达到了顶峰。李贽就成长于这样的文化氛围中。再想想当时盛行的女性缠足之风尚——社会文化对女性身体的畸形审美而对人自身的自然进行破坏，这种文化精神使中华帝国走向朽败（包括鸦片战争和甲午战争失败）皆成必然矣！

儒学内部的偶像崇拜以及教条主义与专制主义联起手来，这才导致李贽的书禁人亡，从而导致中国现代化的难产。这是传统政治儒学本性的自我暴露。于是，几乎横亘整个 20 世纪的"打倒孔家店"运动之出现，其原因显而易见。李贽的书禁人亡，也是专制主

---

[1] 岛田虔次. 中国近代思维的挫折 [M]. 甘万萍，译. 南京：江苏人民出版社，2008：173.

义禁锢思想自由、禁锢思想市场的铁证，它的极端猖獗为自己准备好了掘墓人。

李贽的童心主义思想体系是直承先秦老子、孟子以及宋明陆王心学和泰州学派的思想而发展出来的思想高峰，这一思想具有现代气息，可以与西方现代思想相互会通，对于当前中国的改革开放和现代化建设事业，依然具有重要现实价值。

而欲解决李约瑟难题和钱学森之问所体现的社会、文化问题，就应当在中国复活李贽的童心主义，与现代社会、政治、伦理等学说相会通，而使其成为民族文化深层内核的重要成分。

四、童心主义的成熟是中国思想史上的一件大事

中国的童心主义从先秦经由宋明心学，到泰州学派，尤其是到了晚明李贽那里成熟起来，而成为具有现代气息的学说。

透过李贽的童心说，可以看出，心的本体、本质是童心，失却童心这一本体、本质，心即为假心。童心主义既是对童心的发现，也是对人心之本体及其实质的发现。童心主义的成熟，是良知说的成熟，也是心性儒学的大致完成，因而童心主义的成熟在儒学史和中国思想史上是件大事。

童心主义与西方现代学说多有可会通之处，例如，"童心""赤子"概念与卢梭的"自然人"概念是相通的，童心主义与卢梭教育学是相通的，与马克思主义亦多有可通约之处。"童心"比任何其他概念能更好地体现彻底的自然主义和彻底的人本主义。彻底的自然主义和彻底的人本主义的交会点不可能是别的概念，而只能是"童心"（或"赤子之心"），这也是童心主义高出西方思想的地方。

成熟的童心主义体系的伟大之处在于，它是一种彻底的自然主

义和彻底的人本主义。童心主义是彻底的反教条主义，它主张彻底回到人之自然规定性（人的天性或人自身的自然），主张人文的原点是人自身的自然。"童心"概念的"一身二任"，即是高出西方思想的地方之一。

童心主义主张社会、文化、政治、伦理、教育等领域的建设应当彻底回归人之自然规定性（人的天性或人自身的自然），童心（人之天性资源）是人文建设的原点和根本。这为人之本性的繁荣和人之解脱异化从而获得彻底解放奠定了理论基础，为中国文化乃至全球文明的发展指明了方向。

李贽童心哲学

> 在卓吾那里有中国近代思维的一个顶点……
>
> 李卓吾的狱死,正是中国近世最终没有形成市民性近代社会之命运的一个确切的象征。
>
> ——岛田虔次:《中国近代思维的挫折》

从先秦老子、孟子,经由宋明心学,到泰州学派的罗汝芳,尤其是到李贽那里,童心主义成熟起来,而成为具有现代气息的学说。中国的童心主义哲学可与西方儿童中心或儿童本位的教育学相互会通、相互支援。总体来看,童心主义可视为广义的教育学,是中国式的儿童本位的教育学。研究李贽的童心主义,了解其童心本体论,了解其以崭新的现代思维对传统儒学的反思与批评,对于理解和弘扬中国的童心主义传统,以及在此基础上建设儿童本位的中国教育学,具有重要的学术价值和现实意义。

一、李贽童心哲学是"中国近代思维的一个顶点"

"李卓吾的狱死,正是中国近世最终没有形成市民性近代社会之命运的一个确切的象征。"[①] 这是岛田虔次《中国近代思维的挫折》一书煞尾的一句话。

为了促使中国走出"中世纪",明代晚期的李卓吾发出回归童心的时代先声。他的童心说是中国儒学"尊德性""一天人"传统的开花与结果。

李贽以《童心说》为核心,提出了一套关涉社会、文化、文学、政治、伦理的童心主义思想体系。他认为童心是全部文化的根本和内在依据,提出"原情论势"而"断自本心",故而"条教禁约,皆不必用""不以孔子是非为是非",从而被视为"颠倒千万世之是非";他具有人本主义情愫,认为"普天之下,更无一人不是本","庶人可言贵,侯王可言贱",主张"各从所好,各骋所长""各遂千万人之欲";他批评传统儒学保守、狭隘,"鄙儒无识,俗儒无实,迂儒未死而臭,名儒死节殉名","阳为道学,阴为富贵,被服儒雅,行若狗彘",故而"儒者不可以治天下国家";他批评专制政体"不过诱你做他奴才","驱天下大力大贤而尽纳之于水浒矣";他认为他所处的社会,由于"童心既障"而"满场皆假""无所不假";等等。李贽的思想具有自然主义、人本主义的现代气质。李贽对传统儒学、传统社会的批评可谓一针见血。

岛田虔次将李贽的思想看成"中国近代思维的一个顶点",认为李贽的"童心说"是"(王阳明)良知的成年"。[②] 遗憾的是,李

---

① 岛田虔次. 中国近代思维的挫折 [M]. 甘万萍,译. 南京:江苏人民出版社,2008:173.
② 岛田虔次. 中国近代思维的挫折 [M]. 甘万萍,译. 南京:江苏人民出版社,2008:112.

贽竟因此而受到迫害。他的入狱并自戕，标志着这位试图引领中国走出"中世纪"而进入现代社会的人物，被中国儒学中的专制主义、教条主义传统所绞杀，也标志着中国进入现代之门错失机遇、遭受挫败。

"新文化运动"前后，吴虞、朱维之、容肇祖、吴泽等人对李贽做过研究，并对李贽勇做"异端"的精神做了正面评价。"文革"时期，李贽被官方视为明代法家人物而推崇，但毕竟谈不上对李贽真思想真精神的发现。值得一提的是，钱穆在其《宋明理学概述》中逐一介绍了宋明时期的理学、心学大家，然而对李贽不着一字。另一位大儒牟宗三将程颐、朱子判为儒学别出，将周敦颐、程颢、陆九渊、王阳明判为儒学正宗，而在其探讨宋明儒学的《心体与性体》《从陆象山到刘蕺山》中，几乎未谈及李贽。李贽在钱穆、牟宗三那里被冷落的程度可想而知。

日本是亚洲第一个现代化国家，这为日本学者发现李贽学说的现代性提供了条件。在一定意义上，是日本学者岛田虔次、沟口雄三等人较早发现了李贽思想的现代气息。

岛田虔次和沟口雄三均有将李贽视为儒学异端——然而却是正统的异端——进而是儒学正统的倾向。如果一国之文化将正统视为异端，将异端视为正统，那么，该文化的是非尺度已颠倒扭曲到何种程度，亦可见一斑。

沟口雄三的《李卓吾：一个正统的异端》一书这样看待作为异端的李贽："李卓吾既是儒教的正统，又为思想界带来了历史性的转变。"① "李卓吾虽然被视为异端，但他既非对历史主流漠不关心，也

---

① 沟口雄三. 李卓吾：一个正统的异端［M］//沟口雄三. 李卓吾·两种阳明学. 孙军悦，李晓东，译. 北京：生活·读书·新知三联书店，2014：8.

不是偏离主流的边缘人物。恰恰相反，他是一个位于历史主流中的异端，一个正统的异端。……李卓吾尽管被视为异端，但在历史潮流中却是推动历史主潮的人物。因此，他虽然是独特的，却并非另类。"① 我们不禁要问：为什么说李贽是儒学正统？沟口雄三给出了他的理由。作为中国人，我们应当怎样理解这一问题呢？李贽的童心说体现的是先秦时期的性命之学、老子的"复归于婴儿"、孔子的仁学以及倡导"赤子之心"和"四端说"的孟子主义。当这些思想发展为宋明心学乃至宋明理学而在李贽那里化为童心主义思想体系的时候，中国哲学传统便在以"童心"概念为中心的学说体系里得到了升华。

在《中国前近代思想的曲折与展开》一书中，沟口雄三这样评价李贽的影响：他是"孤绝无傍、单枪匹马的先驱"，"这种先驱性因他的独特风貌而一直被视为异端"；"虽然如此，由于李卓吾思想活动的真髓是历史的真髓，所以他的思想得到了历史性继承"。沟口雄三因此批评岛田虔次，说其《中国近代思维的挫折》书名中的"挫折"一词"在思想史上并不是恰当的表述"。②

我以为，李贽作为"孤绝无傍、单枪匹马的先驱"，他的出现尽管也是中国思想史一脉相传的结果，但其出现毕竟是突兀的，过于超前、过于卓越，因而被视为异端；一旦被视为异端，而且是长期被视为异端，再加上其思想过于光彩夺目、刺人眼目，遂为人所忌，那么，尽管"李卓吾思想活动的真髓是历史的真髓"，但这种"历史的真髓"要顺利得到继承，尤其是被思想界主流所认同与继承，是困难的。历史也已经证明了这一点。李贽之被收监以及由情

---

① 沟口雄三. 李卓吾：一个正统的异端［M］//沟口雄三. 李卓吾·两种阳明学. 孙军悦，李晓东，译. 北京：生活·读书·新知三联书店，2014：6.
② 沟口雄三. 中国前近代思想的曲折与展开［M］. 龚颖，译. 北京：生活·读书·新知三联书店，2011：81.

势所逼之自戕，也说明历史是多么复杂的系统，这个复杂系统自身在与"历史的真髓"开玩笑，这玩笑是残酷的历史悲剧！

这反而更衬托出了李贽的奇绝和卓越，以致在其后相当长的历史中难有真正能与其比肩的思想者。所以，岛田虔次用"挫折"描述李贽"近代思维"的遭遇，应当是富于天才的运思。

沟口雄三批评岛田虔次没有对李贽所具有的先驱性给予正面评价，也是不公允的。岛田虔次将"中国近代思维第一人"贴在李贽身上，这不只是正面评价，而且还是热情讴歌。应当说，岛田虔次和沟口雄三都是李贽"近代思维"的发现者、唱颂者。

中国的学者许苏民这样评价李贽："他是中国社会刚刚开始其内发原生的近代化转型初期所出现的一位思想巨人，一位走在时代最前列的有着最为孤绝的理性的先知先觉者，是晚明中国早期启蒙运动的思想旗帜。在中国，他的后继者们赋予了他如传说中开天辟地的盘古的文化象征意义……"① 这说明中国学者也看到了李贽思想的现代意义。

李贽因其思想而入狱并自戕，这表明现代思想在明代中国还无容身之地。今天我们研究李贽，认识李贽的现代思想，对于了解中国社会和文化的现代化，具有重要意义。

二、李贽童心哲学孕育的条件

李贽原名林载贽，后改名李贽，又有笃、卓等名，号卓吾，又有宏甫等号，福建晋江人。李贽生活于明世宗嘉靖六年（1527年）至明神宗万历三十年（1602年）。

---

① 许苏民. 李贽评传 [M]. 南京：南京大学出版社，2006：72.

李贽为什么会有童心主义的思想呢？这要从他的家庭、童年、所处的社会和时代寻找原因。

李贽的祖上曾娶阿拉伯妇女为妻。据清朝光绪二十五年（1899年）编写的《荣山李氏族谱》记载，泉州林李宗族林氏一派的二世祖林驽，"奉命发舶西洋，娶色目人，遂习其俗，终身不革，今子孙繁衍，犹不去其异教"。李贽即林派子孙。

李贽的家庭是信仰伊斯兰教的。他后来以科致仕，而科举考试是以儒家典籍为标准的。儒学尊孔子，而伊斯兰教另有所信，这不能不引起李贽对终极信仰的纠结与思索。

《焚书·卓吾论略》云：

> 长七岁，随父白斋公读书歌诗习礼文。年十二，试《老农老圃论》，居士曰："吾时已知樊迟之问，在荷蒉丈人间。然而上大人丘乙己不忍也，故曰'小人哉，樊须也'。则可知矣。"论成，遂为同学所称。众谓"白斋公有子矣"。居士曰："吾时虽幼，早已知如此臆说未足为吾大人有子贺，且彼贺意亦太鄙浅，不合于理。此谓吾利口能言，至长大或能作文词，博夺人间富与贵，以救贱贫耳，不知吾大人不为也。吾大人何如人哉？身长七尺，目不苟视，虽至贫，辄时时脱吾董母太宜人簪珥以急朋友之婚，吾董母不禁也。此岂可以世俗胸腹窥测而预贺之哉！"

从上面这段话可见，李贽12岁时所作《老农老圃论》，便已脱离圣经贤传，有独立思考而发独立之论。从这段话亦能见其父、其祖母的胸怀和境界。这是李贽的家教情况。

李贽又言："我六七岁丧母，便能自立。"（《续焚书·与耿克念》）可见李贽六七岁后即有独立生活能力。独立生活当然助推形成独立人格。

李贽那个时代的社会风气是怎样的呢？

李贽4岁那年，即嘉靖九年（1530年），朝廷增谥孔子"至圣先师孔子"。据《明会要》记载，明嘉靖九年，世宗朱厚熜厘定祀典，尊孔子为"至圣先师"。(《明会要》卷十一《礼六》)孔子地位进一步隆升。朝野之间的尊孔风气可想而知。常言道"物极必反"，官方以孔子言论定是非，这种政治基调是李贽提出"不以孔子是非为是非"观念的历史背景。

与尊孔风气相对照的是世风日下的社会现实。

嘉靖二十年（1541年），李贽15岁，河南道御史杨爵上疏："今天下大势，如人衰病已极。腹心百骸，莫不受患。即欲拯之，无措手地。方且奔竞成俗，赇赂公行，遇灾变而不忧，非祥瑞而称贺，谗谄面谀，流为欺罔，士风人心，颓坏极矣。"(《明史》卷二十九《杨爵传》)明世宗大怒，立下诏狱拷掠。杨爵一关就是七年，刚出狱十日，重又逮捕，又关三年。世道如何，杨爵的疏表内容和官场遭遇可见一斑。

比李贽年长12岁的罗汝芳的记述，可佐证杨爵的疏表所描述的社会现实及其官场遭遇所展示的当时社会治理的无理、无能。罗汝芳写道："某自始入仕途，今计年岁将及五十，窃观五十年来，议律例者，则日密一日；制刑具者，则日严一日；任稽察、施拷讯者，则日猛一日。每当堂阶之下，牢狱之间，睹其血肉之淋漓……"(《明儒学案·参政罗近溪先生汝芳》)罗汝芳用"隆冬冰雪"来形容当时的社会。

庄子言："圣人不死，大盗不止。虽重圣人而治天下，则是重利盗跖也。"(《庄子·胠箧》)是隆尊孔子才导致世道堪忧，还是世道堪忧方隆尊孔子，抑或二者相互激发，值得玩味。黄仁宇所著

《万历十五年》亦有助于了解嘉靖、万历年间的世道故事。李贽曾批评当时道学家们"阳为道学，阴为富贵，被服儒雅，行若狗彘"（《续焚书·三教归儒说》），"彼以周（敦颐）、程（程颢、程颐）、张（载）、朱（熹）者，皆口谈道德而心存高官，志在巨富"，"无一厘为人谋者"（《焚书·答耿司寇》）。李贽的社会观察与杨爵的疏表内容可相互印证。

比李贽稍晚的一位人物李士达，其讽世画作同样印证了晚明的社会风貌。李士达，明万历二年进士，善画，性格耿傲，后隐居不仕。《明画录》谓其"能自爱重，权贵求索，虽陈币造庐，绝不可得"。曾作风俗画《三驼图》，画面上方有三首题诗："张驼提盒去探亲，李驼遇见问缘因。赵驼拍手呵呵笑，世上原来无直人。"（钱允治题）"为怜同病转相亲，一笑风前薄世因。莫道此翁无傲骨，素心清澈胜他人。"（陆士仁题）"形模相肖更相亲，会聚三驼似有因。却羡渊明归思早，世涂只见折腰人。"（文谦光题）"世上原来无直人""一笑风前薄世因"以及"世涂只见折腰人"点出了该画的讽世主题。从李士达款中自识的"万历丁巳冬写"可知，该画作于明万历四十五年（1617年）冬，距李贽下狱自戕十五年，时间相隔不算久远。此画揭示了李贽所处时代的精神风貌。显而易见，李贽是罕有的"直人"，而非比比皆是的"折腰人"。我不入地狱，谁入地狱？其下狱自戕的人生结局亦可解矣。

上面谈到，李贽所处的时代将尊孔推向历史的新高峰，而与此同时，假人充斥，"满场皆假"。为什么"世上原来无直人"，"世涂只见折腰人"呢？李贽的回答是：童心被障蔽。

李贽的童心哲学是时代的精神与时代的矛盾风云际会的产物。中国拥有童心主义的哲学传统。从先秦老子、孟子，经由宋明心学，特别是到了泰州学派的罗汝芳那里，童心主义得到了长足发展。比李贽稍长的罗汝芳提出赤子之心说，罗汝芳的学生杨复所（起元）亦倡导师说。而李贽亦以童心（赤子之心）为其学说的起点而发论。李贽的童心哲学是中国童心主义哲学在明代晚期的大发展。

在《罗近溪先生告文》中，李贽将罗汝芳与孔子相提并论。李贽写道："然吾闻先生之门，如仲尼而又过之。""先生之寿七十而又四矣，其视仲尼有加矣。"他又自视是罗汝芳的知己："余实知先生深也"，"能言先生者实莫如余"。（《罗近溪先生告文》，《焚书》卷三）不过，李贽在与焦竑的书信中，也曾谈及罗汝芳著述的局限。李贽写道，罗汝芳的著述"不足观也"，"盖《近溪语录》须领悟者乃能观于言语之外，不然未免反生绳束"（《复焦弱侯》，《焚书》卷二）。

李贽的"童心"与"赤子之心"有何关联？"童心"即"赤子之心"，"赤子之心在予《童心说》"。（《李氏说书·下孟》）

李贽的童心说与罗汝芳的赤子之心说有何区别？罗汝芳的赤子之心说尚不出儒学伦理框架，从而保证了当时的"政治正确"。例如，罗汝芳曾说："我太祖高皇帝，独以孝悌慈望之人人，而谓天地命脉全在乎此者，则真千载而一见者也。"（《近溪子集》）罗汝芳对朱元璋的赞美与李贽的"堂堂之阵，正正之旗"相比，相距甚远。

三、《童心说》是李贽童心哲学的宣言书

《童心说》开篇即云："龙洞山农叙《西厢》末语云，……知者勿谓我尚有童心可也。"这个开端很重要。"知者勿谓我尚有童心可也"，说明时人以"尚有童心"为贬义也。

即便无此开端，下文亦能展示童心说之全部内容，但有此开

端，则说明时人对童心的认识和态度。卓吾受此刺激而有感而发，遂成《童心说》此文。

龙洞山农何许人也？乃李贽的莫逆之交焦竑（字弱侯，号漪园，又号澹园，又号龙洞山农）。焦竑尚且唯恐他人"谓我尚有童心"，这就说明在李贽、焦竑的时代，"童心"一词应当有贬义而无疑。由此亦可见李贽作"童心说"是试图通过唱颂"童心"而彻底扭转世人对"童心"的成见。

《童心说》云：

> 夫童心者，真心也。若以童心为不可，是以真心为不可也。夫童心者，绝假纯真，最初一念之本心也。若失却童心，便失却真心；失却真心，便失却真人。人而非真，全不复有初矣。

这段话多次出现"真"字，此"真"乃天真、自然之意。整篇《童心说》均是主张童心是文化的本位和中心，以文化为本位和中心是错误的、有害的。

以赤子童心为核心概念而构建思想体系，这是李贽了不起的地方。良知说乃童心说的童年，童心说乃良知说的成熟。

《童心说》又云：

> 古之圣人，曷尝不读书哉。然纵不读书，童心固自在也；纵多读书，亦以护此童心而使之勿失焉耳，非若学者反以多读书识义理而反障之也。

这句话有这么几层意思：纵不读书，童心固自在；多读书，亦以护此童心而使之勿失；古代的圣人是读书的，他们读书是护持童心而使之勿失，正是孟子所谓"大人者，不失其赤子之心"；现在太多的文人雅士与古之圣人护持童心不同，他们多读书，是为了识义理；他们将义理与童心对立起来，多读书、识义理的目的不是护持童心，而是不惜障蔽童心。

任何一个人，如果其言行不是发自"内心"，那么，这种"人为"的东西都是"假货""次品"，会反过来障人耳目，障蔽童心，骗人骗己，害人害己，妨碍社会和文化的繁荣。这也是李贽《童心说》的基本观点之一。

李贽看到了内在的童心与外部的文化之间的对立；童心受到外部文化的压迫，就会产生可怖的后果，那就是人的童心被障蔽，从而产生假人。是故，《童心说》又云：

> 以童心既障，而以从外入者闻见道理为之心也。夫既以闻见道理为心矣，则所言者皆闻见道理之言，非童心自出之言也，言虽工，于我何与？岂非以假人言假言，而事假事、文假文乎！盖其人既假，则无所不假矣。

李贽已经发现，一旦童心被障蔽，人就从真人变成了假人；人一旦成为假人，则无所不假。《童心说》又说：

> 天下之至文，未有不出于童心焉者也。苟童心常存，则道理不行，闻见不立，无时不文，无人不文，无一样创制体格文字而非文者。诗何必古《选》，文何必先秦，降而为六朝，变而为近体，又变而为传奇，变而为院本，为杂剧，为《西厢曲》，为《水浒传》，为今之举子业，皆古今至文，不可得而时势先后论也。故吾因是而有感于童心者之自文也，更说什么六经，更说什

么《语》《孟》乎!

任何可称为伟大的文化创造（当然包括文章、文学、文论等）都是由童心所化成，这是说童心为文化的根本，极言童心之可贵可尊。这段话后半部分体现了李贽的历史哲学：古今平等，未有尊卑高下，不必厚古薄今，亦不可厚今薄古；只要出自童心，只要由人之天性所化，只要是"童心（自然人）"所化，那么，文即至文，文化即至高至大、至真至善至美之文化。

李贽的童心主义学说，是古代中国思想文化遵循自身逻辑而发展出来，而又具有现代气息的思想高峰，是与西方卢梭等人关于政治、教育、伦理、社会等的现代学说可堪比肩的学说，对于当今中国的改革开放、现代化建设和文化复兴，具有重大意义。

李贽的童心主义体系是儒学自身的一次大革命，这次革命的实质就是，从以外在于人的圣人之是非（教条主义）为本位，转换为以人自身内部的自然（童心）为本位，以重新组织儒学思想体系。

岛田虔次这样评论明代心学："明代心学的根本课题，是在于要否定所有外的东西而追求纯粹的、内的、本来意义上的人本身。为了这个本质性的追求，并且为了维护、主张他们探索到的、确信的、至上的人的本质，他们始终具有抛弃、不顾所有成见与格套的热情和勇气。"[①] 明代心学就是将人还原为性体，还原为赤子、自然人。中国哲学本来就有这种传统，尤其是先秦时期的思想，如《中庸》开篇言"性"，并且指出，"性"是人应当守护和修养的对象。

---

① 岛田虔次.中国近代思维的挫折［M］.甘万萍，译.南京：江苏人民出版社，2008：81.

岛田虔次认为李贽是"心学运动最后顶峰人物"①。心学求"内"、求"本"，此为真性命之学也！此真正赤子之心、自然人之学也！这也是童心主义的思想品格。

　　所谓"内""外"，就是卢梭之"自然""文化"。以人自身内部的自然为本位来建设思想体系，这也是卢梭学说的特点。也就是说，卢梭学说与李贽学说的基本立场是惊人相似的。由此看来，心学尤其是李贽思想对"内"的追求便与卢梭的自然主义、人本主义可以完全通约。而李贽长于卢梭185岁。卢梭的学说在法国大革命中得到实践，李贽的学说却遭到镇压，以致书禁人亡。悲夫！

　　黄仁宇在《万历十五年》中指出："李贽的悲观不仅属于个人，也属于他所生活的时代。传统的政治已经凝固，类似宗教改革或者文艺复兴的新生命无法在这样的环境中孕育。社会环境把个人理智上的自由压缩在极小的限度之内，人的廉洁和诚信，也只能长为灌木，不能形成丛林。"②李贽就生活在这样的时空里。"传统的政治已经凝固"，所以时代呼唤新的思想，这对于思想家李贽来说正是生逢其时，于是，李贽的童心主义思想应运而生。然而，已经凝固的政治及其社会环境"把个人理智上的自由压缩在极小的限度之内，人的廉洁和诚信，也只能长为灌木，不能形成丛林"，这又是李贽生不逢时的地方。他悄然长成为大树，但被他所处的时代视为怪物（"异端""异端之尤"），而终被焚毁。焚毁这棵大树的环境，只允许灌木的存在，而不允许长成参天大树。这似乎能回应"李约瑟难题"，对解开"钱学森之问"亦有启迪。同时这让我不由想到杜牧《阿房宫赋》中的话："后人哀之而不鉴之，亦使后人而复哀后

---

① 岛田虔次. 中国近代思维的挫折[M]. 甘万萍，译. 南京：江苏人民出版社，2008：84.
② 黄仁宇. 万历十五年[M]. 北京：中华书局，2006：179.

人也。"

四、李贽童心哲学的品格：兼容并蓄

李贽胸怀的开放性自然而然影响其思想体系的包容与开放。

李贽以童心为文化之本源，认为文化是由童心创生，并且，文化不应当遮蔽童心，而应当"护此童心而使之勿失"。

李贽的思想何以尽可能做到包容与开放？一旦将童心作为人文之本，那么文化自然而然是包容和开放的。在李贽看来，各个学派囿于门户之见，试图垄断读者，这是背离童心的整体性、开放性、创造力的。所以，对各派学说，李贽持有以我为主、独立判断、兼容并蓄的开放态度。故李贽在《子由解老序》(《焚书》卷三)中，通过自己的亲身经历，来说明学派之别乃如稻黍之异，只要能"食之于饱"，满足人的根本需要，各学派应当是平等的。[①]《子由解老序》有云：

> 食之于饱，一也。南人食稻而甘，北人食黍而甘，此一南一

[①] 焦竑也持类似的开放态度："孔孟之学，尽性至命之学也。独其言约旨微，未尽阐晰，世之学者又束缚于注疏，玩狎于口耳，不能骤通其意。释氏诸经所发明，皆其理也。苟能发明此理，为吾性命之指南，则释氏诸经，即孔孟之义疏也，而又何病焉！……学者诚有志于道，窃以为儒、释之短长，可置勿论，而第反诸我之心性。苟得其性，谓之梵学可也，谓之孔孟之学可也，即谓非梵学，而自为一家之学，亦可也。盖谋道如谋食，借令为真饱，即人且其馁，而吾腹则果然矣。不然，终乱论人之品味，而未或一哧其藏哉，不至枵腹立毙者几希。"(《澹园集》卷十二《答耿师》)比李贽年轻20岁的周汝登(号海门)面对"象山、阳明之学杂禅，是否？"的追问，答曰："夫禅与儒名言耳，一碗饭在前，可以充饥，可以养生，只管吃便了，又要问是和尚家煮的？百姓家煮的？……只在门面上较量，不思自己性命求个实落安顿处，真为可悯可悲之甚已也。"(《南都会语》，《东越证学录》卷一) 可见对于各家各派，周汝登的态度也是开放的。

北者未始相美也。然使两人者易地而食焉，则又未始相弃也。道之于孔、老，犹稻黍之于南北也，足乎此者，虽无美于彼，而顾可弃之哉！何也？至饱者各足，而真饥者无择也。

盖尝北学而食于主人之家矣。天寒，大雨雪三日，绝粮七日，饥冻困踣，望主人而向往焉。主人怜我，炊黍饷我，信口大嚼，未暇辨也。撤案而后问曰："岂稻粱也欤！奚其有此美也？"主人笑曰："此黍稷也，与稻粱埒。且今之黍稷也，非有异于向之黍稷者也。惟甚饥，故甚美，惟甚美，故甚饱。子今以往，不作稻粱想，不作黍稷想矣。"

余闻之，慨然而叹，使余之于道若今之望食，则孔、老暇择乎！自此专治《老子》，……

李贽取譬于饥而求食的亲身经历，而将不同学派以各自学派为本，转换为所有学派皆应以人为本而满足人的内在需要。既然学派应当以人为本，为学者便不应狭隘地为某学派"护法""殉身"，而应当兼容并蓄。李贽面对不同学派的这种包容与开放的胸襟，至今依然具有重要的现实意义。

李贽认为："凡为学皆为穷究自己生死根由，探讨自家性命下落。"（《续焚书》卷一《答马历山》）他将心性之学发展为童心说，从而使中国的心性之学达到了世界级的思想高峰。西方产生了文艺复兴、宗教改革、启蒙运动，产生了近代自然科学和工业革命，应当说，西学有其所长；而较之西学，童心主义亦自有其所长，而其所长未被充分发现与承认，其所长在中国未能找到用武之地。

李贽又说："儒道释之学，一也，以其初皆期于闻道也。"（《续焚书》卷二《三教归儒说》）由于回归自我心性，于是，心性为第一义，学派及礼义纲常等文化层面的东西均被视为由第一义所派生，因而心性不再为"学派"所束缚，"三教归儒"实为"三教归心"；三教归于童心，一切人文范畴全部归于童心。

李贽是儒者，但这个儒者不是传统的"以孔子是非为是非"的儒者，故成为儒学异端。然而，李贽这个异端才是健康的。如果以思想的健康为标尺，那么，李贽这个异端若被视为正统，文化风气便能归之于正。

李贽是最坚定的反教条主义者。在反教条、回归自我心性方面，即便当今社会，依然少有能及李贽者。所以，品读李贽的思想观念，不仅具有厚重的历史价值，亦有巨大的现实意义。

五、李贽思想的开放性与儒学的保守主义是水火不容的

李贽以儒者身份出入佛老，这也是他超出保守主义儒学的地方，也是保守主义儒学所不能容忍的。

《明儒学案》卷二十五《南中王门学案一》有这样的记载：

> 戚贤字秀夫，号南玄。江北之全椒人。嘉靖丙戌进士。仕至刑科都给事中，以荐龙溪，失贵溪指，谪官致仕。阳明在滁州，南玄以诸生旅见，未知信向。其后为归安令，读论学诸书，始契于心，遂通书受学。为会于安定书院，语学者"千圣之学，不外于心，惟梏于意见，蔽于嗜欲，始有所失。一念自反，即得本心"。在京师会中，有谈二氏者，即正色阻之。龙溪偶举黄叶止儿啼公案，南玄勃然曰："君是吾党宗盟，一言假借，便为害不浅。"龙溪为之愧谢。

可以看出，戚贤与阳明通书受学，其"千圣之学，不外于心，惟梏于意见，蔽于嗜欲，始有所失。一念自反，即得本心"的感悟符合阳明学大义，但他严格拒绝王龙溪举黄叶止儿啼公案来讲说儒学。这样严守儒学门户，不正是他所反对的"梏于意见"吗？可见其"一念自反，即得本心"这句话，在自己那里实行起来有多难！从中亦足可看出，即便在王学内部，也有自我禁锢、严防孔学与老释会通、严防受其他学派影响的情况。

李贽出入儒道释各家各派，可以想见，对于其包容与开放的学术方法论，阳明学派的戚贤一定是极力反对的，极力反对者亦不会独独戚贤一人。"独尊儒术"，其中的"术"字，意味着朝廷是将儒学当作统治"手段"的，儒学自身并未被朝廷视为政治"目的"。在这种情况下，孔子愈尊而愈表明孔子乃朝廷提线木偶也。当"独尊儒术"成为专制朝廷铁定的国家意识形态，那么，上有所好，下必甚焉。李贽被诬下狱，这一结局在那个时代、那种社会便成为必然。

正统儒学被政治化到这步田地，必然导致相应的反作用力。李贽的思想就是这样的反作用力。后世激烈的反儒运动（如新文化运动）也是这种反作用力。

有作用力，必然有反作用力，因而激烈反儒也是必然的。现在又有人批评新文化运动的"走极端"，将这种极端的根源追索至阳明学派，这是不公正的。之所以说其不公正，在于没有看到阳明学派所受外力的压迫，而只看到阳明学派对这种压迫的反作用力。而主张回归压迫阳明学派、压迫李贽的这种儒学"正统"，美其名曰回归传统，实乃背离历史教训与历史潮流。

李贽自己确也自由、洒脱、狂放。李贽在《与曾继泉》中，自释何以落发为僧："陡然去发，非其心也。"可见他并不真心以和尚自居。其落发的原因之一是"此间无见识人多以异端目我，故我遂为异端以成彼竖子之名"。也就是说他出家为僧，主要是出于外部原因：别人目之以异端，他便索性做"异端"以反击和刺激这些人。

对李贽批评和迫害的人全是儒门中人。当时如此，导致李贽遭谗下狱。后世亦如此，例如顾炎武《日知录》卷一八云："自古以来，小人之无忌惮，而敢于叛圣人者，莫甚于李贽。"

代表官方立场的《四库全书总目·别史类存目》对李贽的评价是："贽书皆狂悖乖谬，非圣无法，惟此书抨击孔子，另立褒贬，凡千古相传之善恶，无不颠倒易位，尤以罪不容诛者。"

从表面上看，官方的评价似乎没错。李贽确实有"怀疑一切"的倾向。但他怀疑一切，惟"童心"是其讴歌高扬者，可以说他又不是怀疑主义者。"童心"是其怀疑的主体，文化、社会是怀疑的客体。"童心"亦是其建设的主体——童心者"自文也"，"苟童心常存，……无时不文，无人不文，无一样创制体格文字而非文者"。（李贽：《童心说》）

《四库全书总目录提要》理直气壮地批评推崇李贽的公安三袁（袁宏道、袁宗道、袁中道），试图以"破律而坏度"的罪名将三袁绑在历史的耻辱柱上。冯友兰一生谨慎，中规中矩，当有人问起他一生学术的转折何其之多，他以"若问道术多迁变，请向兴亡事里寻"。这是说儒者本色乃忠君，还是说儒者惧怕文字狱呢？如果君王能让天下人保持人格，让天下人不去牺牲赤子之心，又何尝不可尊君王耶？

冯友兰行将就木之时，始"斩名关，破利索，俯仰无愧怍，海阔天空我自飞"，发不合时宜之论。他深知中国传统社会的"兴亡事"里潜藏的秘密，于是在《中国哲学史新编》第七册序言中慷慨陈词:"如果有人不以为然,因之不能出版,吾其为王船山矣",并自信"文章自有命,不仗史笔垂"。这位学者到90高龄时始得复心性、复童心、得自我、得自由,实现了自我的伟大超越。《中国哲学史新编》第七册的出版虽经波折,但并未如王船山著作藏于深山几百年后方能面世。该书的面世,亦可见改革开放政策在当今中国所具有的伟大力量,所取得的伟大成就。

让我们继续谈李贽。在《续焚书·圣教小引》中,李贽写道:"余自幼读圣教,不知圣教;尊孔子,不知孔子何自可尊,所谓'矮子观场,随人说妍',和声而已。是余五十以前,真一犬也。因前犬吠形,亦随而吠之。若问以吠声之故,正好哑然自笑也已。"李贽这位自我觉悟、自我解放者,面对环绕在自身周围的历史、传统、习俗和文化惯性——前犬吠形而后犬吠声、"矮子观场,随人说妍"——的文化现实,其苦痛可想而知。这种苦痛在其《题孔子像于芝佛院》(《续焚书》卷四)一文中活灵活现地表现出来:

> 人皆以孔子为大圣,吾亦以为大圣;皆以老、佛为异端,吾亦以为异端。人人非真知大圣与异端也,以所闻于父师之教者熟也;父师非真知大圣与异端也,以所闻于儒先之教者熟也;儒先亦非真知大圣与异端也,以孔子有是言也。其曰"圣则吾不能",是居谦也。其曰"攻乎异端",是必为老与佛也。儒先臆度而言之,父师沿袭而诵之,小子蒙聋而听之。万口一词,不可破也;千年一律,不自知也。不曰"徒诵其言",而曰"已知其人";不曰"强不知以为知",而曰"知之为知之"。至今日,虽有目,无所用矣。余何人也,敢谓有目?亦从众耳。既从而圣之,亦从众而事之,是故吾从众事孔子于芝佛之院。

若此为李卓吾在一话剧舞台上对观众倾诉之独白，观众该作何感受呢？岛田虔次对此情景的猜测是："使得思想史剧的观众们流泪不止。"①

如果将《题孔子像于芝佛院》与《童心说》相对照，自能看出其中相互呼应的地方，亦能通过这种相互支援而加深读者对李贽内心世界的苦痛与渴望的理解。前者是作为文化常态的教条主义、"外部主义"迫使李贽就范，从而引起李贽的苦痛和无奈，而后者则是与教条主义正相反对的"内在主义"的抗争和解决方略。

"就士大夫社会、就儒家意识而言，具有个性的人，是多么可恶、多么可怕的存在。"②王充、嵇康、李贽就是这种与"正统"有所不同而被视为"可恶"而"可怕"的人。

六、李贽的思想体系受益于其思维的批判性

李贽祖上曾赴阿拉伯世界经商，娶阿拉伯女子为妻，并由此世代信奉伊斯兰教。但李贽的父亲又是私塾先生，以儒学经典为研读和教授的对象，李贽从小既受伊斯兰文化影响，又受乃父儒学影响。他的科举之路进一步强化了他对儒学典籍的学习。这种家庭文化背景本身就具有包容性、开放性，这不能不影响到李贽的思想的开放性、思维的批判性乃至于独立人格的形成。

因此，李贽与那些严防与佛老相会通的儒学保守派有很大不同。他广涉佛老，这对其理论思维和哲学立场应当有不小的影响。老庄尚自然，禅宗重自性，二者与童心说思想均有可会通之处。

---

① 岛田虔次. 中国思想史研究［M］. 邓红，译. 上海：上海古籍出版社，2009：53.
② 岛田虔次. 中国近代思维的挫折［M］. 甘万萍，译. 南京：江苏人民出版社，2008：138.

李贽在研读佛老时亦不可能不受其辩证思维的影响。当然这是有益的影响。佛老的否定性辩证思维其实就是一种反思性思维，是一种批判性思维。

《老子》第一章有云："道可道，非常道。名可名，非常名。"《老子》第四十八章又云："为学日益，为道日损，损之又损，以至于无为，无为而无不为。"《庄子·知北游》有："故曰为道者日损，损之又损，以至于无为。"这是老庄的辩证思维方式的体现。

僧肇《般若无知论》有云："夫有所知，则有所不知。以圣心无知，故无所不知。不知之知，乃曰一切知。"这显然是辩证思维的体现。

在惠能那里，辩证思维亦有特别突出的表现。这可以从他对神秀和卧轮偈语的批评中看出来。

神秀有偈曰："身是菩提树，心如明镜台。时时勤拂拭，勿使惹尘埃。"而惠能针锋相对，反其道而行："菩提本无树，明镜亦非台。本来无一物，何处惹尘埃。"（《坛经·行由第一》）

卧轮有偈曰："卧轮有伎俩，能断百思想。对境心不起，菩提日日长。"而惠能说："惠能没伎俩，不断百思想。对境心数起，菩提作么长？"（《坛经·机缘第七》）

惠能的辩证思维方式在上述偈语中可谓体现得活灵活现。

老子"天下皆知美之为美，斯恶已；皆知善之为善，斯不善已"（《老子》第二章）、庄子"圣人不死，大盗不止"（《庄子·胠箧》）等说法，以及禅宗的"呵祖骂佛""丹霞烧佛"等公案，其中的批判性智慧必然会冲击、熏染其读者。

李贽在出入佛老的过程中不可能不了解这种辩证思维，并可能有意或无意地使用这种辩证思维，从而对儒学传统来个彻底颠倒而回归到具体的个人的自然，即回归于"童心"。这就导致了《童心说》的产生以及以此思想为核心的相关的社会、文化、政治、伦理等系统的观念。于是，李贽独具只眼、极具个性的、与传统相悖的、颠覆性的观念体系诞生了。

七、李贽的童心说体系标志着中国思想史的现代转向

岛田虔次认为："（李贽的）童心是（王阳明）良知的成年，是良知的独立。"① 李贽的童心说体系不只是王阳明"良知"的成年与独立，而且是中国思想史上心性学说的成年与独立，是中国天人合一说的成年与独立。在李贽那里，中国的童心主义、心性学说、天人合一说开始其现代转向。

中国思想经由李贽而开始其现代转向，只不过这种现代转向是在学术的严冬启动的。李贽的童心说也是整个儒学发展到明代的巅峰。以至于李贽的同时代人焦竑认识到李贽的伟大而称其为"圣人第二席"，意即孔子以来到那个时代最伟大的思想家，而朝廷和思想界的一些重要人物则视李贽为"非圣无法""排击孔子"的"异端之尤"，视李贽为背离正统的最大的反对派。评判之异，犹若霄壤。

李贽这个"异端之尤"被朝廷咒骂，也被思想界咒骂；不只是被当时和后世的保守派诅咒，亦为后世的革新派诅咒。左右势力均反对李贽将孔子拉下神坛，反对李贽将孔子还原为诸子之一，反对将孔子还原为与"愚夫愚妇"一样有血有肉的常人。这其实是反对李贽的反教条主义思想。

---

① 岛田虔次. 中国近代思维的挫折[M]. 甘万萍，译. 南京：江苏人民出版社，2008：112.

即便是后世的开明人物,如黄宗羲、顾炎武、王夫之等人,也视李贽学说为可憎的"异端"。可见李贽与时代的洪流相距有多远。作为思想家的李贽是时代的产物,却是时代的"早产儿"。

对李贽评价的霄壤之别,正说明李贽与时代的关系:他是那个时代的时代精神的代言人,是高踞时代顶巅的人物,而又与浩浩荡荡地进入那个时代的旧思想、旧习惯、旧人物有尖锐的、紧张的、水火不容的矛盾和斗争。①

"童心说"体系的伟大,在于它是一种彻底的自然主义和彻底的人本主义学说。它是最彻底的自然人本主义或人本自然主义,它是彻底的反教条主义,它主张彻底回到人之自然规定性(人的天性或人自身的自然),主张人文的原点是人自身的自然。它以"童心"这一概念为核心,发展了老子、孟子尊童心的思想并使之充分完成。它体现了西方彻底自然主义和彻底人本主义,而又能超越西方之处在于,"童心"这一概念可以"一身二任",将人本主义和自然主义相融通。

中国哲学范畴"性"相当于西方的"nature"(在特殊语境里特指"天性")或"haman nature"(天性),在表述人文之根本或人

---

① "16世纪处于激变期的世界,李贽不仅是中国,也是朝鲜、日本乃至整个东亚的代表性的自由思想家。"2014年10月在李贽的故乡泉州参加"李贽与东亚文化"国际学术研讨会的韩国庆熙大学史学名誉教授、中国李贽书院顾问申龙澈如是说。他认为,李贽超时代的思想也为20世纪和21世纪的人文精神和社会变革奠定了思想基础。韩国宗教文化院监察崔元豪则认为:"虽然李贽是500年前的思想家,但是对于他思想的研究现在同样意义重大。"在研讨会上,来自韩国、日本和中国的专家学者共同探讨李贽在东亚文化中的贡献、地位和影响。(记者陈智勇,郭雅莹."他是东亚最具代表性的自由思想家"[N].泉州晚报,2014-10-10.)在谈到李贽在日本有不少知音时,日本学者沟口雄三评论道:"能够在异国有这样的知音,可见李卓吾的一生在人类历史上留下了多么深刻的足迹。"(沟口雄三.李卓吾:一个正统的异端[M]//李卓吾·两种阳明学.孙军悦,李晓东,译.北京:生活·读书·新知三联书店,2014:181.)

文之本体时,"童心"("赤子之心")要比"性""nature""haman nature"更为确当而更能胜任这一表述。卢梭的"自然人"最接近"童心"内涵,但依然不如"童心"到位。"童心"在其内蕴的时空向度上比"自然人"更具体,更具确定性。"童心"比"自然人"更能凸显人在自然界中的位置,更能凸显赤子、儿童在人生中的价值。

"青山遮不住,毕竟东流去。"后世龚自珍的《病梅馆记》,梁启超的《新民说》《少年中国说》,等等,是李贽思想与精神的延续。新文化运动主要受西方思想的影响而发,"打倒孔家店"运动却是李贽"不以孔子是非为是非"的回响,鲁迅《狂人日记》中"没有吃过人的孩子或许还有,救救孩子……"亦是李贽童心主义哲学的回荡。今天我们谈论童心主义,也是李贽童心主义哲学的复生。李贽这位思想家和"倒霉蛋"是中国的布鲁诺、中国的卢梭、中国的尼采。李贽式人物在中国的倔强出现,足见李贽不死,李贽的事业不死!

李贽的童心哲学是儒学自身的一次大革命。这次革命的实质即是,从以外在于人的圣人教条为本位,转换为以人自身内部的自然(童心)为本位,以重新组织和建设儒学思想体系。从此,中国思想经由李贽而开始其现代转向。李贽的童心哲学是与西方卢梭等人的现代学说可堪比肩的学说,而又早于卢梭的学说。研究李贽的童心哲学,对于理解和弘扬中国的童心主义传统,以及在此基础上建设儿童本位的中国教育学,乃至对当今中国的改革开放、现代化建设和文化复兴,具有重大意义。

日本童心主义

> 所有故事都从同一土壤中培养生长,这土壤别名"童心"。一个民族缺少童心时,即无宗教信仰,无文学艺术,无科学思想,无燃烧情感实证真理的勇气和诚心。童心在人类生命中消失时,一切意义即全部失去其意义,历史文化即转入停顿,死灭,回复中古时代的黑暗和愚蠢,进而形成一个较长时期的蒙昧和残暴,使人类倒退回复吃人肉的状态中去。
>
> ——沈从文:《青色魇》

在大正时代,日本儿童文学界曾出现童心文学运动和童心主义思潮。日本的童心主义文学思潮不只是发现了童心的天真无邪,而且对儿童文学创作方法,对儿童观、教育观和文化观的现代化,都有伟大贡献。大正时代如火如荼的童心主义思潮的背后,阳明学派尤其是李贽的童心说是重要的推动力量之一。新文化运动时期,中国事实上已经形成了儿童本位的思潮和运动。这是可以与日本大正时代的童心文学运动、童心主义思潮相类比的。无论是日本的童心主义,还是中国的童心主义,已经并将继续深化人类对童心、童年、儿童的研究与发现。随着对童心、童年、儿童之于人类文明的内在关联的发现，童年哲学和童心主义一定会有光辉灿烂的未来。

一、缘起

许多中国人认为教育学中的儿童中心主义（儿童中心论）是纯粹来自西方的，是西学东渐的舶来品。事实上，尽管中国至今尚未形成比较完备的教育观念的现代体系，而且还没有认识到西方儿童中心主义的高妙之处，致使还存在对这种观念的批评和排斥，其来源于西方而非本土自生甚至成为某些人对其批评和排斥的全部依据，然而，中国思想史中具有重要地位的一脉，从古到今，绵延未绝的，那就是童心哲学，它是可与西方的儿童中心主义相会通、相媲美的。

我将中国的童心哲学所主张与推崇的哲学观和方法论称为童心主义。所谓主义，是指某种特定的思想、宗旨、学说体系或理论，是对客观世界、社会生活以及学术问题等所持有的系统的理论和主张。童心哲学便具有自己的一套"主义"，即童心主义。

在《童心哲学史论——古代中国人对儿童的发现》一文中，我试图简要而系统地介绍古代中国人的童心主义思想。陆续有读者向我咨询：日本大正时代（1912—1926）儿童文学界也出现过所谓童心主义，中国思想史上的童心主义与日本大正时代的童心主义有什么联系，又有什么区别？

我并不具备充分占有日本童心主义研究资料的日语能力。不过，面对问询，我无法等待其他学者进一步展开相关研究，于是在自己所能掌握的研究资料的基础上，谈谈我对这些研究资料的判断、理解与阐释，谈谈我对日本大正时代童心主义的感悟与认识，以此抛砖引玉，冀望早日看到对于大正时代童心主义的学术文献更多更新的研究。

二、日本大正时代的童心主义及其由来

"童心主义"是日本儿童文学史上的一个术语。在大正时代，日本儿童文学界曾出现童心文学运动和童心主义的文学思潮。

需要说明的是，在日本，"儿童文学"这一名称直到昭和（1926—1989）初期才正式出现。在此之前，明治时代（1868—1911）称其为"故事"，大正时代称其为"童话"。而日本的童心主义出现于大正时代的"童话"界。

对日本儿童文学有丰富研究的朱自强写道："日本儿童文学界已经普遍把大正时期儿童文学的文艺精神和创作态度、方法概括为童心主义，把大正时期的儿童文学运动称为童心文学运动。"[①] 朱自强将大正时代的童心主义与童心文学运动联系起来，将这种童心主义视为一种文艺精神和创作态度、方法。

日本学者如何解释"童心主义"呢？宫川健郎写道："所谓童心主义，是一种将儿童理想化、视其为纯真无瑕的想法。而这同时也是支撑着整个大正时代的童话、童谣、教育的儿童观，以及文学理念的想法。"[②] 可见，日本的童心主义不只是大正时代的儿童观、儿童文学观，而且还是大正时代的教育观。

有了这种童心主义的认识，当然会引发相应的意愿。每种意愿

---

① 朱自强. 朱自强学术文集4：日本儿童文学论［M］. 南昌：二十一世纪出版社集团, 2016：170.
② 宫川健郎. 日本现代儿童文学［M］. 黄家琦, 译. 台北：三民书局股份有限公司, 2001：7.

都想得到实现，而实现意愿就需要行动。可以说，认识注定与去行动的意愿、意志是绑定在一起的。童心主义思潮与童心主义运动是一体的。

大规模的童心主义文学创作始于大正时代的"赤鸟运动"，其发起人是铃木三重吉（1882—1936）。铃木生下一双儿女后开始"童话"创作，大正七年（1918年）创办并主编《赤鸟》杂志。

《赤鸟》杂志使日本的童心主义大放异彩。创刊号上刊有《〈赤鸟〉的宣言》，其中写道："《赤鸟》乃是排除世下低俗无品的儿童读物，为了保存与开发儿童的纯真性，集合现代第一流艺术家真诚的努力，更为栽培新人创作家出现的划时代创举。"[①] 请特别注意《赤鸟》杂志将"儿童的纯真性"作为"保存与开发"的对象，以便了解大正时代童心主义的基点是对"儿童的纯真性"的发现。

《赤鸟》杂志吸引了一批主张"童心主义"的作家。例如，童谣诗人北原白秋（1885—1942）倡导"恢复童心"，他认为童心即孔子对《诗经》的评价——"思无邪"。再如，作家岛崎藤村、坪田让治认为，"童心是人生的动力、能源"。其他一些作家也认为，"童心的芯是诗"。[②]

掀起童心主义艺术思潮的"赤鸟运动"并不局限于童话和童谣，还扩展到音乐、儿童画、作文、自由诗、自由画等各个方面，形成了一场综合的儿童文化运动。[③]

最早将童心作为文艺理念并付诸文学创作实践的是被誉为"童

---

① 宫川健郎. 日本现代儿童文学［M］. 黄家琦，译. 台北：三民书局股份有限公司，2001：7.
② 王敏. 日本儿童文学中的童心主义［J］. 外国文学研究，1986（3）：101.
③ 朱自强. 朱自强学术文集4：日本儿童文学论［M］. 南昌：二十一世纪出版社集团，2016：22.

话之父"的小说家小川未明（1882—1961）。①

小川未明认为孩子的心是新鲜、纯真、洁净的。"没有什么东西能像儿时的心灵那样伸展开自由的羽翼，能像儿时的心灵那样不被污染。没有什么时代能像少年时期那样，面对美丽的东西就直率地认为美丽，遇到悲伤的事情便感到悲伤，对正义的事情便感到感慨。"可见，小川未明是童心或人的天性热情的讴歌者，是儿童世界热情的讴歌者。他接着写道："……通过创作诉诸于这种纯真感情的闪光和自然的良心的裁断，并表现少年时代的特有的梦幻世界的故事，使读者沉醉于美与忧愁的氛围之中，这即是我追求的童话。依据纯情的儿童的良心来裁判什么是美、什么是恶，这即是这一艺术所具有的伦理观。"②只有以童心为镜子，才可能追求人性。因此，"童话是从童心出发，以童心为对象所描绘的艺术"，"纯情的艺术——童话以浪漫的诗、虔诚的自然观察为核心"，其使命正在于"恢复童心，与诗的感情共鸣"。在小川未明看来，成人也有不泯的童心，创作童话便是在成人、儿童共通的童心世界里耕耘播种。在这种观点的影响下，日本告别了民间故事翻版的"故事"时代，迎来了"创作童话"的时代。这种由作家自己创作、主张童心观点的童话被称作"童心文学"。③

小川未明的观点后来不断受到日本儿童文学理论界的反思与批判，这种反思与批判几乎贯穿于20世纪日本儿童文学创作以及儿童文学理论发展的每一紧要关头。以至于儿童文学作家与评论家古田足日在一篇文章里批评小川未明所代表的日本童话作家是祷念咒

---

① 王敏. 日本儿童文学中的童心主义［J］. 外国文学研究，1986（3）：100.
② 朱自强. 朱自强学术文集4：日本儿童文学论［M］. 南昌：二十一世纪出版社集团，2016：170.
③ 王敏. 日本儿童文学中的童心主义［J］. 外国文学研究，1986（3）：100.

术的"原始心性的持有者",并将该文名之为《再见吧,未明》(收入论文集《现代儿童文学论》,黑潮出版社,1957年;1961年,小川未明死于脑溢血,享年79岁)。但在我看来,这种反思与批判并不能抹杀小川未明的理论贡献。每次围绕小川未明的反思、批判和辩论,都是对小川未明童心主义观点的修补、调整、调适,当然还有可能是误解。就如花朵是对花蕾的反叛与否定一样,但显然,没有花蕾是不可能有花朵的。每次反思、批判和辩论,小川未明的观点都是由头,这刚好证明小川未明的童心主义是日本现代儿童文学理论无法避开的重要生长点,恰恰表明小川未明的童心主义具有顽强的生命力。

小川未明为儿童文学创作提供了"童心"这个基点,这个基点也是后来者反思与批判的依托。因而,这种批判反而将"童心"不断推入儿童文学理论建设的中心区域。可以说,小川未明对童心文学的贡献已经沉淀为日本儿童文学的根部,他可以被超越,却难以被跨越。

再加上小川未明的创作生涯横跨明治末期、大正、昭和时期,长达60年之久,创作了大量童话、诗歌、戏曲、文学评论和随笔,以至于日本儿童文学作家、诗人与田准一(1905—1997)认为"未明即等于日本的儿童文学史"[1]。朱自强也认为小川未明是"近代日本儿童文学史上象征性的一棵巨树"[2]。

其实,小川未明不只是致力于儿童文学创作,也致力于为成人创作文学作品。"我的童话并不是只让儿童感到有趣。另外也不满

---

[1] 朱自强. 朱自强学术文集4:日本儿童文学论[M]. 南昌:二十一世纪出版社集团,2016:85.

[2] 朱自强. 朱自强学术文集4:日本儿童文学论[M]. 南昌:二十一世纪出版社集团,2016:92.

足于仅是一篇有寓意的故事。我追求的是更广阔的世界和从所有事物中发现美丽心灵以及如何把它们置于最正确的调和的状态,我希望把这些变成诗。在这个意义上,我所写的童话可以说处于与从前的童话和世俗所说的童话有些不同的立场。不如说,给大人阅读反而是我的意愿所在。"① 可见,小川未明不只是为儿童创作,更愿意为成人创作。他是以童心为镜,认识人性,批评和改造成人社会和成人世界。这应当也算是大正时代童心主义的应有之义。

于是,儿童文学界便有人批评小川未明的作品不是专为儿童创作的。不过,如果超出儿童文学界这个圈子来看小川未明的作品,就净化成人世界和社会文化而言,这些作品未必不是一种新发现、新方法、新门径,这可能正是小川未明高迈、超越的地方。因而,我主张超出儿童文学创作来看小川未明及其童心主义思想。

小川未明期待自己成为儿童的解放者。他在《儿童默默忍受虐待》一文中自许:"我要做儿童们的代言人,为他们去抗议、去申明主张。"② 从其文学创作的意愿——"给大人阅读反而是我的意愿所在"——来看,小川未明也试图成为成人的解放者。

北原白秋对大正时代的童心主义也有重要的贡献。北原白秋发表过不少很好的观点:"无论什么样的成人,都不能失去作为本性的童心。正是因为不失童心,才有人的尊严。""我经常说:回归童心。但是,其意思并非是将儿童的无知当作优点,更非是模仿儿戏,讨好儿童。我所指的是凭借童心彻底达到真正的思无邪的境

---

① 小川未明. 今后做童话作家[N]. 东京日日新闻,1926 年 5 月 13 日. 转引自朱自强. 朱自强学术文集 4:日本儿童文学论[M]. 南昌:二十一世纪出版社集团,2016:88—89.
② 朱自强. 朱自强学术文集 4:日本儿童文学论[M]. 南昌:二十一世纪出版社集团,2016:88.

界。在恍惚忘我的一瞬，与真正的自然浑然融合。"因而他认为，"童谣是童心童语的歌谣"。[①] 显然，在北原白秋看来，童心是宝贵的，成人不应亦不能失去童心；回归童心并不是将儿童的一切作为膜拜的对象，而是提升成人境界的方法，也是童谣创作的方法。这让人想到孟子的赤子之心说，想到中国的童心主义的某些主张。

童心主义文学家中值得特别关注的，除了小川未明、北原白秋，还有日本作家有岛武郎（1887—1923）。有岛武郎在其不长的一生中提出了很有价值的儿童观、教育观等。

有岛武郎写道："我们随着长大，逐渐远离儿童的心灵……我们明显不能和儿童一样思考、感受。但是，我相信，是否自觉到这一事实，却会使人在面临儿童世界时的做法产生天壤之别。如果我们自觉到这一点，即使不能给儿童以教导，也会给儿童以自由。并且能够保护儿童的自由发展，给儿童以他们所要求的东西。"[②] 这段话有以下几层意思：成人不能再像儿童那样思考与感受；而能不能理解儿童那样的思考与感受，会导致截然不同的与儿童打交道的方式；所以，认识和理解儿童是至关重要的，只有认识与理解儿童，才有可能保护儿童的自由发展，才有可能满足儿童正当的需要。这与卢梭《爱弥儿》中的儿童观、教育观是一致的，而且也超出了教育的范围。

有岛武郎对儿童与成人、童年与成年的各自的特点与相互关系也有深刻发现："夜深时，一个人醒来，守视着熟睡的孩子，我的心渐渐凄凉起来。他的脸颊因健康和血色而红扑扑的，其皮肤

---

① 北原白秋. 童谣与童诗［A］. 转引自朱自强. 朱自强学术文集4：日本儿童文学论［M］. 南昌：二十一世纪出版社集团，2016：79.
② 朱自强. 朱自强学术文集4：日本儿童文学论［M］. 南昌：二十一世纪出版社集团，2016：132.

没有一道被苦虑刻上的皱纹。可是，在他那不晓世事的面容的背后，不是令人窥见到那可怖而黑暗的命运吗？"①这段话颇值深思玩味。

"他的脸颊因健康和血色而红扑扑的，其皮肤没有一道被苦虑刻上的皱纹。"这是对儿童与成人生命活力的对比与感叹，让读者不由想起《老子》中的那句话："抟气致柔，能婴儿乎？"婴儿是如此精力旺盛、生机勃勃，我们成人还能再次回到生命的这种原初状态吗？

"在他那不晓世事的面容的背后，不是令人窥见到那可怖而黑暗的命运吗？"这是以一个成人的生活经历来判断这可爱的孩子会重蹈所有成人的现实命运。说起来，其道不孤。布莱克的《天真与经验之歌》、华兹华斯的《颂诗》以及丰子恺将童年视为"人生的黄金时期"，等等，不都在揭示类似的人生真相吗？问题的关键是，有岛武郎过于悲观，而华兹华斯则在《颂诗》的结尾处为成人寻找提振生活态度的方法——其实不只是结尾，整个《颂诗》都在为成人寻找人生的希望与幸福的出路。这种人生的希望与幸福的出路是与对童心的回归无法割裂开来的。

有岛武郎在谈到自己的创作时表白："我的立场一直置于从儿童的立场出发……"②在有岛武郎那里，"我的立场"就是"儿童的立场"。这不由得让人想到文学创作中的"儿童视角"。有岛武郎的这种创作立场并不是将儿童文学矮化，而是为了增加作品的深度以及寻求实现这种深度的方法。

---

① 朱自强. 朱自强学术文集 4：日本儿童文学论［M］. 南昌：二十一世纪出版社集团，2016：132.
② 有岛武郎写给古川光太郎的信，1921 年 6 月 10 日. 转引自朱自强. 朱自强学术文集 4：日本儿童文学论［M］. 南昌：二十一世纪出版社集团，2016：134.

有岛武郎还有不少值得挖掘的好观念，例如"养儿方知儿女恩"。依然有不少父母认为，养育儿女是单方向的向儿女施恩，所以，父母是可以要求儿女还债的。"养儿方知儿女恩"则显然是将父母养育子女视为一种双向慰藉、双向施恩的关系。相较于《二十四孝》中的王祥卧冰、郭巨埋儿等故事，有岛武郎的儿女养育观显然发生了哥白尼式革命，进入了更高的人生境界。这也会让人想到鲁迅《我们现在怎样做父亲》①所表达的类似观点。

有岛武郎之所以能讲出如此振聋发聩的话来，应当是其养儿育女的亲身感悟。不过，依然有许许多多父母会忘记当年年幼的子女给他们带来的人生欢愉，而将养儿育女视为单纯的付出，于是一跃而变成儿女的恩主乃至债权人。"养儿方知儿女恩"，这句话潜藏着对那些自居恩主的成人的批评。

周国平曾说过这么一句话："过去常听说做父母的如何为子女受苦、奉献、牺牲，似乎恩重如山。"②对于子女来说，父母确有养育之恩，这是需要铭记的。但这只是事实的一个方面，另一方面则是有岛武郎所谓"养儿方知儿女恩"，合而言之，父母与子女的恩情应当是相互的、双向的。所以，周国平接着说："自己做了父母才知道这受苦同时就是享乐，这奉献同时就是收获，这牺牲同时就是满足。所以如果要说恩，那也是相互的。而且，愈有爱心的父母，愈会感到所得远远大于所予。"③周国平坦言这是自己养育孩子过程中的亲身体验。周国平的话似可增援有岛武郎"养儿方知儿女

---

① 鲁迅此文最初发表于1919年11月《新青年》月刊第六卷第六号，署名唐俟。
② 周国平. 爱的五重奏：周国平说女人、性、爱情、婚姻、孩子［M］. 桂林：广西师范大学出版社，2011：268.
③ 周国平. 爱的五重奏：周国平说女人、性、爱情、婚姻、孩子［M］. 桂林：广西师范大学出版社，2011：268.

恩"的感悟。周国平继续说："其实，任何做父母的，当他们陶醉于孩子的可爱时，都不会以恩主自居的。一旦以恩主自居，就必定是已经忘记了孩子曾经给予他们的巨大快乐，也就是说，忘恩负义了。人们总谴责忘恩负义的子女，殊不知天下还有忘恩负义的父母呢。"[①] 显然，这振聋发聩的批评，是针对天下那些忘恩负义的父母的。这批评里也分明隐含了对旧的和新的亲子关系的解构与建设。"养儿方知儿女恩"这句话足以表明，在建设相互感恩的亲子关系方面，有岛武郎是先驱者之一。

从有岛武郎、小川未明等人的思想中，我们可以发现，日本的童心主义文学思潮不只是发现了童心的天真无邪，而且对儿童文学创作方法，对儿童观、教育观乃至对文化观的现代化都有伟大贡献。

大正十五年（1926年）七月，《赤鸟》杂志宣告休刊，意味着大正时代儿童文学界童心主义运动的衰落。

三、大正时代童心主义产生的历史背景

日本的童心主义产生于大正时代。让我们先看看大正时代的历史背景。

1868年4月6日，日本政府以天皇名义发布政治性纲领《五条誓文》，其中有"破除旧来之陋习""求知识于世界"等语，意味着日本决心告别吸收与适应中国文化的时代，转向全盘向西方学习，由此迅速走向现代化。日本在甲午战争中胜利，在日俄战争中

---

① 周国平. 爱的五重奏：周国平说女人、性、爱情、婚姻、孩子[M]. 桂林：广西师范大学出版社，2011：268.

胜利，使日本人产生了跻身世界一流国家的自信。大正时代便处于这样的历史背景里。

该时代的另一个根本特征，是大正民主主义风潮席卷文化的各个领域。大正前期为日本自明治维新以后前所未有的盛世。大正时代的文化带有鲜明的现代性，即主张确立近代自我，宣扬个人主义、理性主义，成为大正文化的基调。在民主主义的时代风潮下，大正时代的哲学社会科学也一展新貌。新康德学派的理想主义哲学独占鳌头，堪称大正哲学的主流，其影响不限于狭义的哲学领域而波及整个知识界。作为新康德学派之日本版的文化主义、人格主义、教养主义，一时风靡思想界。

在教育领域，欧美的现代教育思想已经陆续传入日本。瑞典爱伦·凯的著作《儿童的世纪》迅速被引进日本，日本于1906年出版了其德文版的选译本《二十世纪是儿童的世纪》，1916年又将其英文版译出，以《儿童的世纪》为题出版日文全译本。1906年，日本文部省刊印了杜威《学校与社会》，后来《民主主义与教育》成为所有民主教育家的基本经典。1914年起，意大利蒙台梭利的著作《蒙台梭利教育学及其应用》等译本在日本出版。倡导儿童中心主义的"新教育"思想在一些学校流行起来。这种西方的儿童中心主义为大正时代的童心主义提供了支援。朱自强曾对当时传入日本的西方教育与大正时代的儿童文学的关系做过深刻的描述："正如自由主义教育以儿童为中心，特别是以儿童生气勃勃的生活为中心展开教育一样，大正时期儿童文学的主潮童心主义也把自然和儿童的生活、儿童的心灵作为开掘人生价值的矿藏。在两者的深层，共同浸透的是与封建的儿童观背道而驰的尊重儿童、解放儿童的近代儿童观。正是由于立于这一坚实的基础，日本儿童文学在大正时期迎来了欣欣向荣的春天。"①

在大正时代,如果说政治思想以民主主义为代表,哲学以新康德学派的理想主义为代表,教育学以儿童中心主义为代表的话,那么,文学领域则以"白桦派"为代表。以武者小路实笃(1885—1976)为首的一批年轻作家于1910年4月创刊文学杂志《白桦》,形成很有影响的文学派别——白桦派(童心主义儿童文学作家有岛武郎也被公认为白桦派文学兴盛期的重要人物之一)。至1923年(大正十二年)停刊的13年间,该派倡导自然主义文学,将"尊重自然的意志和人类的意志,探索个人应该怎样生活"作为该派文学的目标,创作出许多作品,哺育了不少作家。白桦派运动还超出文坛,在教育界乃至社会上产生广泛而深刻的影响。

大正时代出现了民主主义、儿童中心主义等思想,它们同气相求,相互支援,共振齐鸣。在这样的思想文化暖春里,日本的儿童文学界出现童心主义文学运动是自然而然的。可以看出,日本的儿童文学界出现的童心主义与白桦派"尊重自然的意志和人类的意志"的思想是一致的。不仅如此,当时的各种思潮所构成的文化生态与思想市场都为日本童心主义准备好了登台亮相的舞台。

值得一提的是,在日本的童心主义登场以前,日本还出现了女性解放的思潮。由于女性的解放与儿童的解放都与人性的发现、人的自然权利与人格尊严联系在一起,所以在逻辑上,儿童的发现往往与女性的发现存在紧密的"伴生"关系。

明治四十四年(1911年),即大正元年的前一年,日本诞生了最早自发结成的女性社团组织"青鞜社"及其机关刊物《青鞜》。

---

① 朱自强. 朱自强学术文集4:日本儿童文学论[M]. 南昌:二十一世纪出版社集团,2016:167.

从《青鞜》主创人到编辑、撰稿人，乃至青鞜社的全体会员都是女性。《青鞜》杂志亦宣称其办刊"只依靠女性，只为女性服务"。

《青鞜》以及青鞜社的中心人物是平塚雷鸟（1886—1971），她为《青鞜》所写的发刊词标题"女性本是太阳"后来成为名言。《青鞜》的创刊如同一种象征，宣告了女性走上历史舞台的新时代已经到来。《青鞜》从其创刊便受到社会广泛关注，但也受到狂风暴雨般的攻击。大正五年（1916年），走过四年半历程、发行六卷五十二期的《青鞜》被迫停刊。①

我们在这里谈论日本大正初期的女性主义运动及其遭遇，对于了解大正时代童心主义运动产生的历史背景、文化生态及其衰落的命运，会有所启示。

四、大正时代童心主义与日本文化传统的关系

尽管日本古代亦有杀婴风习，但亦有"惜婴"思想。"溺婴的结果，使得留下来的孩子备受爱惜，倍加培养。在同佛教的风俗信仰相融合的产物——地藏菩萨的信仰中，地藏菩萨既是在地狱守护失去的孩子的在天之灵的菩萨，又是活着的孩子的守护神。对孩子的这种情爱，山上忆良咏为'惜婴'。"② 山上忆良（660—733）是日本奈良时期的诗人、汉学家。文武天皇大宝元年（701年），他随遣唐使粟田真人（？—719，日本第八任遣唐使）赴唐。在中国生活了两年，研习汉学，对他后期的知识、思想、作品有很深的影响。山上忆良《万叶集》有这样的诗句：

---

① 于华. 为女性而诞生的杂志：《青鞜》[J]. 南开日本研究，2010：302—316.
② 筑波大学教育学研究会编. 现代教育学基础[M]. 钟启泉，译. 上海：上海教育出版社，1986：22.

> 食瓜思子深，啖粟怀儿切。
> 童竖自何来？搅挠眠七绝。
> （和歌）
> 玉英何价有，岂若孩童杰。①

此歌表达了山上忆良对未成年子女的怜爱与珍惜，将孩童看作无价的。

在日本古代歌谣集《梁尘秘抄》②中，还可发现这样的诗句：

> 身为游戏生，心随游艺长？
> 闻罢嬉童声，手舞复足蹈。

可见，古代日本已有人对儿童游戏、游艺表现出理解和激赏。这种童年崇拜传统作为一种文化潜意识，对于接纳现代社会对儿童的发现以及现代教育对儿童地位的尊重，无疑是大有裨益的。古代日本人对中国文化中的童心思想尤其是阳明学的接纳，特别是近代对李贽学说的推崇，对日本童心主义的产生当然也有正面的影响。

---

① 筑波大学教育学研究会编. 现代教育学基础 [M]. 钟启泉，译. 上海：上海教育出版社，1986：23.
② 《梁尘秘抄》为日本12世纪后白河法皇编撰的歌谣集。有学者考证《梁尘秘抄》集名的由来："有虞公、韩娥，歌声美妙，乃他人之声所不及。赏者听之，无法抑制自己感动的眼泪。歌声回荡于梁。梁上尘埃飘扬三日未停，故称'梁尘秘抄'云云。编者借用中国古代北齐韩娥和西汉虞公的歌声动人的传说故事为集名，意在说明此歌谣集乃集优秀歌谣也。"见叶渭渠，唐月梅. 日本文学史：古代卷 [M]. 北京：昆仑出版社，2004：545.

五、日本童心主义的挫折及其顽强生命力

在大正时代，戏剧、美术、音乐等各个文化领域，都展现出异于明治文化的新貌。大正文化清新而繁盛，然而，思想繁荣的景象很快被抑制。大正时代文化昌盛的面貌未及充分展开，便匆匆落幕。

进入昭和时期，普罗儿童文学开始兴盛。普罗儿童文学的理论指导者桢本楠郎（1898—1956，日本儿童文学作家）等人批评童心主义忽视了儿童所体现的阶级性。桢本楠郎写道：

> 就我对现实社会中儿童的观察，实在无法不指出他们（引者按：指日本儿童文学中的童心主义作家）口中的"儿童"不仅过于偏颇，且流于抽象、概念化，同时也过于偶像化与神秘化。……因为他们并没有真正观看现实生活中遍及社会各界落的儿童。真要说他们有注意的，也绝对仅止于某一阶级，而且还是他们眼中"可爱的"儿童，即那些能够满足他们的概念与观念、那些从中产阶级到中产阶级的儿童。一提到儿童，在他们的脑海浮现的就只有这群孩子，并且以为所有儿童都是同一个模样。
>
> 然而，从社会科学中，我们明确认识到现代社会中存在着阶级对立，与自身所属的阶级。当今社会无时无刻不分立成两个阶级，斗争日趋激烈且尖锐。对此，儿童的世界亦有巨大变化，亦将分裂成两个不同世界。[①]

[①] 转引自宫川健郎. 日本现代儿童文学[M]. 黄家琦，译. 台北：三民书局股份有限公司，2001：8.

这就是普罗文学对童心主义的批判。尽管他们批判童心主义文学，但在创作技法上亦不脱离大正时代"童话"（童心主义文学）的影响。例如，桢本楠郎在评论《饭团》（《普罗艺术》，1928年4月）时曾说："这种表现手法充分运用、发挥了童话文学的技巧，相当值得重视。"①

对于普罗儿童文学评论家桢本楠郎，朱自强有过这样的评论："与艺术性相比，桢本楠郎优先考虑的是政治性宣传，而且除鼓动宣传斗争的儿童文学之外，他不容许有其他内容形式的儿童文学存在，其结果脱离了群众，倾向于激进主义。无产阶级儿童文学的衰微，其外因是官方残酷的镇压，其内因则是自身理论的偏颇、急进。"② 这种批评是合理的。

普罗儿童文学在理论上宣称儿童有阶级性，但实际创作时对笔下的儿童充满信任。在他们眼里，儿童才是正义的。例如，猪野省三将作品中的主角分别命名为正一、清一（《喷嚏婆婆》，《普罗艺术》，1928年3月）、真二（《饭团》），其中的"正""清""真"体现了作家对儿童的认识。这与日本童心主义的儿童观、文学观又是一致的。

普罗儿童文学作家坪田让治（1890—1982）的《妖怪的世界》（《改造》，1935年3月）和《风中的儿童》（《东京朝日新闻》晚报，1936年9月5日—11月6日），取材自数年前发生于家乡某公司内部纷争的亲身经历，以儿童视角进行阐述。菅忠道评论"以社会的

---

① 宫川健郎.日本现代儿童文学[M].黄家琦，译.台北：三民书局股份有限公司，2001：9.
② 朱自强.朱自强学术文集4：日本儿童文学论[M].南昌：二十一世纪出版社集团，2016：25.

纷乱与纯真的儿童对比，更能突显（儿童）惹人怜爱的效果"①。这与大正时代童心主义对儿童的唱颂又是一致的。《赤鸟》杂志休刊后，依然出现了不少具有童心主义色彩的儿童文学作品。因此，宫川健郎评论道："可以说，童心主义强力规范了从大正到昭和时期的儿童文学。"②

为什么大正时代儿童文学中的童心主义运动只是昙花一现呢？明治四十三年（1910年），即大正元年前两年，《白桦》杂志创刊，大正十二年（1923年）停刊；明治四十四年（1911年），即大正元年前一年，《青鞜》杂志创刊，大正五年（1916年）停刊；大正七年（1918年）《赤鸟》杂志创刊，大正十五年（1926年）《赤鸟》杂志停刊。……这些杂志命如昙花，其间的原因不存在某种关联吗？

大正时代思想文化的繁荣是表层的，难以得到整个社会的深层依托。经济的繁荣以及欧风美雨对全盘西化中的日本人的冲击，大大推进了日本的现代化进程。现代化进程是与现代观念的生成、繁荣共始终的。现代观念的繁荣体现在包括童心主义的一整套家族性观念的繁荣。但在日本社会文化的深层，也有日本国内社会矛盾的加剧以及军国主义的壮大。

1895年日本在甲午战争中战胜中国，1905年日本在日俄战争中又战胜俄国，1910年日本吞并朝鲜，第一次世界大战中日本兵不血刃获取了巨大利益。经济空前繁荣，进一步激发了大正时代的思想繁荣。被一系列胜利冲昏头脑的日本不会满足于此，它的战车朝向对世界更大规模的军事征服冲刺。

---

① 转引自宫川健郎. 日本现代儿童文学［M］. 黄家琦，译. 台北：三民书局股份有限公司，2001：10.
② 宫川健郎. 日本现代儿童文学［M］. 黄家琦，译. 台北：三民书局股份有限公司，2001：9.

结果有二。其一，由于难以得到整个社会的深层依托，大正时代思想繁荣的局面迅速凋敝。其二，军国主义的壮大不仅为其他国家带去灾难，日本自身亦险遭灭顶之灾。历史已经给出结论。

日本史专家赵德宇曾这样评价大正时代："从明治初年到昭和战败为止的日本文化史上，也只有大正时代才真正显现出文化进步的景象。大正文化的自由民主风气使日本充满了希望，如果这股清新闪亮的文化景象继续下去的话，很可能使日本免遭法西斯军国主义的毒害而放弃侵略战争的思维逻辑。然而遗憾的是，为日本带来社会进步曙光的大众文化，尤其是民主主义思想和运动与自由民权运动一样，仅只是昙花一现，日本最终选择了黑暗，令人扼腕。"[1]这一评论于我心有戚戚焉。历史已经表明，当人的天性受到尊重和推崇，那么，人格和人的自然权利便会受到尊重，社会和文化就会繁荣昌盛；反之亦然。童心主义及其相关的一系列具有现代气息的意识形态在大正时代短暂繁荣后便衰落下去，说明当时日本文化的路向出现了严重问题。历史已经给出了答案。

日本童心主义运动延续不足十年，便在政治上左派和右派的两面夹击下难以为继，甚而至于被污名化，乃至于"在现代日本，人们往往从消极的意义方面使用'童心主义'一语"[2]。但是，正如爱因斯坦在1916年悼念马赫时所说："我甚至相信，那些自命为马赫的反对派的人，可以说几乎不知道他们曾经如同吸他们的母亲的奶那样吮吸了多少马赫的思想方式。"[3]那些批判童心主义的日本人也

---

[1] 赵德宇，等. 日本近现代文化史[M]. 北京：世界知识出版社，2010：226.
[2] 朱自强. 中日儿童文学术语异同比较[J]. 东北师大学报（哲学社会科学版），1993（5）：41.
[3] 爱因斯坦. 爱因斯坦文集：第一卷[M]. 许良英，范岱年，编译. 北京：商务印书馆，1976：84.

是如此，他们在反对童心主义的同时，自觉或不自觉地吮吸童心主义的精髓作为自己思想的食粮。

六、浪漫主义与日本的童心主义

"我们当然也别忘了三重吉、未明、白秋等人都是文坛浪漫主义出身，换言之，正是浪漫主义对纯真无瑕所抱持的一贯憧憬，发掘了'童心'。"①《日本现代儿童文学》一书的作者宫川健郎对日本的浪漫主义轻轻地一笔带过，但其中蕴含着值得发掘的启示。那就是浪漫主义在童年研究中的特殊方法论意义及其重要的思想贡献。卢梭在其著作《爱弥儿》中对儿童的发现得益于浪漫主义，体现了浪漫主义。日本的童心主义的生成亦得益于浪漫主义，亦体现了浪漫主义。历史也已表明，没有浪漫主义，便不可能有对儿童的发现。

顺带说一句。针对我本人的童年哲学（或儿童哲学）研究，也有学者评论：太浪漫了！在他们看来，由于我的相关研究"太浪漫"，所以是错误的。这其实不值一驳。但说这是"脑子进水了"，就值得一辩。

儿童的世界本来是诗的、好奇的、梦想的、游戏的，这意味着儿童的世界本来就是浪漫的。古代汉语有用以描述儿童的词语"天真""烂漫"，例如，宋代龚开《高马小儿图》歌曰："此儿此马俱可怜，马方三齿儿未冠。天真烂漫好容仪，楚楚衣裳无不宜。"可见古代中国人已经发现了儿童生活的"天真""烂漫"。宋代张镃《过湖至郭氏庵》有诗句"山色棱层出，荷花浪漫开"，其中"浪

---

① 宫川健郎. 日本现代儿童文学[M]. 黄家琦, 译. 台北: 三民书局股份有限公司, 2001: 8.

漫"即"烂漫"之义。对儿童世界、儿童生活、儿童生命的生意盎然、诗情画意、富于梦想这些"浪漫色彩"视而不见，便会与儿童处于隔阂状态，何以"发现"儿童呢？

　　浪漫在儿童的世界中是客观存在的。尽管"浪漫主义"是人的发明，但"浪漫"却是儿童的生命、生活的自然属性，是对客观的现实的儿童生活的真实的揭示与描述。拒斥浪漫主义就不可能全面认识和发现儿童。没有对儿童世界的浪漫属性的认识，便不可能认识儿童和发现儿童。

　　本体论、认识论、方法论是统一的。儿童的世界是"浪漫的"，那么，你非要儿童研究、童年哲学仅限于"理性"层面，可乎？你非要儿童的世界与你这个"理性"的学者一样表现出机械、僵化、冰冷、狭隘的"理性"，可乎？在如此"理性"的学者的眼里，在其"理性"的认识论、方法论里，儿童世界那诗的、好奇的、梦想的、游戏的、生动的光辉湮灭了。此非真理性！此乃反理性，此乃理性的天敌。儿童研究以及儿童观建设离不开浪漫主义。离开浪漫主义就难以发现儿童。

　　日本童心主义的代表人物三重吉、未明、白秋等人全是浪漫主义作家，不也正说明浪漫主义与儿童发现有内在关联、必然联系吗？没有浪漫主义作家，日本就不可能出现童心主义的文学。

七、大正时代童心主义的"童心"概念与中国思想史的"童心"概念的异同

　　正如阳明学传入日本后，日本的阳明学便与中国的阳明学有所差异一样，中日的"童心"概念亦有所不同。

　　在沟口雄三看来，阳明学传入日本后，中日的阳明学便有所

差异。他写道:"肯定在什么地方有所不同,但到底什么地方不同,又很难说明。"① 他认为童心概念的中日差异具有典型性。李贽是童心的讴歌者,但沟口雄三指出,李贽的同时代人里却也有贬低童心的人,而"童心这个词语,日本人一般都理解为纯粹、无邪、天真……但在中国却未必"②。"在日本人看来有趣的是,和'童心'意义应当相同的'赤子之心',却始终用来指示人天生就具有的纯粹的道德之心,作为褒义词用在好的方面。这是因为'赤子之心'出自《孟子》中的'大人者,不失其赤子之心',尤其是在阳明学之后,基本被看作是良知的同义语。"③ 由此可知,日本人对"童心"概念的认识是来源于《孟子》的,是以孟子"赤子之心"概念为依据的,但又主要取义于性善论视野中天性所体现的纯粹、无邪、天真,以至于日本人将童心主义英译为"childlike innocence"④。

朱自强曾这样描述日本的童心主义:"(日本)童心主义的儿童观的最大特色在于他认为儿童的心灵与成人不同,没有受到现实社会污浊的侵染,儿童像天使一样,有着纯洁无瑕的灵魂。也就是

---

① 沟口雄三. 李卓吾:一个正统的异端[M]//李卓吾·两种阳明学. 孙军悦,李晓东,译. 北京:生活·读书·新知三联书店,2014:170.
② 沟口雄三. 李卓吾:一个正统的异端[M]//李卓吾·两种阳明学. 孙军悦,李晓东,译. 北京:生活·读书·新知三联书店,2014:170.
③ 沟口雄三. 李卓吾:一个正统的异端[M]//沟口雄三. 李卓吾·两种阳明学. 孙军悦,李晓东,译. 北京:生活·读书·新知三联书店,2014:171.
④ 将"童心主义"译为"childlike innocence"已是日本学术界的共识。河原和枝这段话便是例证:"日本大正时期,产生了专为儿童创作故事(日语发音 dowa)和诗歌(日语发音 doyo)的运动,《赤鸟》杂志处在这一运动的中心位置。日本现代文学就是这时产生的。当时的作家和诗人唱诵儿童的纯真无瑕,努力创作反映'童心'(childlike mind,日语发音 doshin)的儿童文学作品。因此,这一时期的儿童文学被称为 'doshinshugi'文学,即童心主义(childlike innocence)文学。"(河原和枝. 童心の時代:大正期「童心主義」をめぐって,ソシオロジ/36 卷(1991—1992)3 号[EB/OL].[2018-03-07]. https://www.jstage.jst.go.jp/article/soshioroji/36/3/36_53/_article/-char/ja.

说，这里的童心，不是指现实生活中的儿童心灵，而是指作为一种纯洁理想的观念上的儿童。"①可见，朱自强也与沟口雄三一样，注意到日本人将童心视为纯粹、无邪、天真。

而中国人对童心的理解要比日本人复杂。纯粹、无邪、天真只是中国的童心概念其中的一维。孟子"大人者，不失其赤子之心"，将童心（赤子之心）视为人的根本、根性。罗汝芳的赤子之心说以及李贽的童心说与孟子一脉相承而有所发展。到了李贽那里，童心概念在人类精神文化体系中的地位更为凸显。②

李贽的学说尤其是童心说传入日本后，对日本的明治维新有深刻影响，对于日本人理解童心概念亦有所推动。吉田松阴（1829—1858）是日本明治维新运动的先驱者，吉田松阴的精神支柱正是李贽的学说。③吉田松阴在一封书信中写道："吾尝读王阳明《传习录》，颇觉有味。顷得李氏《焚书》，言言当心。……然吾非专修阳明学，但其学真，往往与吾真会矣。……顷读李卓吾之文，有趣味之事甚多，《童心说》尤妙。"④

吉田松阴对李贽《童心说》的共鸣，以及沟口雄三对此所做的详细讨论，此处不赘。⑤显然，李贽童心说思想在日本的传播，令日本知识界更加注重"童心"概念则无疑。大正时代如火如荼的童

---

① 朱自强. 朱自强学术文集4：日本儿童文学论[M]. 南昌：二十一世纪出版社集团，2016：20.
② 刘晓东. 李贽童心哲学论略[J]. 西北师大学报（社会科学版），2016（4）：80—87.
③ 许苏民. 李贽评传[M]. 南京：南京大学出版社，2006：655. 又见沟口雄三. 李卓吾：一个正统的异端[M]//沟口雄三. 李卓吾·两种阳明学. 孙军悦，李晓东，译. 北京：生活·读书·新知三联书店，2014：11—110.
④ 吉田松阴. 与入江杉藏书[M]//张建业，汇编. 李子研究资料汇编. 北京：社会科学文献出版社，2013：330.
⑤ 详见沟口雄三. 李卓吾：一个正统的异端[M]//沟口雄三. 李卓吾·两种阳明学. 孙军悦，李晓东，译. 北京：生活·读书·新知三联书店，2014.

心主义思潮的背后,阳明学派尤其是李贽的童心说应当是重要的推动力量之一。

八、对朱自强中日童心主义比较研究的讨论与阐发

在1993年发表的一篇论文《中日儿童文学术语异同比较》的第一部分,朱自强对中日童心主义的异同做过研究。我想对此做一些评论和阐发。

朱自强写道:"中国早有'童心'一词。《左传·襄公三十一年》篇中就有'于是昭公十九年矣,犹有童心'之说。而作为一种思想观念的阐释,则首推李贽的《童心说》一文,尽管其所发并非儿童文学的议论。"[①] 这里需要说明的是,说昭公"犹有童心",是批评昭公幼稚、不成熟、不稳重、孩子气。可见,此"童心"是贬义词,当然也投射出那个时代儿童观的一角。

我以为,说童心"作为一种思想观念的阐释,则首推李贽的《童心说》一文",这需要向读者做些说明。

李贽虽然是首次提出"童心说",但是,据李贽自己讲,其"童心"即罗汝芳之"赤子之心"。罗汝芳的思想体系是建基于孟子"赤子之心"概念上的,罗汝芳以"赤子之心"为核心而生发出一套关于社会、政治、伦理等范畴的儒学体系。李贽的整个学说是与其《童心说》一致的,以至于《童心说》处于其思想体系的核心位置,但其学说体系未必自觉地以《童心说》作为根基。罗汝芳的赤子之心说是阳明左派不断展开的结果。而阳明学是以孟子的"良

---

① 朱自强. 中日儿童文学术语异同比较 [J]. 东北师大学报(哲学社会科学版), 1993 (5): 41.

知良能""赤子之心""四端"等为核心概念所编织的一套学说。当然，孟子学说通常被认为来源于孔子的仁学。李贽《童心说》为"童心"辩护，将"童心"理解为孟子、罗汝芳的"赤子之心"。因此，李贽的童心说也可视为赤子之心说。

罗汝芳是阳明左派之泰州学派的重要成员。至于李贽，有人认为他与罗汝芳一样属于泰州学派，是阳明左派的代表人物之一，也有人（例如吴震）认为不应将李贽视为泰州学派成员。[①] 无论如何，李贽的童心说从近处讲，与阳明学派是血脉相连的（日本学者岛田虔次认为李贽的"童心"是阳明学派"良知"的成熟），往远处讲则与孟子学说血脉相连。

我在《童心哲学史论》一文所谈的童心主义是与日本大正时代的童心主义有差别的。大正时代的童心主义发源于儿童文学界。而《童心哲学史论》所谈童心主义则是对贯穿中国古代思想史的一条主线的发现。

从老子、孔孟到禅宗六祖惠能，其思想体系有一共同的主线，那就是童心主义。儒道释三家的思想家们未必直接谈及"童心""赤子之心"，甚至从未有人自命为童心主义者，但在我看来，儒道释三家的思想主线依然是拙文《童心哲学史论》所言的那种童心主义。也正因为如此，童心主义是潜藏在中国思想文化的无意识深处的。

朱自强谈及《左传》以及李贽"童心说"后，直接涉入中国现代："进入现代，鲁迅等现代作家用过'童心'一语"，"中国的儿童文学，直到近年以前，一直没有'童心主义'一语。尽管在中国现代文学史上可以找到鲁迅、冰心、丰子恺等推崇赞美童心的作

---

① 吴震. 泰州学派研究［M］. 北京：中国人民大学出版社，2009：30—38.

家，在他们的作品中可以体会到某些与日本童心主义儿童文学相似的心境，但是，在抗日救亡和阶级斗争的时代大洪流中，'童心'只是转瞬即逝的浪花，无法像日本那样成为一个时代的主流的儿童文学思想。"[①] 朱自强讲得很好，我想接着再说几句。

罗汝芳、李贽之所以在明代晚期形成赤子之心说或童心说，应当说是历史大势使然，尽管李贽因此下诏狱而自戕。当时朝廷明令将李贽著述乃至印版一律销毁，凡隐匿者与李贽同罪而严惩不贷，但民间依然以能拥有李贽的书籍而读之为乐事。尽管李贽被许多儒学学者视为异端，但在文坛也有大批真诚的崇拜者，以至深刻影响了晚明以后的文学进程。例如，清代袁枚《随园诗话》（卷三）有云："诗人者，不失其赤子之心者也。"民国王国维《人间词话·十六》亦云："词人者，不失其赤子之心者也。"其义皆与李贽《童心说》相类同。新文化运动时期，蔡元培、周作人、鲁迅、茅盾、郭沫若、郑振铎等一大批作家文人都发表过呵护童心、解放儿童的文字。周作人是中国人中"儿童的发现"者，并最早提出了"儿童本位"概念。鲁迅在《狂人日记》结尾处发出呐喊"救救孩子"，在《我们现在怎样做父亲》中则提出"本位应在幼者"，可视为接续了李贽的心路。

新文化运动时期，出现了比较系统的儿童本位的思想（例如，周作人倡导儿童研究，倡导并宣传现代儿童观，发表了《人的文学》《儿童的文学》等重要作品，比较系统地提出儿童本位的思想主张），也出现了一批试图体现儿童本位思想的代表性的儿童文学作家和儿童文学作品，出现了以儿童本位为立场的儿童杂志（例

---

① 朱自强. 中日儿童文学术语异同比较 [J]. 东北师大学报（哲学社会科学版），1993（5）：41.

如，郑振铎主编的《儿童世界》）。所以，我倾向于这样一种观点：新文化运动时期，中国事实上已经形成了一种儿童本位的思潮和运动。这是可以与日本大正时代的童心文学运动、童心主义思潮相类比的。新文化运动时期的儿童本位思潮是在西学东渐的背景下，对西方现代儿童观、教育观的借鉴和吸收，也是对古代中国人童心主义思想的继承和发展。

新文化运动不是说具有激进反传统的特征吗？为什么说它也是对古代中国人的童心主义思想的继承和发展呢？新文化运动中激烈反传统的知识分子提出"重新估定一切价值"的口号，试图从陆王心学中找到战斗的思想资源。作为陆王心学走向成熟的代表人物的李贽，又被传统儒学视为"异端"的李贽，反被新文化运动中激烈反传统的知识分子视为典范、楷模。例如，被誉为"只手打倒孔家店"的英雄吴虞，于1916年发表《明李卓吾别传》（《进步杂志》第9卷第34期）一文，以一万余字的篇幅介绍了李贽的生平及其不幸遭遇，抨击儒教专制对学者的迫害，赞扬李贽"不以孔子之是非为是非"的批判精神，以李贽同假道学的斗争来抨击当时尊孔复古派的"息邪说，辟异端"，叹息"卓吾产于专制之国，而弗生于立宪之邦，言论思想不获自由，横死囹圄，见排俗学，不免长夜漫漫之感，然亦止能自悲其身世之不幸而已矣"①！

新文化运动中的著名口号"重新估定一切价值"借用的是尼采的主张，但它与李贽"不以孔子是非为是非"的思想具有相同的精神。新文化运动中的知识分子反对的是迫害李贽的那个传统，而有意无意间继承的是李贽等人的童心主义的传统。另外，新文化运动

---

① 李超. 百年李贽研究回顾［C］. 泉州市李贽学术研究会编. 泉州市李贽思想学术研讨会论文集. 泉州市社会科学界联合会，2004：328.

时期有一批作家、学者歌咏儿童，唱颂童心，也表明新文化运动在一定程度上是对古代中国人童心主义思想的继承和发展。

新文化运动的闯将唱诵赤子之心，而王国维这种"保皇党"也唱颂赤子之心。可见晚明时期的童心说、赤子之心说已经成为引领中国思想、文化、社会进步的一种集体无意识，尽管它不断受到干扰和压迫。

闲言少叙，书归正传。朱自强又说："不过，中国儿童文学第一次'讨论''童心'问题是在1960年。1958年，陈伯吹在《儿童文学研究》(内部刊)第四期上发表了《漫谈当前儿童文学问题》一文，其中有这样的话：'如果审读儿童文学作品不从"儿童观点"出发，不在"儿童情趣"上体会，不怀着一颗"童心"去欣赏鉴别，一定会有"沧海遗珠"的遗憾……'到了1960年，随着文艺界对修正主义文艺思想的批判拉开帷幕，陈伯吹的上述观点也被作为'童心论'来批判。……陈伯吹以及其他人所说的'童心'，强调的只是成人对儿童的理解，而非哲学观念上的崇尚……"[①]

显然，朱自强并不认为1960年对"童心论"的批判是"讨论"。这种批判，是特殊年代的"革命"运动利用外部权威人物及其权威思想，来改造人心的手段。现在看来，作为新文化运动的继承者，这种批判以政治手段对旧的文化心理进行改造时，不惜将"童心论"视为资产阶级的或修正主义的而全盘否定、全部清除，是值得反思的。因此，改革开放后"童心论"批判事实上得到了纠正。经过40年的改革开放，官方和民间都欣然接受"以人为本""以人民为中心"的观念，这是巨大的政治进步和社会进

---

① 朱自强. 中日儿童文学术语异同比较［J］. 东北师大学报（哲学社会科学版），1993（5）：41.

步。与儿童打交道时,"以人为本""以人民为中心"的观念可以自然而然地转化为"儿童本位""儿童中心"的观念。今天,改革开放不断得以推进,弘扬传统文化已经成为共识与国策,继承与弘扬中国的童心主义,继续推进儿童本位思想的发展,是时代赋予我们的使命。

九、对日本童心主义的评价问题

在《中日儿童文学术语异同比较》一文中,朱自强认为:"历史地看,日本的童心主义同时包容着积极和消极的两个方面。"① 儿童拥有一个与成人不同的独立的心灵世界和生活领域,这样一种对儿童的发现,在日本大正时代的作家和诗人们那里,是以对"童心"的发现表现出来的。"童心主义尽管本来具有歌颂儿童的内部世界的积极意义,但是,另一方面也产生了封闭在作为成年人怀旧的'童心'里面的倾向。尤其是童心主义的亚流思想,将'童心'与成人的世界隔离开来加以赞美,陷入逃避现实的观念论的泥淖,脱离了现实生活中的儿童。由于昭和初期无产阶级儿童文学对童心主义的批判以及时代的变化,童心主义急速地衰落了下去。但是'童心主义'一语仍然为现代日本儿童文学所承继使用着。……在现代日本,人们往往从消极的意义方面使用'童心主义'一语。"②

这是我看到的朱自强最早的相关评论。在《日本儿童文学论》一书的第一章《日本儿童文学发展综论》,朱自强又论及日本童心

---

① 朱自强. 中日儿童文学术语异同比较[J]. 东北师大学报(哲学社会科学版),1993(5):40.
② 朱自强. 中日儿童文学术语异同比较[J]. 东北师大学报(哲学社会科学版),1993(5):41.

主义。他写道:"在日本的儿童文学界,曾长期把贯穿于大正时期童话、童谣的一个主旋律称作'童心主义'。所谓童心,从字面上理解是指儿童心灵。但是,大正时期的'童心',却不只是强调儿童心理的特殊性,而是与思想立场和文学主张联系在一起的。童心主义的儿童观的最大特色在于它认为儿童的心灵与成人不同,没有受到现实社会污浊的侵染,儿童像天使一样,有着纯洁无瑕的灵魂。也就是说,这里的童心不是指现实生活中的儿童心灵,而是指作为一种纯洁理想的观念上的儿童。"①

朱自强是当前国内儿童文学理论界最重要的理论家之一,他与另几位杰出的同行代表了中国儿童文学理论界的最高水准,所以有必要严肃对待朱自强的相关评论。

我以为,童心尽管从字面上理解是指儿童的心灵,但是,它在中国思想史里却是一个重要的哲学概念。日本的童心主义者能将这一概念与文学主张和思想立场联系起来,是了不起的;也正因为将"童心"与思想立场和文学主张联系起来,它才能被称为童心"主义"(一套观念体系和方法论)。说"这里的童心不是指现实生活中的儿童心灵,而是指作为一种纯洁理想的观念上的儿童",似有不妥。童心不只是可以描述理想中的儿童,而且可以反映现实中的儿童。正如朱自强所介绍的童心主义作家北原白秋,"并没有陷入极端的观念之中,而是鲜明地保持着向生活于现实中的儿童靠近的姿态"②。这映射出日本童心主义儿童文学已经达到的高度。

事实上,童心主义对日本的儿童文学发展有重要贡献。正如

---

① 朱自强. 朱自强学术文集 4:日本儿童文学论 [M]. 南昌:二十一世纪出版社集团,2016:20.
② 朱自强. 朱自强学术文集 4:日本儿童文学论 [M]. 南昌:二十一世纪出版社集团,2016:21.

日本儿童文学评论家山本和夫（1907—1996）认为："大正时代的儿童文学作家之所以犹如决堤之水奔流不息，就是因为他们发现了'童心'。"[①] 朱自强也认为："大正时期是日本儿童文学欣欣向荣的春季。真正的近代价值观，在这个时期里得到了确立。"[②] "日本儿童文学真正的近代儿童观却是在大正时期得以确立的。"[③] 从其介绍和讨论的内容来看，朱自强所说的日本儿童文学的近代价值观应当就是日本的童心主义的观念和立场。因此，在我看来，对日本儿童文学中出现的童心主义思潮应当给予充分的正面评价。

日本儿童文学中的童心主义作为一种思想主张，具有重要的思想贡献和历史意义。但在当时的日本社会中，其影响还是非常有限的。有例为证。大正十年，曾有人以"你在读哪些杂志"为问题，在儿童读者中作过调查，结果表明，《赤鸟》等艺术杂志远远无法与大众化的《少年世界》《日本少年》《少女世界》等匹敌。[④] 可见当时日本的童心主义尽管吸引和培养了一批作家，但其影响力十分有限。一方面，这是因为童心主义从兴到衰不到十年时间，其影响自然有限；另一方面，大正时代尽管出现了空前的新文化倾向，是思想繁荣的时代，但军国主义却暗中疯狂生长。这是一个黑白相间的复调式的时代。最终军国主义取得了胜利，自由、民主、人道的思潮受到彻底抑制，童心主义在这种历史背景中也难逃湮灭的命运。

大正时代儿童文学界的童心主义思潮是极为宝贵的思想资源，

---

① 王敏. 日本儿童文学中的童心主义[J]. 外国文学研究, 1986（3）：101.
② 朱自强. 朱自强学术文集4：日本儿童文学论[M]. 南昌：二十一世纪出版社集团, 2016：19.
③ 朱自强. 朱自强学术文集4：日本儿童文学论[M]. 南昌：二十一世纪出版社集团, 2016：163.
④ 朱自强. 朱自强学术文集4：日本儿童文学论[M]. 南昌：二十一世纪出版社集团, 2016：22—23.

它发现儿童,强调儿童文学创作的儿童立场,是一种人本主义思潮,而且是于人本主义核心处所发生的思潮。童心主义思潮的兴盛是与一揽子人本主义思潮和文化、教育的繁荣紧密相关的。这一思潮的湮灭表明,当时的日本社会出现了痼疾,走偏了道路。

大正时代童心主义其兴也勃焉,其亡也速焉。未及充分表达自己的理想,甚至未及充分展现自身,这朵"童心主义"的花蕾便夭折于昭和前期这一儿童文学的冬季里。但是,它的观念和理想所体现的对童年的发现与珍爱是永恒的。

"求木之长者,必固其根本。欲流之远者,必浚其泉源。"(魏征:《谏太宗十思疏》)童心是个人成长和社会文化繁茂的根本与泉源。我相信,人类文明的高度发展与童心主义的思想繁荣之间,存在紧密的关联。无论是日本的童心主义,还是中国的童心主义,已经并将可以继续深化人类对童心、童年、儿童的研究与发现。随着对童心、童年、儿童与人类文明内在关联的发现,童年哲学和童心主义一定会有更为光辉灿烂的未来。

儿童主义论

"世界（Aeon）是一个游戏的儿童，玩着棋子游戏；主宰是儿童"（亦即是存在者整体的主宰）。

——海德格尔：《尼采》

若说赤子之心止大人不失，则全不识心者也。且问天下之人，谁人无心？谁人之心，不是赤子原日的心？君如不信，则观天下之耳，天下之目，谁人曾换过赤子之耳以为耳，换过赤子之目以为目也哉？

——《近溪子集》卷数

童年是进化史的产物，是"幼态持续"的结果。儿童本质上是赤子、"天人"、"自然人"。童心主义乃古代中国哲学的内核，是古代中国人具有世界意义的伟大思想。尼采与海德格尔对赫拉克利特"主宰是儿童"的支援和阐释，揭示了儿童的存在论统治地位。儿童本位不只是现代教育学的基本原则，也是建设现代社会、文化、伦理、政治的根本法则。儿童、儿童世界与儿童研究均是复杂的隐喻系统。童年哲学或成"未来哲学"体系的核心,并将有助于促成中国哲学的复兴。

一、童年的本质

童年的本质是什么?它是进化史的产物,是一种自然意志、自然设计、自然趋向、自然目的的体现。先秦《中庸》开篇即云:"天命之谓性,率性之谓道。"我们身上的"自然"是谁给的?是上天给的,是上天的命令。天命不可违,于是,率性之谓道。追寻天命,领受天命,遵循天性,让天性充分地表达,这就是我们应当坚守的理论和路线。从方法论上讲,这就是俗话所说"有门儿"(寻得门径)、"上路子"(找到了正确的途径)。

儿童的成长就是天性的展开。儿童的成长背后,是上天的意志,是造物主的意志。换句话说,儿童的成长其实就是自然律令,是自然意志,是自然设计,是自然趋向,是自然目的。儿童的本质是赤子、"天人"、"自然人"。

英国大作家莎士比亚通过哈姆雷特之口赞美人类的伟大:"人类是一件多么了不得的杰作!多么高贵的理性!多么伟大的力量!多么优美的仪表!多么文雅的举动!在行动上多么像一个天使!在智慧上多么像一个天神!宇宙的精华!万物的灵长!"这可视为文艺复兴时期对人之伟大的伟大发现。而清代袁枚却唱颂看似微不足道的苔藓,讴歌苔藓伟大的生命力。"白日不到处,青春恰自来。苔花如米小,也学牡丹开。"(袁枚:《苔》)即使苔花没有白日的照耀,它也顽强地绽放,而且是美丽而骄傲地绽放。儿童也是这样,儿童成长是无法逆转的。只要是正常的生命,只要有正常的自然的、物质的、文化的环境,儿童就会长大成人。

牡丹也好，苔藓也好，儿童也好，它们体现的是自然的意志、自然的目的、自然的力量。

儿童或童年的本质是天命、天性，是"上天""造物主"的命令，是进化史的创造，是个体生命朝向自然目的而对世界和自我的不懈超越与提升。

二、中国童心主义

这部分内容是谈古代中国人对儿童的发现、对童年的认识。

一个真实的儿童，他不断以新的形象呈现在成人的面前，每天都值得你景仰、敬仰。至少在福禄培尔、蒙台梭利、丰子恺等人那里是如此。儿童的高贵、丰富和创生能力是与生俱来的。在这个问题上，儿童心理学还远远没有真正接近精灵一般的儿童形象。

先秦时期，中国哲学有多个学派，有所谓"百家争鸣"。后来，中国哲学最大的学派是儒道释这三家。老子是道家学派的创始人，他主张"复归于婴儿"。在老子看来，成人要不断向曾经是的那个婴儿复归，人生才能达到一种最好的状态、最好的境界。老子还说："含德之厚，比于赤子。蜂虿虺蛇不螫，猛兽不据，攫鸟不搏。骨弱筋柔而握固，未知牝牡之合而朘作，精之至也。终日号而不嗄，和之至也。知和曰常，知常曰明，益生曰祥，心使气曰强。物壮则老，谓之不道，不道早已。"（《老子》第五十五篇）可见，老子认为，赤子体现着至德、至精、至和，赤子拥有"常""明""祥""强"等优点。尤其了不得的是，老子发现了这一规律："物壮则老，谓之不道，不道早已。"这显然是将幼年与成年作比，认为年幼符合大道，而"物壮则老"不是好路正道，不走好路正道必然摔跤、翻车，是死路一条。

说到这里，我们或许会发现这种道理似曾相识。是的，20世纪兴起的幼态持续学说，其核心就是老子的这种思想。幼态持续学说认为，与万物相比，人类独有的进化方式便是舍弃年老的性状而选择年幼的性状。可见老子已经参透造物主的秘密，或者，造物主造人时便遵循了老子的这一思想："物壮则老，谓之不道，不道早已。"

与老子一样，孟子认为大人"不失其赤子之心"。一个人不失其赤子之心，就是伟大的人，圣贤就是没有失去赤子之心的人。后来明代罗汝芳将孟子这句话阐释为"赤子之心自能做得大人"，即赤子之心如果没有被破坏，如果能原原本本地保留在那里，这个赤子成年后就是圣贤。罗汝芳的朋友李贽在其《童心说》中写道，"天下之至文，未有不出于童心焉者也"，童心者"自在""自出""自文"也。这是将"童心"视为文化之本源，而且"童心"自身是本有、自成、主动地自我实现。这样一颗自然之心、一颗本真的心，在李贽看来，其自身能发出光发出热，是人性的伟大资源，是一切人文世界的伟大资源。在李贽看来，童心自有丰润的内蕴、意涵，那"出于童心焉者"自有其智慧、华彩、光辉。李贽认为他的"童心"概念即罗汝芳之"赤子之心"，罗汝芳之"赤子之心"概念即其"童心"。李贽《童心说》及其相关的社会、文化、伦理、政治观念将"赤子之心"说推向更高位置。

禅宗也有类似的思想。禅宗五祖弘忍为觅法嗣，乃命弟子各呈一偈，以表达各自的禅悟。神秀偈云："身是菩提树，心如明镜台。时时勤拂拭，勿使惹尘埃。"在神秀看来，人身如同智慧之树，人心宛若明镜之台，应当时刻预防其受到外来的污染。这活脱脱就是孟子主义。

而惠能所作的偈子是："菩提本非树，明镜亦非台。本来无一物，何处惹尘埃？"初次读到惠能与神秀针锋相对的偈子，感觉他确实要比神秀高出一筹；惠能的偈子在反驳神秀的同时，巧妙地表达了佛学四大皆空的思想。不过，后来我又以为，神秀的偈子既有生命又有智慧，对身心的肯定是其核心思想，而惠能的偈子所展现的智慧却超出生命；惠能的偈子是释家的，而神秀的偈子既是释家的，又是儒家的。神秀上述偈子将人的身心分别比作菩提树、明镜台，主张对其勤加保护，严防污染，这种思想与捍卫赤子之心的童心主义是一致的。

惠能真的认为"本来无一物"吗？他承认有本心、"性"或"自性"。

禅宗主张不失本心，认为只要能够识得自己的本心、自性，你就是天人师，就是佛。禅宗还认为，人心是佛，人人是佛。小孩子的心何处来？这个心不是外人给的。灵魂是本有的，我们的灵魂本来就是我们自己的，不是哪个皇帝给的，不是哪个老师给的，是我们本来就有的。神秀有偈云："一切佛法，自心本有；将心外求，舍父逃走。"（见《景德传灯录》卷四）这里"自心本有"的思想是非常伟大的。

孟子曰："仁义礼智，非由外铄我也，我固有之也。"而苏格拉底和柏拉图认为"知识就是回忆"，说的也是这个道理。六祖慧能也有这样的观点。他在临终前这样说："若向性中能自见，即是成佛菩提因。"他又说："若能心中自见真，有真即是成佛因。不见自性外觅佛，起心总是大痴人。"若能发现心中的天真、儿童般的天真，你便成佛。他还说，不见自性向外边寻佛，起心总是大痴人，就是一个大傻瓜。他讲的这个佛，他讲的这个自性，其实就是道家的婴儿，就是儒家的赤子、赤子之心。不只是儒家谈论赤子，道家也谈赤子。例如，《老子》有云："含德之厚［者］比于赤子。"

（《老子》第五十五篇）可见老子如孟子一样，都认为赤子是极端丰饶而高妙的。

道家倡导复归于婴儿，儒家倡导不失赤子之心，禅宗倡导不忘本心初心、自见本性自性。儒道释三家都要求人回归到自己本有的状态，即本有的天真的丰富的状态。由此可知，中国的儒道释拥有共同的思想纲领，或者说，有一种共同的观念体系贯通儒道释三家。我把儒道释共有的思想纲领称为童心主义，当然也可称为赤子主义、天性主义、自性主义、天人主义或其他什么主义。我以为，童心主义是从先秦以来中国哲学的核心与精华，是古代中国人具有世界意义的伟大思想贡献。

先秦老子、孟子的童心主义与古希腊赫拉克利特"世界是一个游戏的儿童，玩着棋子游戏；主宰是儿童"的思想遥相呼应。老子、孟子以后，中国的童心主义在皇权独尊的夹缝中顽强发展，到了明代罗汝芳和李贽那里达到高峰。尤其是在李贽那里，童心主义已经发展为具有现代性质的思想体系。李贽的下诏狱和被迫自戕，标志着童心主义在中国遭遇挫折。当此时，西方文艺复兴、宗教改革运动如火如荼，尤其是启蒙运动中卢梭等人的浪漫主义儿童观，被称为人类历史上"对儿童的发现"。而李贽具有现代气息的童心主义思想也引发了中国崇尚"性灵"的浪漫主义文学运动。

李贽比卢梭早出生185年。比李贽晚近两百年的卢梭对西方的现代进程产生了巨大影响。而在当时的中国，文化政治环境将李贽所代表的具有现代气息的童心主义思想扑灭殆尽，殊可惋惜。

三、西方儿童主义

古希腊有一些伟大的智者，他们曾经探寻宇宙的本原。赫拉克利特算是其中最伟大的哲人之一。他有一句话（残篇第五十二），原文是古希腊文，往往被译为："时间是一个儿童，他在游戏；儿童是王者。"如何理解这句话？由于时间是世界的一个维度，所以我认为，既然时间是儿童，那么世界便是儿童，是游戏的儿童。后来我看到了海德格尔对这句话的翻译与解释。海德格尔直接将赫拉克利特这句话中通常译为"时间"的那个古希腊词译为"世界"。如此这般，我就不用曲解附会了，但我的附会是对的。

海德格尔的译文是："'世界（Aeon）是一个游戏的儿童，玩着棋子游戏；主宰是儿童'（亦即是存在者整体的主宰）。"[①] 这就将整个世界的本质、整个宇宙的本质都还原为游戏的儿童。

赫拉克利特的"主宰是儿童"（也译作"儿童统治""儿童是王者"）思想对西方思想史有特别的影响。尼采对赫拉克利特别有推崇，以至尼采被称为赫拉克利特主义者。尼采"精神的三变说"将儿童视为起点和目的，尼采的"同一者永恒轮回学说"将儿童视为轮回的轴心。这都是对赫拉克利特"主宰是儿童"思想的回应。除尼采外，海德格尔也对赫拉克利特"主宰是儿童"思想做过有力的回应。

在《根据律》系列讲座的结语收尾处，海德格尔清晰而有力地提出以下思想：儿童是天命置送者，儿童是游戏者，人的一生均被带入儿童的游戏中，将儿童的游戏或游戏的儿童视为存在的根据或所有存在者存在的根据，从而与赫拉克利特残篇第五十二释读为"儿童是存在者整体的主宰"这一核心思想相呼应。

赫拉克利特在古希腊时期抛出"主宰是儿童"这块"石头"，经过两千多年的漫长岁月，终于在尼采和海德格尔的思想"池塘"

---

① 海德格尔. 尼采[M]. 孙周兴, 译. 北京：商务印书馆, 2010：350.

里溅出水花,听到反响。乍看之下,赫拉克利特的儿童主义在明确得到尼采、海德格尔呼应之前这两千多年间,儿童主义思想在西方思想史中存在断裂和空白。但若细细思量,实则不然。

著名的"柏拉图问题"是乔姆斯基声言其一生学术研究之归结,这一问题起源于苏格拉底和柏拉图"知识就是回忆"的思想。这一思想的延续在西方哲学史里形成理性主义的思想线索,于依然在世的乔姆斯基那里得到最大的释放与显现。"柏拉图问题"有助于我们发现:儿童生来就是丰富的,童年是丰富的。因此,我曾用"柏拉图问题"来论证"童年何以如此丰饶"这一问题。可见,"柏拉图问题"是与儿童主义站在一边的,甚至可以说,"柏拉图问题"所呈现的就是儿童主义。

值得一说的还有,德国古典哲学肇始于康德的先验哲学,而康德的哲学受卢梭启发颇深。康德的书房仅挂有一幅画像,是卢梭的画像。卢梭在康德心中的地位、在康德哲学中的地位由此可见。后来谢林的"先验唯心论体系"、黑格尔的历史理性哲学、叔本华的自然意志哲学等,均与康德的先验哲学是一致的。而尼采哲学则与叔本华意志哲学有深刻关联。现象学家胡塞尔称现象学实质上是一种先验哲学。胡塞尔现象学对海德格尔有重要影响,海德格尔的存在哲学强调 Ereignis(本有、自成、自生),其实也是一种先验哲学,左看像是一神论,右看像是泛神论,是一种超级神学,又是超级人本哲学;海德格尔又极为推崇诗人荷尔德林,将荷尔德林的诗作为哲学的模范文本,因此,海德格尔的哲学又是一种浪漫主义的诗性哲学。以赛亚·伯林称"存在主义是浪漫主义的真正传人",在海德格尔那里即可获得活生生的例证。

海德格尔在《根据律》结尾处提出的儿童主义思想是对赫拉克利特的直接呼应,其实也是对"柏拉图问题"的呼应,是对苏格拉底、柏拉图以来的理性主义的呼应，当然也是对德国古典哲学及其以后哲学史的思想遗产的继承与呼应。

赫拉克利特与尼采、海德格尔之间还有一条思想线索，也是不宜忘却的，那就是文艺复兴运动以来"对人的发现"。这一思想线索的不断推进，导致了"对儿童的发现"。

文艺复兴运动讴歌自然界和人自身的自然，进而发现人的内在神性，从而进入宗教改革运动。宗教改革运动进一步提升了人的地位，提升了人的自信，于是，发现和利用人自身的理性的启蒙运动出现了。启蒙运动培育了卢梭的思想。卢梭本人是启蒙运动的一员大将，但他反对理性独大，宣扬人的感性和情感的重要地位，从而成为浪漫主义的重要先驱。他最早的论文《论科学与艺术》昭示了他一生思想的色彩，他抨击"知识"，主张人自身之自然即天性的重要地位，这似乎是与文艺复兴运动的思想源头相呼应的。卢梭发现了人天性中的自然趋向、自然目的、自然意志，这对康德先验哲学有着重要影响，这些概念在一定意义上均已存活在康德哲学中。具体说来，卢梭在《爱弥儿》一书中，认为人的天性体现着自然目的、自然意志、自然趋向，因而人的内在发展是有自己的节奏、自己的速率、自己的内在进程的，在此思想基础上，他发现了童年，发现了儿童，从而开启了"发现儿童"（或称为"对儿童的发现"）的运动。

卢梭的"发现儿童"是新旧教育的分水岭。一旦"发现儿童"，儿童便成为教育的中心、教育学的中心，于是，不同于旧教育的新教育、不同于传统教育的现代教育便诞生了。是卢梭开启了现代教育学运动。现代教育学运动是随着对儿童的发现的不断深入而亦步亦趋地向前发展的。

卢梭"教育即自然发展"（教育即儿童的天性发展）的立场和

思想影响了裴斯泰洛齐、福禄培尔、杜威、蒙台梭利、皮亚杰、苏霍姆林斯基等教育家或教育学家。可以说，没有卢梭，没有裴斯泰洛齐、福禄培尔、杜威、蒙台梭利等人，就没有现代教育学。而没有卢梭，则不会有作为教育家的裴斯泰洛齐、福禄培尔、杜威、蒙台梭利等人，因为后者的教育思想均是卢梭主义的。旧教育是由成人的意志来主导的，是儿童没有地位的教育学，而新教育或现代教育学是追随儿童的，可以说，儿童是现代教育的太阳。

当杜威、蒙台梭利初出茅庐、刚刚接触教育学时，他们赶上了斯坦利·霍尔所发动的"儿童研究运动"。没有这场儿童研究运动，就不可能有教育思想史中的杜威和蒙台梭利。

值得强调的是，卢梭在《爱弥儿》中表述了他对儿童的发现，这标志着现代教育的诞生。卢梭的现代教育具有浪漫主义色彩。卢梭以后，一些浪漫主义诗人也对儿童有重要的发现，例如英国的威廉·布莱克和华兹华斯，德国的荷尔德林，等等。

浪漫主义文学和浪漫主义教育学对儿童的发现，共同促进了对儿童发现的不断推进，导致儿童成为研究对象，例如，现代儿童心理学的诞生，并进而引发美欧的儿童研究运动。

19世纪80年代早期，尼采创作并出版的《查拉图斯特拉如是说》谈到精神的三种变形，指出儿童是同一者永恒轮回的轴心，这与美欧儿童研究运动的开端处于同一时期。两种事件的呼应可让我们发现当时的时代精神及其巨大的思想统摄力量。

儿童研究运动导致了全社会儿童观的进步。儿童研究运动在美欧如火如荼展开之际，瑞士教育家爱伦·凯于1899年展望20世纪，乐观地预言这将是"儿童的世纪"。

儿童研究运动导致学术界对儿童研究兴趣的提升。儿童研究运动的发起人斯坦利·霍尔自己主要是心理学家，儿童研究运动中出现了詹姆斯·鲍德温（James Baldwin）这样杰出的儿童心理学家，也培育了格赛尔（Arnold Lucius Gesell）这样杰出的儿童心理学家。

再后来出现了杰出的儿童心理学家皮亚杰和皮亚杰学派，出现了科尔伯格等重要的儿童心理学家。到了 20 世纪 60 年代，历史学家菲利浦·阿利埃斯出版了儿童史著作《儿童的世纪》，教育学家李普曼开始发起儿童哲学教育（P4C）运动，哲学家马修斯开始意识到儿童也是哲学家并开始研究"哲学与幼童"相关问题。于是，另一场儿童研究运动开始了，这场运动至今依然方兴未艾。

也是在这种历史背景下，20 世纪 50 年代海德格尔在《根据律》系列讲座中对赫拉克利特"主宰是儿童"（"儿童是王者"）的思想做出回应，将儿童视为"存在"的化身，从而将西方的儿童主义再次推到哲学舞台的中央。

综上所述，可以发现，从赫拉克利特的"主宰是儿童"，到 19 世纪尼采将儿童视为同一者永恒轮回的起点和目的，再到海德格尔将儿童视为"存在"的化身、"存在"的根据，在尼采、海德格尔对赫拉克利特的儿童主义做出历史的呼应与继承前，这其间似乎长期存在儿童主义思想的断裂，其实并非如此。与这种儿童主义血脉相连的若干思想线索一直存在：

1. 从苏格拉底、柏拉图的"知识即回忆"延续至今天乔姆斯基的"柏拉图问题"研究。

2. 文艺复兴运动开启的具有现代意义的"对人的发现"，经过宗教改革，再到启蒙运动，不断深入，直至浪漫主义运动中卢梭《爱弥儿》开启"对儿童的发现"。

3. 18 世纪后期，文学尤其是诗歌领域出现唱颂童年、讴歌儿童的作家，著名的有威廉·布莱克、华兹华斯、荷尔德林等人，成为"对儿童的发现"运动的一支重要力量。

4. 卢梭对儿童的发现，导致现代教育运动的兴起，裴斯泰洛齐、福禄培尔、杜威、蒙台梭利、苏霍姆林斯基等人所持教育立场均是卢梭主义的，均是从儿童研究出发的。

5. "对儿童的发现"成为现代教育学进步的秘密。19世纪80年代开始，北美、欧洲的心理学家、教育学家发起了儿童研究运动。

6. 卢梭《爱弥儿》将自然目的、自然趋向等概念赋予人（儿童）的天性，这影响了康德的先验哲学以及整个德国古典哲学，例如谢林的先验唯心论体系、黑格尔的精神哲学和历史哲学、叔本华的自然意志哲学等。尼采就是叔本华哲学的重要继承者。胡塞尔称现象学实质上是先验哲学。可见自然目的论、先验哲学对后世影响深远。海德格尔的存在哲学也有自然目的和先验哲学的影子乃至灵魂。

7. 当然，也不要忘记，基督教也有儿童主义思想。《新约全书》有几次记载，耶稣带弟子外出传道时，遇到一群孩子，弟子们就拦着不让他们接近耶稣。耶稣说你们不要阻挡孩子们前来，你们若不回转变成小孩子，便断不能进入天国；成人若不悔改，不改变对小孩子的这种小觑、排斥的态度，是断不能进入天国里的，进入天国里的都是像小孩子这样的人。这是耶稣告诉弟子们进入天国的方法，同时也表明天国是儿童的国。

可以看出，西方也有相当丰富的儿童主义思想，甚至可以说，儿童主义是西方思想史的主线，就如童心主义（中国的儿童主义）是中国思想史的主线一样。

四、幼态持续学说对儿童主义的支援

中国与西方的儿童主义与西方20世纪兴起的幼态持续理论是可以相互会通的。"幼态持续"是人类进化的特有方式，人类之所以能够成为万物之灵，是因为人类的进化有自身的特点，选择把祖先年幼的性状凝固到自己基因里。随着人类的进化，人类的童年会越来越长。随着时间的展开，人类不是慢慢变老，而是越来越像一个儿童。这就是"幼态持续"。有"幼态持续"论者称此为"彼得·潘进化"。彼得·潘是英国作家詹姆斯·巴里同名小说中那个永远都不愿意长大的孩子。"彼得·潘进化"假借文学形象刻画出"幼态持续"的实质。

按照"幼态持续"理论的说法，人类在进化过程中不断将幼年的种种性状积累起来，所以我们的童年愈来愈丰富。这种丰富就藏在人类的基因里，藏在人类的血液、骨肉、毛发里，藏在人类的本能和无意识里。我们生来既贵且富，我们带着"珍珠""玛瑙""黄金"来到这个世界，带着所谓"天性"的自然财富来到这个世界，如语言、直立行走、思考能力……这些都不是别人教给我们的，是与生俱来的。或有人对此有许多的质问，诸如：小小的新生儿怎么会思考呢？答曰：他不会思考，但他拥有思考的潜力，而小猫小狗就不拥有这种潜力。他潜在的思考能力早已接受它的天命，待它天时一到，儿童的思考能力便会按部就班井然有序地展现。当然这要有一个外部条件，那就是他处于一个正常的环境中，生活于自然的、社会的、文化的、教育的环境里。

五、儿童作为思想资源和文化资源

华兹华斯说：儿童是成人之父。既然成人之"父"是儿童，那么，有其父必有其子，成人的本质依然是儿童。这不是简单的形式逻辑，其中有象征、隐喻和辩证法。只有理解了它，才知道为什么说儿童是成人之父，才能深刻认同幼态持续学说所言人终其一生都是永恒的儿童。

我在《向童年致敬》一文里谈到儿童文化和成人文化的关系。当儿童文化和成人文化对峙的时候，其实是没有成人文化，只有儿童文化的。如果从个体发生的维度来讲，起初是儿童在创造文化，随着年龄的增长，我们变成了成人，于是儿童文化就变成了成人文化。其实此时的成人文化的根系与核心还是儿童文化，因为那个成人终究是一位赤子，那成人文化是在他复归赤子时创造的文化。

成人作为赤子所创造的文化才是合目的的，否则他创造的文化就是异己的、异化的文化。

毕加索用一生的时间，直觉地向六岁的儿童学习作画，他的绘画是成人绘画还是儿童绘画？我相信这是一种新的成人艺术，是一种新的成人文化。这样的一种绘画来源于对童年的努力领悟，是一种新的艺术创造和文化创造。毕加索是举世公认的伟大的艺术家，在十几岁的时候就可以画出和欧洲历史上最伟大的画家伦勃朗一样伟大的绘画作品。但是他后来不再用这样的方式绘画，他用一辈子的时间学习幼儿园大班或者中班孩子的绘画，创造的艺术品又被成人社会所接纳，成为成人文化的一部分。这是非常值得我们反思的文化事件。除了毕加索，一些其他的艺术家，他们也用儿童的视觉、趣味、表现方式去绘画。文学界也有一些使用儿童视角和童年资源创作的作家，其中比较著名的有美国作家威廉·福克纳、中国作家莫言等。

中国童心主义早就发现赤子童心在个人成长、文化建设中的重大意义。例如，孟子认为，对于仁义礼智之"四端"（属于赤子童心范畴）来说，"扩而充之矣，若火之始然，泉之始达。苟能充之，足以保四海；苟不充之，不足以事父母"（《孟子·公孙丑上》）。老子曰："抟气致柔，能如婴儿乎？"复归于婴儿、向儿童学习的这种倡导在《老子》中还有很多。这种童心主义的思想到了明代李贽那里得以成熟。但是李贽不见容于朝廷和"正统"的文人。这位童心主义者和真正代表儒学正统的文化传人，却被视为"异端之尤"，下诏狱而自戕。李贽的下诏狱而自戕，是一个象征，象征着当时的中国社会已容不下赤子童心，已容不下儒道释的思想精粹，已容不下中国文化自身所生出的现代思想。当时的朝廷、社会和文化已经异化和腐朽到何种程度，由此可见一斑。

如果当时的朝廷接受李贽的童心说思想，或许中国要比西方更早进入现代社会。可惜中国自生的现代思想却被朝廷"自宫"、扼杀。扼杀掉的后果是什么？若干年后，中国被列强打得落花流水，割地赔款，出现了几千年未有之变局，甚至于"中华民族到了最危险的时候"。而日本人及时变革维新，向西方学习，成为第一个成功实现现代化的亚洲国家。

六、作为隐喻系统的儿童世界与儿童研究

儿童自身乃至儿童研究，是复杂的隐喻系统。浪漫主义、存在主义突破了单纯听命于理性、逻辑的方法，对于进一步发现儿童、研究儿童提供了新的方法论。

海德格尔写了一本关于尼采的巨著，他说尼采的写作不是那种追求逻辑体系的写作，而是将运思和诗意相结合。海德格尔何尝不是如此。海德格尔将自己的同乡、浪漫主义诗人荷尔德林的诗作为哲学的模范文本。海德格尔认为："荷尔德林的诗乃是一种天命。

这种天命期待着终有一死的人去响应它。"①"哲学的历史性使命的极致,乃在于认识到倾听荷尔德林诗句的必然性。"② 由此可见,荷尔德林的诗在海德格尔哲学以及海德格尔眼中的哲学史中具有何等神圣的地位,也表明海德格尔哲学与诗的亲密关系。

荷尔德林歌颂人的神性,歌颂开端、童年和故乡,歌颂神灵对童年和儿童成长的护佑。在我看来,荷尔德林的诗在某种程度上就是童年哲学,或者与童年哲学有高度交叉。

但是,我们也不要忘记另一个人,那就是英国浪漫主义诗人华兹华斯。遗憾的是,海德格尔显然忽略了华兹华斯。与荷尔德林同年出生的华兹华斯,在其诗人生涯里写了大量讴歌儿童与童年的诗,这些东西是完全可以跟荷尔德林的诗相媲美的。华兹华斯在1802年(时年32岁)的春天,井喷式地创作了有关儿童观的数篇诗歌。他在长诗《颂诗》中讲,儿童来自天国,来时带有丰富的"遗产";儿童的灵魂是伟大的、丰富的;成人通过回忆幼年可以领悟永生的意义,可以通过理解幼年而理解生命的永恒。这是诗歌,也是童年哲学。

为什么浪漫主义诗人对儿童有如此伟大的发现?因为儿童的世界、儿童的生活是浪漫的。逻辑的方法只能探究逻辑的东西,一旦探究逻辑背后非逻辑的东西,就会将其碰碎。(是这样的吗?我犹疑不定,沉吟片刻,最后确认:是。对浪漫世界的把握,逻辑只是辅助工具,必要的辅助工具。)既然儿童的世界有其浪漫主义的一面,那么诗歌就是探究与表达童年的有效工具。

为什么海德格尔的存在哲学会涉及儿童研究,乃至将儿童、儿

---

① 海德格尔. 荷尔德林诗的阐释 [M]. 孙周兴, 译. 北京: 商务印书馆, 2016: 195.
② 海德格尔. 哲学论稿: 从本有而来 [M]. 孙周兴, 译. 北京: 商务印书馆, 2016: 499.

童游戏视为最终的"原因"和"根据",将其哲学归结于赫拉克利特"主宰是儿童"思想?海德格尔对浪漫主义诗人荷尔德林的看重与阐释,透露出存在主义与浪漫主义的亲密关系。英国哲学家以赛亚·伯林称"存在主义是浪漫主义的真正继承人"[1],信然!

法国思想家加斯东·巴什拉说:"童年是存在的深井。"[2]无论是儿童,还是儿童研究,无论是作为文化创造者的儿童,还是儿童创造的文化,他们都有深不可测的一面。儿童在等待我们去倾听,儿童的世界充满象征、隐喻、暗示,等待我们去解谜揭秘。

无论尼采、海德格尔的哲学,还是荷尔德林、华兹华斯的诗,不全是依赖逻辑的方法,更多的是找寻逻辑背后或逻辑之上的内容,并从中得到启示。

现代西方哲学中尼采、海德格尔对赫拉克利特"世界是一个游戏的儿童,玩着棋子游戏;主宰是儿童"[3]思想做出呼应与发扬。尼采将儿童视为精神变形的起点、目的与永恒轮回的轴心。海德格尔将儿童视为全部存在者的主宰,认为哲学的关键问题、人类的关键问题在于:如何呼应、附和儿童的游戏,如何与儿童共同游戏。这便将儿童放在了整个人类生活乃至哲学本体论中的核心处,或最高处。单靠逻辑很难把握这些充斥象征、隐喻、暗示、召唤的天命系统、天启系统、思想系统、生命系统。

童年哲学是先验哲学、天启哲学,潜藏着象征、隐喻、暗示、召唤,因而是等待我们倾听、领受和领会的哲学。

---

[1] 柏林. 浪漫主义的根源[M]. 吕梁,等,译. 南京:译林出版社,2008:138.
[2] 巴什拉. 梦想的诗学[M]. 刘自强,译. 北京:生活·读书·新知三联书店,1996:144.
[3] 海德格尔. 尼采[M]. 孙周兴,译. 北京:商务印书馆,2010:350.

七、童年哲学或成"未来哲学"体系的核心

天命之谓性,童年所体现、呈现的即是天命、天性,其间藏有自然意志、自然目的、自然趋向,这些东西其实就是童年的秘密,也是人的秘密。

儿童有肉身,有本能和无意识,还有不断浮现的意识世界。仅仅用逻辑是难以对其探知与把握的。逻辑与理性主要对应意识世界。但肉身的智慧,本能与无意识的智慧,则需要超越逻辑与理性的方法。毕加索用一辈子的时间向六岁儿童学绘画,就是试图像六岁儿童那样生活,再次变成六岁的儿童。

不要以为意识世界一定高于本能与无意识世界。当人的生活脱离进化史对人的设计,当人的意识世界发生偏差脱离自然目的,出来纠偏使其回归正轨的依然是本能与无意识。荣格甚至认为,世界上哪怕只剩下一个人,他也能复制人类最伟大的神话童话。这是集体无意识的智慧。

儿童是这类智慧的直接拥有者,而成人则是他曾是的那个儿童的继承人。童年哲学、儿童研究就是试图追寻、发现、认识和把握这些智慧。

因为儿童是目的,所以,天灾人祸、大灾大难面前,成人愿为尚未成年的子女牺牲一切。造物主在人那里设计了后门,悄悄留下"去见阎王爷"的自毁程序。个体的生命是有终结的,但它有金蝉脱壳的生命智慧,即生育。由于儿童需要成人照顾,照顾儿童的这段时期成人必须年轻力壮、精力充沛。当新的生命一旦成年能独立生活,成人的生命便开启自毁程序。于是,童年越长,人的寿命越长。

个人的淘汰与童年的永生是以金蝉脱壳的代际传递实现的。个

体的淘汰是为了永生，个体的淘汰是为了迎接儿童的到来。因为有了淘汰，人类这个物种才更年轻、更有活力、更智慧、更美好。

"天地不仁，视万物为刍狗。"（《老子》第五篇）自然的意志和目的并没有希望个体永生，但它希望童年永生、儿童永生。英国作家詹姆斯·巴里参透了这一秘密，所以才用彼得·潘的文学形象来代表永生的儿童、不死的童年。任何具体的个人总是会死的，但"儿童"是永生的。

如何理解儿童是永生的？去读华兹华斯的长诗《颂诗》，从中或许有所启发。

未来的哲学可能是童年哲学、先验哲学、启示哲学、游戏哲学、艺术哲学、教育哲学、神话童话的哲学、体验经验的哲学等等。但核心是童年哲学，因为它几乎可涵盖其他哲学，又是其他各哲学之基础。

为什么未来哲学的核心是童年哲学？为什么说它是其他各哲学的基础和大一统者？因为儿童是世界的"主宰"，儿童是所有存在者的"主宰"，所以儿童配得上"四个伟大"：伟大的导师、伟大的领袖、伟大的统帅、伟大的舵手。

八、童年哲学、"未来哲学"将有助于促成中国哲学的复兴

海德格尔在批判西方传统哲学时，对中国的哲学有一种特别的亲近。"二战"结束后，海德格尔因与纳粹有过瓜葛而被剥夺了授课的权利。一天，他在木材市场遇到中国学者萧师毅，便邀请萧师毅合作翻译老子的《道德经》。萧师毅后来回忆，几次见面交流，他发现海德格尔志不在翻译，而在向萧师毅了解老子的哲学、中国的哲学，所以他们的翻译计划泡汤了。

海德格尔认为，以往的西方哲学倾向于研究外部世界，采用的主要是外观手法，这种哲学遗忘了"存在"；未来的哲学将是内听，倾听自我，倾听"存在"的召唤。海德格尔的"未来哲学"类似老子的哲学、禅宗的哲学，类似儒道释三家共同拥有的童心主义。正因如此，海德格尔会将赫拉克利特、尼采的"儿童"思想发扬光大，将儿童视为全体存在者的主宰，并认为问题的关键是如何倾听儿童、呼应儿童，如何与儿童共同游戏。

海德格尔所讲的未来哲学其实是针对西方哲学而言的，"未来哲学"是西方既有哲学的自我否定，是西方哲学发展的一个轮回，是西方哲学从"另一个开端"再出发。哲学的另一个开端就是倾听存在。"未来哲学"便是从"存在""倾听存在"出发。

道家主张"道法自然"，儒家主张"天命之谓性，率性之谓道"，禅宗主张"见性成佛"，这与海德格尔主张倾听存在的未来哲学是极为相似的。所以，中国哲学应对自己既有的哲学传统加以保持和发展。

在我看来，海德格尔的未来哲学其实是西方哲学的中国转向。很多人说中国没有哲学，其实中国是有哲学的，这个哲学便是海德格尔所说的"未来哲学"。可见，中国哲学与西方哲学是互补的，中国古代哲学是对人类哲学的伟大贡献。当然，当海德格尔呼唤"未来哲学"，西方哲学悄悄发生中国哲学式转向时，中国的哲学家恰恰要学习西方以往的形而上学，同时也不抛弃自家的宝物。

前面已经谈过，古代中国的儒道释共同的哲学便是童心主义。"未来哲学"在一定意义上必然是童心主义哲学，或者说，"未来哲学"在一定意义上是童年哲学。"未来哲学"将会关注儿童研究并从中汲取相关思想。

九、儿童本位不只是现代教育学的基本原则，也是建设现代化的社会、文化、伦理、政治的最根本的原则

儿童中心或儿童本位，是教育的根本原则。儿童立场即教育学中儿童中心、儿童本位的立场。

儿童本位不只是现代教育学的基本原则，也是建设现代社会、文化、伦理、政治的最根本的原则。如果人类想拥有一个美好的未来，成人社会必须坚守儿童中心或儿童本位的立场，紧密围绕儿童、拱卫儿童、跟从儿童。

人们往往会说，学校是为社会而建造的。可是，法国思想家加斯东·巴什拉却认为这个命题应当颠倒过来。"如果我们颠倒这命题，如果我们说社会是为学校而构成的话，那么，在人的内心该是多么明快，多么可亲！""学校是一种目的，学校就是目的。我们的全部身心都对未来的一代负有责任。"[1]

"儿童是脚，教育是鞋"，这是李跃儿一本书的书名。[2] 儿童是脚，教育是鞋，这是对教育本质的定性。不只是教育是鞋，社会、文化、伦理、政治等一切关乎人生活的范畴，都是鞋。鞋为脚而生，鞋为脚服务。没有脚，要鞋何用？脚是第一位的，鞋子是为了脚而生的。脚是本，鞋是末。脚是目的，鞋为工具。尽管鞋也可以作为目的，即作为鞋的设计者和制作者的目的，但归根结底，鞋不是最终目的，鞋的设计者和制作者是为脚服务的。鞋是否合适，脚是最终尺度。然而，一旦谈到诸如教育、社会、文化问题，人们往往将儿童当工具，将儿童以外的东西作为目的，这就是本末倒置。

---

[1] 巴利诺. 巴什拉传 [M]. 顾嘉琛, 杜小真, 译. 上海：东方出版中心，2000：515.
[2] 李跃儿. 儿童是脚，教育是鞋 [M]. 上海：华东师范大学出版社，2014.

让我们重温先秦《韩非子》中"郑人买履"的故事:

> 郑人有欲买履者,先自度其足,而置之其坐。至之市,而忘操之。已得履,乃曰:"吾忘持度!"……人曰:"何不试之以足?"曰:"宁信度,无自信也。"(《韩非子·外储说左上》)

在对待儿童方面,成人往往是那个可笑的郑国人。

儿童是赤子、"天人"、"自然人"。或许有人会说:成人不是比儿童更强大、更智慧吗?换个角度看看吧。在孟子那里,大人不失赤子之心。在华兹华斯那里,儿童是成人之父。在幼态持续学说那里,人之所以优胜万物,是因为人有一种特有的进化方式,那就是选择祖先的年幼性状,而不是成年的性状并加以保持。说人是目的,说教育、社会、文化、伦理、政治的最终目的是人,是正确的。但不如说儿童是目的更彻底和更一针见血,具体说来,不如说教育、社会、文化、伦理、政治的最终目的是儿童。

人是目的,更确切的表达是,儿童是目的。儿童自始至终是目的,所以儿童自始至终也是起点。因为儿童是起点,所以儿童是目的:起点暗含了目的。

让儿童成为学校的中心、教育的中心!让学校成为整个社会的中心、文化的中心!所有成人都关心儿童、关心学校,那么整个社会便会春风和煦!

这种理想,其实在中国古代早就出现过。孔子和他的学生曾点理想中的社会便是:暮春的天气已变暖,几个成人带一帮小孩去不远处河里游泳,尽兴后走到高处,让风将身上的河水吹干,大人小孩一起唱着歌回家。

这个世界是儿童的世界,也是成人的世界。要想真正拥有这个世界，成人必须与儿童一道生活，必须如儿童一般生活。于是，成人的世界便进入、并入儿童的世界，并因此占有、拥有儿童的世界。

强调儿童的地位的时候，很多成人感到委屈：你这样强调儿童的地位，将我们成人放哪去？其实，强调儿童的地位，恰恰是为了成人，为了抢救成人。鲁迅在《狂人日记》文末的呐喊"救救孩子"，一方面是指直接拯救孩子，另一方面是指通过拯救孩子而拯救成人社会，拯救整个中国社会和中国文化，以使中国的老一代与年幼一代幸福生活，并使中国社会与中国文化避免绝境而再生。

强调儿童的地位，是为了让成人寻得自己生命生活的根系，是为了让成人寻到最为真实的自己，是为了发现我们生来便既贵且富有尊严，是为了帮助成人追溯童年时光，找到生命的依托以及感知生命和世界的参照系。

十、"儿童"不只是所有存在者的主宰，不只是人文世界的主宰，而且是整个宇宙的主宰

中国要想进一步富强，要想荣耀地屹立于世界民族之林，要想成为更伟大的创新型国家，就应当弘扬童心主义这一优秀文化传统，将儿童本位不只是视为教育原则，而且视为社会、文化、伦理、政治等诸范畴的基本原则。

《孟子》云"人皆可以为尧舜"，"大人者，不失其赤子之心者也"。王阳明及其众弟子"见满街都是圣人"，被称为阳明左派的泰州学派的重要人物罗汝芳认为"赤子之心自能做得大人"。毛泽东有诗句"六亿神州尽舜尧"。何以让神州尽舜尧、尽圣人、尽大人？答案是，普天之下，赤子能保其心。

《周书·康诰》有云："若保赤子，惟民其康乂。"这是主张政

治家们应当像保护赤子一样保护人民，这属于赤子主义、儿童本位的政治学范畴。《大学》引述了《康诰》"若保赤子"这句话："《康诰》曰：'如保赤子。'心诚求之，虽不中，不远矣。未有学养子而后嫁者也。"《大学》是重申童心主义或赤子主义的政治学原则。"未有学养子而后嫁者也"，表明这种政治学追求的是自然而然，落实这种政治措施的智慧是天生天成、不学而能的。既然如此，何乐不为？"心诚求之，虽不中，不远矣"，是说要有"如保赤子"的心，便可八九不离十地实现仁政。

"心诚求之，虽不中，不远矣"，如果用海德格尔的哲学来会通，那就是诚心倾听"存在"的"寂静之声"。这种"寂静之声"类似于《老子》"大音希声"之寂静的"大音"，也类似于儒家所谓天命。海德格尔曾经向中国学者萧师毅学习和讨论《道德经》，所以，海德格尔所谓倾听"存在"的"寂静之声"这种说法，我怀疑是取材于《道德经》。"心诚求之，虽不中，不远矣"，只要你真诚倾听，是能够听到"存在"之指令的。

"苔花如米小，也学牡丹开。"每个婴儿都是丰富的、伟大的，每颗初心、赤子之心都是自由的、创造的、有尊严的，因此要尊重每个婴儿、每个赤子、每一个人，社会才能成为美好的社会，我们才能拥有美好的未来。这种观点与当前中华人民共和国宪法规定的政治指导思想马克思主义是一致的。马克思曾经说过，未来的理想社会是向着人的本性复归的社会。这个向着人类本性复归的社会就是复归于婴儿、不忘初心、不失赤子之心的社会。每个成人都应该想到，曾经每个人都是赤子、婴儿、儿童。让我们每个成人都怀有"复归于婴儿"的赤子情怀，在不断丰富人世阅历的同时，又能永葆童年的那份天真。

赫拉克利特认为"世界是一个游戏的儿童，玩着棋子游戏；主宰是儿童",尼采和海德格尔对此命题是推崇、守护和发扬的。尼采指出儿童是同一者永恒轮回的起点、目的,是永恒轮回的轴心;他一边承认"世界是一个游戏的儿童",一边又说"世界是宙斯的游戏"①。众所周知,宙斯是古希腊神话中的众神之王,是统治宇宙万物的至高无上的主神,所以,尼采"世界是宙斯的游戏"的说法,依然是强化赫拉克利特"主宰是儿童"的命题。

海德格尔将赫拉克利特"主宰是儿童"的思想融入自己的话语体系中,并做了充分阐释。他写道:"存在之天命置送,乃是一个游戏着的儿童,一个游戏着棋子的儿童。……存在之天命置送:一个游戏着的儿童。"②这里的一再重复,不只是主张,而且是咏叹、玩味、回味。海德格尔紧接着又写道:"因而也就有伟大的儿童们。那最伟大的、通过其游戏之柔和而呈现王者风范的儿童乃是那种游戏的秘密,人和人之一生正是被带到这种游戏中去了,人的本质就被放置在这种游戏上面了。"这是说儿童是伟大的,而且儿童是那游戏的秘密;人的本质、人的一生、人的全部生活都被天命置于儿童游戏上。"那个伟大的儿童,……为何游戏?儿童游戏,因为儿童游戏。/这个'因为'(Weil)沉没在游戏中。游戏没有'为何'。儿童游戏,因为/当着儿童游戏(Es speilt, dieweil es spielt)。始终只是游戏:最高的东西和最深的东西。/但这个'只是'乃是全部,是一,是唯一者。没有什么是没有根据的。存在与根据:同一者。作为建立着根据的东西,存在没有任何根据,存在作为'离开根据'而游戏着那种游戏,这种游戏作为天命置送向我们传递了(zuspielt)存在与根据。"③这是说,儿童即存在,儿童即根据,儿

---

① 尼采. 希腊悲剧时代的哲学[M]. 周国平, 译. 南京: 译林出版社, 2014: 76.
② 海德格尔. 根据律[M]. 张柯, 译. 北京: 商务印书馆, 2016: 243—244.
③ 海德格尔. 根据律[M]. 张柯, 译. 北京: 商务印书馆, 2016: 244.

童即天命,儿童向我们传递存在与根据。

"问题始终在于,倾听着这种游戏的诸定律的我们是否与之共同游戏,如何与之共同游戏,是否及如何使我们适合于这种游戏。"① 这是倡导,我们应当倾听和尊崇儿童,想方设法与儿童"共同游戏",想方设法使我们"适合于[儿童的]这种游戏"。

由此可见,"儿童"是所有存在者的主宰,是人文世界的主宰,而且是整个宇宙的主宰。这些结论本来出自赫拉克利特,又可以归结于赫拉克利特,归结于那句充满隐喻和启示的"神谕":"主宰是儿童。"

---

① 海德格尔. 根据律[M]. 张柯,译. 北京:商务印书馆,2016:244.

尾 声

开辟通往"伟大儿童"的道路①

> 问题始终在于,倾听着这种[儿童]游戏的诸定律的我们是否与之[儿童]共同游戏,如何与之共同游戏,是否及如何使我们适合于这种游戏。
>
> ——海德格尔:《根据律》

我的思考和写作主要是以中国问题为背景,以汉语学术资源为依托,但我又阅读了大量的中西方哲学史和相关思想史书籍,阅读了大量的自然科学总论、自然辩证法、自然哲学、生物进化论等方面的学术资料,试图让自己的研究建基于人类已有的智慧与方法之上。

---

① 商务印书馆2016年版海德格尔《根据律》系列讲座最后一讲倒数第六七自然节中,译者张柯将德译英文版中的"geat children""the greatest royal child""the great child""the great child of the world-play"相应译为"伟大的孩子们""呈现王者风范的孩子""那个伟大的孩子""世界游戏的伟大孩子"。这里参照英译本,将"孩子"改译为"儿童"。笔者认为,不宜将赫拉克利特、尼采、海德格尔笔下的"儿童"称为"孩子"。"儿童"在赫拉克利特、尼采、海德格尔的哲学体系中是重要的哲学概念,而"孩子"概念的外延过大,内涵过于模糊。严格说来,"儿童"与"孩子"是不可以互代互换的。

我在生活中遇到的问题，接触的观念，像浪潮一般推涌着我，我也随时对这些浪潮做出反应。例如，儿童在中国的教育中地位如何，在幼儿园和学校过得轻松愉快吗？等等。有些是赏心悦目的浪花，有些则是排山倒海的巨浪。我对童年研究的兴趣和动力在一定程度上就是对生活浪潮的应对。

我们都有童年，都曾是儿童。我作为儿童的切身体验以及作为儿童的生活遭遇，也在促使我研究儿童问题。

说到儿童的地位问题，我不由得想到婴儿、赤子、赤子之心（童心）在中国思想史中的重要地位。至少在被日本学者岛田虔次称誉为"中国近代思维的一个顶点"[①]的李贽童心主义思想那里，婴儿、赤子、赤子之心或童心是被视为全部文化世界的根系或源头的。收入本书的《童心哲学史论——古代中国人对儿童的发现》一文对婴儿、赤子（包括赤子之心、童心）等概念在中国思想史中的地位做过研究，此处不再赘述，而只对儿童在西方思想史中的地位进行探讨。此处谈儿童的地位问题，我选择从以下三个方面来展开：1. 儿童在教育学中的地位（夸美纽斯、卢梭）；2. 儿童在诗学中的地位（威廉·布莱克、华兹华斯、荷尔德林）；3. 儿童在哲学中的地位（赫拉克利特、尼采、海德格尔）。

一、现代教育学对儿童崇高地位的发现

现代教育学是怎样诞生的？从历史上来看，是由于对儿童的"发现"。新的儿童观导致新教育观的产生。儿童观一旦获得进步，

---

① 岛田虔次. 中国近代思维的挫折［M］. 甘万萍，译. 南京：江苏人民出版社，2008：112.

那么，相应地，教育观也会亦步亦趋取得进步。在辩证法意义上，对儿童的发现即现代教育学的诞生，儿童的秘密即教育的秘密。这也是现代教育学的秘密。

在新的儿童观诞生之际，或者在现代儿童观发展的源始阶段，从我所接触的材料来看，有两个人物做出了特别重要的贡献，那就是夸美纽斯（1592—1670）和卢梭（1712—1778）。当然，重要的人物不止他俩，但他俩是杰出的代表。

（一）夸美纽斯

夸美纽斯《大教学论》是以讨论"人"为起点的。《大教学论》第一章的标题是"人是造物中最崇高、最完善、最美好的"，即谈人的崇高地位。第五章的标题是"这三者（学问、德行与虔敬）的种子自然存在于我们身上"，他还用"灯（内心的灯）"的比喻，谈人的天赋是丰饶的、自足的、不假外求的。这都是继续阐发人的本性是"最崇高、最完善、最美好的"。顺便说一句，这往往让人联想到先秦孟子的四端说与赤子之心说。

我想让读者关注的是夸美纽斯的《母育学校》一书。在《大教学论》第二十八章《母育学校素描》中，有一段话表明在写作《大教学论》时夸美纽斯已经打算写作《母育学校》。夸美纽斯写道："应为做父母与做保姆的人写一部手册，把他们的责任用白纸黑字写出，放在跟前。这本手册应对儿童应学的各种学科加以简单的描述，应当指出教导每一种学科的最适当的时机和最易灌输它们的用词与姿态。这本书的名字叫作《母育学校指南》，还得待我来写。"[①]这本指南就是《母育学校》，不过它的正式出版早于《大教学论》。

---

① 夸美纽斯. 大教学论［M］. 傅任敢，译. 北京：教育科学出版社，1999：211.

值得特别注意的是，夸美纽斯在《母育学校》以"儿童的要求"为开端。《大教学论》的人学观已经很了不起，而《母育学校》开篇即谈儿童，谈儿童的需要，谈儿童的要求，这是其超越《大教学论》的地方。这意味着，相较于《大教学论》，《母育学校》所体现的教育学向前迈出了一大步。这也表明，谈论学前教育，会启示和激发教育思想家们关注儿童，并进行儿童研究，继而在此基础上研究教育，于是有儿童的教育学便自然而然地取代了无儿童的教育学。这也意味着，学前教育在整个教育体系中具有开端这一特殊地位，学前教育研究对于普通教育学研究具有重要的奠基和启示作用。

夸美纽斯《母育学校》是以儿童观为起点的。在第一章，夸美纽斯具体谈论儿童的地位，妙语连珠，表示出对儿童的无比尊重和珍视。例如，他认为儿童是"上帝的灵魂"，是"上帝的种子"[1]，"是上帝的生气勃勃的形象"[2]。这些观点将儿童在教育体系乃至宗教体系中的地位提升到至高无比的位置。夸美纽斯的这些观点，对于现代儿童观有重要影响。当然，本文后面的内容会表明，历史上不只是夸美纽斯将儿童抬高到如此高的位置。

另一位对现代儿童观的诞生有重要影响的人物是卢梭。

（二）卢梭

人们往往将"儿童的发现"与卢梭的《爱弥儿》联系在一起。我以为，卢梭对儿童的发现建基于他的以下观念："我们的才能和

---

[1] 夸美纽斯. 母育学校［M］// 夸美纽斯. 夸美纽斯教育论著选，任钟印，选编. 任宝祥，等，译. 北京：人民教育出版社，2005：12.

[2] 夸美纽斯. 母育学校［M］// 夸美纽斯. 夸美纽斯教育论著选，任钟印，选编. 任宝祥，等，译. 北京：人民教育出版社，2005：15.

器官的内在的发展,是自然(引者按:这里的"自然"其实是指人的天性)的教育","必须把三种教育配合一致,然而这一点是不由任何人决定的。我们殚思极虑所能做到的,只是或多或少地接近目标罢了;……是什么目标呢?它不是别的,它就是自然的目标"。①也就是说,卢梭认为"我们的才能和器官"是朝向"自然的目标"的内在发展,"自然的教育"是朝向"自然的目标"的。教育中人为的部分均应与"自然的教育"相一致,均应朝向"自然的目标"。

朝向自然目标的内在发展自有其规律与路径,它们属于"我们内在的自然"②。于是,卢梭"自然人"概念得以明晰起来,人"内在的自然"构成了"自然人"。以此为基础可以发现,朝向"自然的目标"的内在的发展的生命历程,就是童年。或者说,儿童的实质就是自然人,儿童是自然人的最好的代表。对"儿童的发现",其实质是对人自身自然的发现,是对自然人的发现。

卢梭认为教育应当遵循自然:"遵循自然,跟着它给你画出的道路前进。""这是自然的法则。你为什么要违反它呢?"③杜威恰如其分地将卢梭的这种教育信念表述为"教育即自然发展",更具体地说,"他[卢梭]的意思是,教育不是从外部强加给儿童和年轻人某些东西,而是天赋能力的生长"④。在卢梭教育学里,"遵循自然"即遵循儿童的自然发展或内在发展,这即是儿童中心教育学的滥觞。卢梭"遵循自然"的原则也是裴斯泰洛齐、福禄培尔、杜威、蒙台梭利等现代教育家共同秉持的教育原则。

---

① 卢梭. 爱弥儿[M]. 李平沤, 译. 北京: 商务印书馆, 1978: 7—8.
② 卢梭. 爱弥儿[M]. 李平沤, 译. 北京: 商务印书馆, 1978: 9.
③ 卢梭. 爱弥儿[M]. 李平沤, 译. 北京: 商务印书馆, 1978: 23.
④ 杜威. 明日之学校[M]. 赵祥麟等, 译. // 杜威. 学校与社会·明日之学校, 北京: 人民教育出版社, 1994: 221.

夸美纽斯和卢梭的儿童观在教育学史上具有重要意义。夸美纽斯将其教育学体系建基于他的儿童观，而他的儿童观是以基督教神学为背景的。当他告诉人们，儿童是"上帝的灵魂"，是"上帝的种子"，"是上帝的生气勃勃的形象"时，他其实将儿童的地位抬高到不只不容忽视，而且值得敬畏的地位。而卢梭的儿童观则是建基于文艺复兴以来的自然主义、人本主义、理性主义和浪漫主义，这种儿童观依然会前途无量，影响深远。

二、浪漫主义诗人对儿童／童年之"开端"与"源始"地位的唱颂

没有浪漫主义就没有"儿童的发现"。要谈儿童在诗学中的地位，无疑浪漫主义诗人那里拥有丰富的思想资源。我要谈三位浪漫主义诗人，即威廉·布莱克、华兹华斯以及荷尔德林。

威廉·布莱克与华兹华斯都是英国人，而荷尔德林是德国人。三位诗人处于同一时代。华兹华斯与荷尔德林都生于1770年，华兹华斯生于4月7日，荷尔德林生于3月20日，也就是说，荷尔德林比华兹华斯年长18天。他俩均比威廉·布莱克年轻13岁。

我们先谈两位英国诗人，再谈德国诗人。

（一）威廉·布莱克

威廉·布莱克的《天真与经验之歌》是由诗人先后创作的《天真之歌》和《经验之歌》两部诗集合并而成。《天真之歌》主要写天真，但也写经验；《经验之歌》主要写经验，但也写天真。布莱克试图以《天真之歌》唱颂儿童世界的天真与美好，以《经验之歌》揭露成人世界的苦涩、虚伪乃至污浊。《天真与经验之歌》是

对儿童世界的讴歌，是对成人社会的鞭挞，从而对儿童与成人的关系做了一次颠覆。

布莱克还写有题为《天真的预言》(Auguries of Innocence)的诗篇，是由类似格言警句的短诗汇聚而成，类似古希腊前苏格拉底时期的哲学家赫拉克利特的著作残篇，隐喻和象征遍布其间。其开篇第一首短诗非常著名，有各种汉译版本，这里直译如下：

> 一粒沙土里见世界
> 一朵野花中有天堂
> 你的手掌握无限
> 一片光阴即永远①

我以为，这是以儿童视角来写的，而且描绘的是儿童的游戏心态及其相应的世界观念。这不是布莱克的编造，而是他的发现——他是在真实表现儿童的视角、儿童的游戏、儿童的生活、儿童的世界。《天真的预言》也许是赫拉克利特残篇第五十二最好的释文之一。下面我们会谈到赫拉克利特残篇第五十二，此处只留作话头，暂不多言。

在《天真的预言》里，布莱克还写道：

> 谁蔑视婴儿的信念
> 谁就会被苍老与死亡蔑视
> 谁叫儿童疑惧不安

---

① 参见布莱克. 布莱克诗选 [M]. 张炽恒, 译. 上海: 上海社会科学院出版社, 2017: 192.

> 谁就会陷入烂坟永远受难
> 谁尊重婴儿的信念
> 谁就会战胜地狱永做活神仙①

这些诗句珍视婴儿的天赋（这与先秦《老子》"复归于婴儿"的思想有可比之处），并将对婴儿的推崇与今生来世的幸福绑定在一起。值得注意的是，布莱克显然还对那些蔑视婴儿的人下了诅咒，俨然成为捍卫婴儿地位的斗士。这种对婴儿的推崇，可视为华兹华斯长诗《颂诗》的萌芽。

（二）华兹华斯

华兹华斯在《彩虹》一诗中提出"儿童是成人之父"，将儿童视为成人生命的源头，将成人视为儿童生理官能和精神遗产的继承人。他认为成人一旦不再拥有幼年的心灵，将生不如死。这就意味着幼年是整个人生的根本，失去这一根本便失去人生的意义。这是继布莱克之后对儿童与成人关系的又一次突破。

在长诗《颂诗》中，华兹华斯认为儿童是"保全了异禀英才"的"卓越的哲人"，是"超凡的智者，有福的先知"。他面对儿童，热情讴歌："你是盲人中间的明眸慧眼"，"真理就在你心头栖止"，"孩子啊！如今你位于生命的高峰……"我曾就《颂诗》中的儿童哲学写有长文②，此处不再多赘。

在自传体长诗《序曲》中，华兹华斯认为幼童是"[上帝]伟

---

① 参见布莱克. 布莱克诗选 [M]. 张炽恒, 译. 上海：上海社会科学院出版社 2017：197.
② 刘晓东. 华兹华斯《颂诗：忆幼年而悟永生》的儿童哲学意蕴 [J]. 教育学报, 2015 (4).

大灵智的代理"①，人类的伟大是由童年这个基底托起的。

> 人类，你生命的荣耀来自何等
> 幽深的源头！这是个奥秘，我茫然
> 不解，只看见稚纯的童年如基底，
> 将你的伟大托起。但是我却能
> 感觉到，它源自你自身：你必须给出，
> 否则永不能收获。……②

童年是源头，是基底，将人类的伟大托起。这种伟大源于自身，不必他求。孟子云："反身而诚，乐莫大焉。"(《孟子·尽心上》)可见，在先秦时期，孟子也有类似认识。

（三）荷尔德林

1788年，荷尔德林进德国图宾根神学院读书，是谢林、黑格尔的同窗兼舍友。作为伟大的浪漫主义诗人，荷尔德林的诗被海德格尔视为哲学的模范文本。对荷尔德林诗歌的阐释，是海德格尔哲学研究的重要构成部分。海德格尔对荷尔德林的诗推崇有加，他写道："为了揭示诗的本质，为什么不选荷马或索福克勒斯，不选维吉尔或者但丁，不选莎士比亚或歌德呢？……我们还是选择了荷尔德林，而且只选择荷尔德林"，因为荷尔德林"乃是诗人的诗人"。③

---

① 华兹华斯. 序曲或一位诗人心灵的成长 [M]. 丁宏为, 译. 北京：北京大学出版社, 2017：44.
② 华兹华斯. 序曲或一位诗人心灵的成长 [M]. 丁宏为, 译. 北京：北京大学出版社, 2017：342. 这里的诗句亦可用以会通和阐释后世哲学家海德格尔的"Eregnis"这一概念。
③ 海德格尔. 荷尔德林诗的阐释 [M]. 孙周兴, 译. 北京：商务印书馆, 2016：35—36.

海德格尔之所以选择荷尔德林，我以为，还在于荷尔德林与海德格尔两人是同乡。两人都是故土的眷恋者、故乡的唱颂者，这会加深海德格尔对荷尔德林诗歌的理解与共鸣。

海德格尔认为："荷尔德林的诗乃是一种天命。这种天命期待着终有一死的人去响应它。"① 也就是说，荷尔德林通过诗"代天立言"，代"存在"而"道说"。海德格尔甚至认为："哲学的历史性使命的极致，乃在于认识到倾听荷尔德林诗句的必然性。"② 由此可见，荷尔德林的诗在海德格尔哲学中具有何等庄严与神圣的地位。

荷尔德林歌颂人的神性，歌颂开端、童年和故乡，歌颂神灵对童年和儿童成长的护佑。他对源头、开端的格外注重，给了海德格尔重要的启发。当然，我们也可以说，是海德格尔发现了荷尔德林的这一观念。例如，在《莱茵河》一诗中，荷尔德林写道：

> 纯然起源者是一个谜。即便
> 吟唱也无法将其揭示。因为
> 你如何开端，你就将如何保持。
> 任逆流如何凶险，
> 任教育改天换地，
> 最起作用的还是出身，
> 和照到新生儿的
> 那一缕光线。③

---

① 海德格尔. 荷尔德林诗的阐释[M]. 孙周兴, 译. 北京：商务印书馆, 2016：195.
② 海德格尔. 哲学论稿：从本有而来[M]. 孙周兴, 译. 北京：商务印书馆, 2016：499.
③ 通过比对手头各种版本，前三行采用的是张振华译文，见张振华. 荷尔德林的颂歌《日耳曼尼亚》与《莱茵河》[M]. 北京：商务印书馆, 2018：290. 后五行采用的是顾正祥译文，见荷尔德林. 荷尔德林诗新编[M]. 顾正祥, 译. 北京：商务印书馆, 2012：156.

"你如何开端,你就将如何保持。"海德格尔十分重视荷尔德林的这一诗句,这与海德格尔哲学重视源头、开端的思想有关。

《莱茵河》的这几行诗句又以儿童为喻,让我们得以看到荷尔德林是如何借助"儿童"概念来展开其诗与思的。

在《许佩里翁或希腊的隐士》中,荷尔德林借许佩里翁之口唱诵童年:

> 童年的宁静!天国的宁静!我多少次在爱的关照中静静伫立在你面前,欲思考你!但是我们只对失而复得的东西有概念;关于童年,关于纯洁,我们没有概念。
>
> 经历了所有心灵的磨难,所有的思索和斗争,而当我还是一个孩子,对周围的一切一无所知,和现在相比,当时我不是丰富吗?
>
> 是的!只要他没有浸染在人的变色龙般的颜色里,孩子就是一个神性的生灵。
>
> 他完全是他所是,因此才这样美。
>
> 法则和命运的强制碰不到他;自由唯独在孩子身上。
>
> ……宝藏在他身上;……他不朽,因为他对死亡一无所知。[①]

显然,这是唱诵童年的宁静、纯洁、丰富、神圣、自由和永生。"童年的宁静!天国的宁静!"这是将天国与童年世界之间做贯通,在童年和天国之间画上具有辩证法意义的等号。从中我们可以窥见荷尔德林心目中童年的分量与儿童的地位。

尽管荷尔德林早年丧父,童年不幸,但他依然认为自己是在神灵保佑下幸福成长的。在《当我还是年少时……》中,他写道:

---

① 荷尔德林. 荷尔德林文集[M]. 戴晖,译. 北京:商务印书馆,1999:9—10.

> 当我还是年少时，
> 　　有位神灵保佑我
> 幸免于世人的打骂，
> 　　当年我无忧无虑地
> 　　与小树林里的花儿玩，
> 　　天空中的微风
> 　　　　也跟我玩耍。
> ……
> 抚育我成长的是
> 小树林里的浅唱，
> ……
> 我在众神的怀里长大。①

在荷尔德林看来，"我"的童年受到神的护佑，"我在众神的怀里长大"。同时，那处于儿童时代的人又是"半神"，是永生的神人（这里的"神"作形容词用，指像神一样），正如《许佩里翁或希腊的隐士》所说的那样："法则和命运的强制碰不到他；自由唯独在孩子身上。""……宝藏在他身上；……他不朽，因为他对死亡一无所知。"②

荷尔德林也写有类似布莱克《天真与经验之歌》的诗篇。例如写于1788—1793年之间的《曾经和现在》："我童年那些快乐时光，/那些嬉戏和微笑的时光！"③ 他称童年是"过去的金色时光"，"现在[成年的]我孤单地游走在岸边，/啊，这颗心难道已失去魂

---

① 荷尔德林. 荷尔德林诗新编[M]. 顾正祥，译. 北京：商务印书馆，2012：26—28.
② 荷尔德林. 荷尔德林文集[M]. 戴晖，译. 北京：商务印书馆，1999：10.
③ 荷尔德林. 荷尔德林诗集[M]. 王佐良，译. 北京：人民文学出版社，2016：41.

灵？"① 这是将童年与成年做对比，唱颂童年的金色时光，揭示儿童长大成人后便失去童年的欢乐。大约作于1795年的《致大自然》，作于1799年的《许佩里翁的命运之歌》，也与布莱克的《天真与经验之歌》类似。

正因为童年是金色时光，所以诗人试图通过回归童年来养精蓄锐和疗治伤痛。"犹如辛勤的人在睡眠中蓄养精神，我饱经风霜的生命沉湎于无邪的往日的怀抱。"②诗人要在童年的怀抱中蓄养精神。

诗人写有多篇思念和唱颂故乡的诗歌。例如，1798年6—8月写有《故乡》。几年后他又扩写了《故乡》，后来又写有《回故乡》，1801年春天还写有《还乡》。诗人一再追问："你们珍贵的岸，曾把我抚育，/平复爱的创伤，你们能允诺/我，少年的树林，如果我/归来，那宁静还会再有吗？"故乡的"群山曾护佑我，故乡尊贵"，故乡的亲人，"你们的拥抱，/像绷带，抚平我新的创伤"。③

荷尔德林对故乡的思念与唱颂，其实是对童年的思念与唱颂。为什么这样说呢？故乡是童年得以自我展开的那片空间。那片空间曾拥抱儿童，装盛和托起童年的生活，那里的阳光、雨露、山川、土壤以及果实滋养童年的生命，那里的神话、传奇、故事、童话等是儿童的精神食粮……儿童是在故乡成长的，童年是在故乡展开的，故乡和童年是无法分离的。没有童年，何来故乡？没有故乡，童年何以安放？如果说童年是难忘的、神奇的、神圣的，那么也可以说，故乡是难忘的、神奇的、神圣的。反之亦然。

为什么说故乡是难忘的、神奇的、神圣的？因为"故乡恰恰就是切近本源的地方"，因为故乡"天生有着对于本源的忠诚"，"返

---

① 荷尔德林. 荷尔德林诗集［M］. 王佐良，译. 北京：人民文学出版社，2016：42.
② 荷尔德林. 荷尔德林文集［M］. 戴晖，译. 北京：商务印书馆，1999：9.
③ 荷尔德林. 荷尔德林诗集［M］. 王佐良，译. 北京：人民文学出版社，2016：312—313.

乡就是返回到本源近旁"。① 这是海德格尔对荷尔德林诗的阐释。这个本源就是 Ereignis（本有、自成）。② 存在者是自成的，是从本有而来的，因而寻找本源和开端，其意义便可想而知。对于人来说，尤其是对成人来说，对童年的追溯，便是通过追溯本源而从自己的根系汲取指令与给养。

海德格尔在阐释荷尔德林的诗句时，尽管没有谈及童年，但是，他所谓"切近本源"，不只是切近故乡，更是切近童年，切近人生的根本。荷尔德林对故乡、本源的唱颂与珍视，其实也是对童年的唱颂与珍视。

海德格尔认为"诗人的天职是返乡"③。他在谈荷尔德林以及荷尔德林诗歌时如是说。这不只是在说诗人的天职，而且也是在说哲学家的天职。海德格尔的整个哲学其实也是"返乡"的哲学。前面我们已经引述海德格尔的话："哲学的历史性使命的极致，乃在于认识到倾听荷尔德林诗句的必然性。"④ 也即是说，哲学家与诗人一样，其天职就是返乡。这就将儿童、童年的地位与本源、故乡等概念一道，放在了哲学研究的中心地带。关于这一点，后文还会论及。

荷尔德林的全部诗歌在海德格尔看来属于未来的哲学，但在我看来，也属于童年哲学、儿童哲学。

---

① 海德格尔. 荷尔德林诗的阐释 [M]. 孙周兴, 译. 北京：商务印书馆, 2016：22, 24.
② Ereignis 是海德格尔哲学的核心概念。对该词的中译达十几种。孙周兴对该词先后有不同译法，后译定为"本有"（参见海德格尔. 哲学论稿：从本有而来 [M]. 孙周兴, 译. 北京：商务印书馆, 2016）。丁耘将其译为"自成"（参见海德格尔. 现象学之基本问题 [M]. 丁耘, 译. 北京：商务印书馆, 2018）。
③ 海德格尔. 荷尔德林诗的阐释 [M]. 孙周兴, 译. 北京：商务印书馆, 2016：31.
④ 海德格尔. 哲学论稿：从本有而来 [M]. 孙周兴, 译. 北京：商务印书馆, 2016：499.

以上研究夸美纽斯、卢梭的儿童观，研究布莱克、华兹华斯的儿童观，研究荷尔德林的儿童观，介绍海德格尔对荷尔德林诗歌的发现，只是为了向读者传递我在其间所窥探的关于儿童的信息以及我从中接收到的关于儿童地位的启示。

三、赫拉克利特的"儿童统治"观念以及尼采、海德格尔的继承与发展

（一）赫拉克利特残篇第五十二：海德格尔的阐释

海德格尔在其"根据律"系列讲座中谈到"儿童"，而且是在最后一讲的结尾处谈到"儿童"。这其中定有奥妙。为什么这样说呢？其一，一篇论文、一部著作、一席演讲，结尾有特别的讲究。这就像渔夫经过一系列的劳作，收纲提网的时刻到了——这是一系列劳作的最终结果或最终收获，也是整个劳作的最终目的。如此说来，"根据律"系列讲座的最终目的指向"儿童"，系列讲座的结论也指向"儿童"。其二，在文章的构思与写作上，有所谓"凤头猪肚豹尾"[①]的说法。所谓"豹尾"，是说结尾处要响亮、有力度。海德格尔就是在"豹尾"处谈论儿童的，因此儿童可以视为"根据律"系列讲座的指归。这也有助于认识儿童在海德格尔哲学体系中的地位。

在讲座手稿的第一页上，海德格尔另有笔记，其中有这么一句："《根据律》这个讲座是一种尝试：去探讨入乎本有（Ereignis）

---

① 语出元代陶宗仪《南村辍耕录》："乔吉博学多能，以乐府称，尝云：'作乐府亦有法，曰凤头、猪肚、豹尾六字是也。'大致起要美丽，中要浩荡，结要响亮。"这是谈创作手法。

的存在。"①（引者按："存在"一词打了"×"号，这个"×"号有隐藏的意味。）这对于了解"根据律"系列讲座的初衷是一个指引，对于理解海德格尔何以在结尾处谈论儿童也是一个指引，那就是，海德格尔有意将儿童视为入乎本有的隐蔽着的存在。这对于认识儿童在海德格尔哲学体系中的地位具有重大意义。

"根据律"系列讲座是海德格尔于1955—1956年度冬季学期在弗莱堡大学举办的。海德格尔当时66周岁。《根据律》一书的中译者认为当时的海德格尔"达到了其思想道路上的一个新的巅峰阶段，其道说之从容与赋意之深刻，已融合到炉火纯青之境地，令人叹为观止"②。这就是说，"根据律"系列讲座属于海德格尔晚年的哲学定论之一。

在系列讲座的最后一讲即第十三讲的结尾处，海德格尔引用赫拉克利特残篇第五十二的一句话："时间是一个儿童，他游戏着，来来往往地摆置着棋子：儿童统治！"③

"时间是一个儿童"，或许有人会说，这是一个修辞，是说"时间是像一个儿童"。是，但不全是。这句话想表述的，不只是时间是像一个儿童，而且直指时间正是一个儿童。

从赫拉克利特的"时间是一个儿童"这句话，可以推论出："世界是一个儿童"或"宇宙是一个儿童"。我是这样考虑的：时间是一个儿童，而时间是世界或宇宙的一个维度；如果从时间维度看，世界或宇宙将自身展示为一个儿童，那么，我们可以判定，世

---

① 海德格尔. 根据律［M］, 张柯, 译. 北京：商务印书馆, 2016：276.
② 海德格尔. 根据律［M］, 张柯, 译. 北京：商务印书馆, 2016：279.
③ 海德格尔. 根据律［M］, 张柯, 译. 北京：商务印书馆, 2016：242. 此前较早的译文是："时间是一个玩骰子的儿童，儿童掌握着王权。"（北京大学哲学系外国哲学史教研室, 编译. 古希腊罗马哲学［M］. 北京：生活·读书·新知三联书店, 1957：23.）

界或宇宙便是儿童。为什么这么说呢？

我是从日常生活中来寻找这类判定依据的。当我们从东边向西看，发现他是儿童，那么，无论你从哪个方向看，他都是儿童。所以，从赫拉克利特"时间是一个儿童"，我们可以推导出"世界是一个儿童"或"宇宙是一个儿童"。

现在看来不必如此笨拙地推论了，因为在其鸿篇巨制《尼采》一书中，海德格尔引用了赫拉克利特残篇第五十二的希腊语原文并将其译为德文，这段德文的中译为：

"'世界（Aeon）是一个游戏的儿童，玩着棋子游戏；主宰是儿童'（亦即是存在者整体的主宰）。"①

这句译文之后的括注，是海德格尔用自己的哲学语言对赫拉克利特"主宰是儿童"这一命题的意译与诠释。紧随其后，海德格尔对赫拉克利特这句话中的希腊词语 αἰών（Aeon）做了简要的释义。他认为，这句话中通常被译为"时间"的希腊词语 αἰών"难以得到合乎事实的翻译"，"它指的是世界整体，但同时也指时间，并且通过时间与'生命'相关联，意指生命过程本身。人们习惯于对 αἰών 含义作如下规定：Aeon 指的是'宇宙'（Kosmos）的'时间'，亦即在物理学所测量的时间中运动的自然的'时间'。人们把这种时间与我们所'体验'的时间区分开来。不过，αἰών 一词所命名的东西却是与这种区分相抵触的。同样地，要是我们在宇宙学的意义上来设想 κόσμος［宇宙、世界］，我们对这个希腊词语的思考也过于贫乏了。"②

可见，赫拉克利特残篇第五十二被译为中文"时间"的那个词

---

① 海德格尔. 尼采[M]. 孙周兴, 译. 北京：商务印书馆, 2010: 350.
② 海德格尔. 尼采[M]. 孙周兴, 译. 北京：商务印书馆, 2010: 351.

αἰών，海德格尔将之译为 Aeon，但他自己又不满意。他认为赫拉克利特残篇第五十二暗示着："存在者整体是由无辜（Un-schuld）贯通和支配的。整体就是 αἰών［世界、时间、生命］。"①海德格尔试图将 αἰών 理解为"存在者整体"，也即将我们常言的宇宙人生包罗殆尽于 αἰών 一词。

可见，前此我从赫拉克利特残篇第五十二惯常的中译"时间是一个儿童"这句话，推导出"世界是一个儿童""宇宙是一个儿童"，是能说通的。

（二）尼采对赫拉克利特"世界是一个游戏的儿童"思想的继承

在其《尼采》一书中，海德格尔认为赫拉克利特残篇第五十二暗示着："存在者整体是由无辜（Un-schiuld）贯通和支配的。"海德格尔在此处谈论残篇第五十二是围绕尼采"同一者的永恒轮回"学说展开的，而"无辜"是尼采的重要概念之一。什么是无辜？尼采曾这样解释："倘若我们依然相信罪孽，那是一件可怕的事情；相反，无论我们做什么，如果我们无数次重复之，那它就会成为无辜的。"②海德格尔接着解释说："随着道德意义上的上帝的死去，罪孽和罪责也从存在者整体中消失了。"③这让我们不由得联想到荷尔德林也曾经认为儿童是纯洁的、无辜的，而布莱克的《天真之歌》对"天真"的唱颂不也是对"无辜"的唱颂吗？无辜、清白、天真，这几个词是近义词乃至同义词。

在其早期著作《希腊悲剧时代的哲学》中，尼采就曾礼赞与回应赫拉克利特的著作"残篇"。在赫拉克利特看来，世界是生成的。

---

① 海德格尔. 尼采［M］. 孙周兴，译. 北京：商务印书馆，2010：350.
② 转引自海德格尔. 尼采［M］. 孙周兴，译. 北京：商务印书馆，2010：349.
③ 海德格尔. 尼采［M］. 孙周兴，译. 北京：商务印书馆，2010：349.

尼采赞同这一观点，并受赫拉克利特"世界是一个游戏的儿童"的启发与触动写道："生成和消逝，建设和破坏，对之不可作任何道德评定，它们永远同样无罪，在这世界上仅仅属于艺术家和孩子的游戏。如同孩子和艺术家在游戏一样，永恒的活火也游戏着，建设着和破坏着，毫无罪恶感——万古岁月以这游戏自娱。"① 这里涉及"无罪"（无辜）、儿童、艺术家（像儿童那样的成人）和游戏等重要概念。稍后，尼采又写道："对他［赫拉克利特］来说，世界是亘古岁月的美丽而无辜的游戏，这已经足够了。"②

尼采将赫拉克利特残篇第五十二做了如下会通、变通、推论："世界是宙斯的游戏，或者，用更接近物理学的方式表述，是火的自我游戏……"③ "它［火］把自己转化成水和土，就像一个孩子在海边堆积沙堆又毁坏沙堆。它不断重新开始这游戏。它暂时满足了，然后需要又重新抓住了它，就像创作的需要驱动着艺术家一样。不是犯罪的诱力，而是不断重新苏醒的游戏冲动，召唤另外的世界进入了生活。孩子一时摔开玩具，但很快又无忧无虑地玩了起来。而只要他在建设，他就按照内在秩序合乎规律地进行编结、连接和塑造。"④ 在尼采看来，宇宙的运行如同一个儿童在做游戏，这是对赫拉克利特"世界是一个游戏的儿童"的哲学呼应。尼采又说："当他［赫拉克利特］观看顽童们游戏时，他所想的也绝非别人在这种场合所想的。他所想的是宇宙大顽童的游戏。"⑤ 可见，尼采将世界、宇宙、宙斯、儿童和游戏视为具有家族

---

① 尼采. 希腊悲剧时代的哲学［M］. 周国平，译. 南京：译林出版社，2014：79—80.
② 尼采. 希腊悲剧时代的哲学［M］. 周国平，译. 南京：译林出版社，2014：81.
③ 尼采. 希腊悲剧时代的哲学［M］. 周国平，译. 南京：译林出版社，2014：76.
④ 尼采. 希腊悲剧时代的哲学［M］. 周国平，译. 南京：译林出版社，2014：80.
⑤ 尼采. 希腊悲剧时代的哲学［M］. 周国平，译. 南京：译林出版社，2014：84—85.

相似性的概念。

尼采对赫拉克利特的哲学给出高度评价:"他所看到的东西,关于生成中的规律和必然中的游戏的学说,从今以后必将被永远地看到。他揭开了这部最伟大的戏剧的帷幕。"① 尼采"同一者的永恒轮回学说",以及海德格尔对赫拉克利特残篇第五十二的阐释与光大,是赫拉克利特在我们这个时代依然发挥重大影响的例证。

尼采对赫拉克利特残篇第五十二最伟大的回应是:精神的三种变形,即精神变为骆驼,骆驼变为狮子,狮子变为儿童。"请告诉我,儿童能做什么呢?他能做狮子无能为力的事吗?为何猛狮还要变成儿童呢?"尼采自问自答:"儿童清白无辜、健忘,是一个新的开始、一种游戏、一个自转的轮子、一种初始的运动、一种神圣的肯定。"② 尼采将儿童视为永恒轮回的轴心。显然,这是与赫拉克利特"主宰是儿童"(或"儿童统治")的思想是一致的。

海德格尔将同一者的永恒轮回学说视为尼采哲学的内核。他评价道:"最近有人企图让我们相信,尼采的轮回学说后来被他的强力意志的学说替代和消除了。与这种看法相对立,我们要指出和证明的是:强力意志学说首先无非是从轮回学说中产生出来的,而且始终携带着这个来源,就像河流总是携带着它的源泉。"③ 海德格尔对尼采轮回学说在尼采哲学中的地位的评价,无意中进一步确认了儿童这一概念在尼采哲学中的核心地位。何以见得?因为在尼采看来,儿童是永恒轮回的轴心。

尼采感到自己思想上与赫拉克利特有某种特别的亲缘关系,

---

① 尼采. 希腊悲剧时代的哲学 [M]. 周国平, 译. 南京: 译林出版社, 2014: 85.
② 尼采. 查拉图斯特拉如是说 [M]. 黄明嘉, 译. 桂林: 漓江出版社, 2000: 20. 为了更准确体现尼采本意,引者将此处中译的"孩子"修订为"儿童"。下同。
③ 海德格尔. 尼采 [M]. 孙周兴, 译. 北京: 商务印书馆, 2010: 356.

人们也援引尼采自己的一些说法，把他的哲学称为"赫拉克利特主义"。① 可见，尼采与赫拉克利特之间是存在极其密切的传承关系的。

（三）海德格尔对赫拉克利特"主宰是儿童"思想的光大

海德格尔与赫拉克利特也有传承关系。值得注意的是，海德格尔将赫拉克利特残篇第五十二中的"主宰是儿童"，阐释为"亦即是存在者整体的主宰"，又说"这话暗示着：存在者整体是由无辜（Un-schiuld）贯通和支配的"。这是海德格尔将赫拉克利特残篇第五十二置于自己的哲学体系所给出的解释，亦可视为海德格尔自己的思想。也就是说，我们可以将"世界是一个游戏的儿童，玩着棋子游戏；主宰是儿童"，儿童"是存在者整体的主宰"，视为海德格尔自己的思想。

儿童"是存在者整体的主宰"，海德格尔的这一思想值得特别关注。早在系列讲座"根据律"的第一讲，当然也是整个系列讲座的开篇，海德格尔开门见山便指出："没有什么是没有根据的"，这即是根据律。② 而到系列讲座最后一讲，海德格尔又提到系列讲座的这一开端："在思想之历史中，某种自明的东西已经准备好了，这就是我们在讲座第一课的开端处就提到过的：每一个存在者都有一个根据。"③ 海德格尔一方面认为儿童"是存在者整体的主宰"，另一方面又认为"每一个存在者都有一个根据"，那么，我们就可以推论：儿童，作为存在者整体的主宰，是每一个存在者的根据，并且/或者是每个存在着的主宰。这即是"主宰是儿童"

---

① 海德格尔. 尼采 [M]. 孙周兴，译. 北京：商务印书馆，2010：427.
② 海德格尔. 根据律 [M]. 张柯，译. 北京：商务印书馆，2016：5.
③ 海德格尔. 根据律 [M]. 张柯，译. 北京：商务印书馆，2016：232.

或"儿童统治"的深刻意蕴。到了系列讲座最后一讲，海德格尔终于请"儿童"出场现身。于是，"伟大的儿童们""呈现王者风范的儿童"携带"秘密"君临天下！海德格尔的全部哲学体系开始聚焦于儿童身上！时代精神通过海德格尔哲学将自己的光辉聚焦于儿童身上！

为什么这样说呢？请看海德格尔"根据律"系列讲座最后一讲的结尾部分：

> 存在之天命置送，乃是一个游戏着的儿童，一个游戏着棋子的儿童。属于儿童的是那个王国——亦即 ἀρχή[1]，那创建着的、掌管着的奠基活动，对存在者的存在（das Sein dem Seienden）[2]。存在之天命置送：一个游戏着的儿童。
>
> 因而也就有伟大的儿童们。那最伟大的、通过其游戏之柔和而呈现王者风范的儿童乃是那种游戏的秘密，人和人之一生正是被带到这种游戏中去了，人的本质就被放置在这种游戏上面了。
>
> 那个伟大的儿童，赫拉克利特在 αἰών[3] 中所发现的世界游戏的伟大儿童，为何游戏？儿童游戏，因为儿童游戏。
>
> 这个"因为"（Weil）沉没在游戏中。游戏没有"为何"。儿童游戏，因为/当着儿童游戏（Es speilt, dieweil es spielt）。始终

---

[1] 张柯译注：在古希腊语中，ἀρχή 有双重含义，即"本原，起源"与"统治"，这两层意思尽管最初在日常用语中没有得到统一，但却在思想家的思想（从阿那克西曼德开始）中被融贯起来。

[2] 张柯译注：作者在此把"存在者"用为第三格，把"存在"用为造化活动意义上的使动动词。

[3] 这一希腊语词本意是：不可测量的长久时期，永恒，永世。赫拉克利特将作为存在与根据之同一者而向他道说的东西命名为 αἰών。海德格尔说："这个词很难翻译。人们通常译为：'Weltzeit'［世代］。"通过 αἰών 等名称中所道说的东西，"我们可以听到那种未被道说的东西，我们把这种东西命名为存在之天命置送（das Seinsgeschick）"。

只是游戏:最高的东西和最深的东西。①

但这个"只是"乃是全部,是一,是唯一者。

没有什么是没有根据的。存在与根据:同一者。作为建立着根据的东西,存在没有任何根据,存在作为"离开根据"而游戏着那种游戏,这种游戏作为天命置送向我们传递了(zuspielt)存在与根据。

问题始终在于,倾听着这种游戏的诸定律的我们是否与之共同游戏,如何与之共同游戏,是否及如何使我们适合于这种游戏。②

至此,海德格尔系列讲座"根据律"的最后一讲戛然而止,当然整个系列讲座也以此内容作为总结和终结。这就是系列讲座"根据律"的"豹尾",不只是海德格尔"根据律"思想体系的"豹尾",还是海德格尔整个哲学体系的"豹尾"。这是特别有力、特别响亮的呼唤,等待我们侧耳聆听;不只是要侧耳聆听,而且要用心聆听;不只是向外聆听,更重要的是向内聆听——聆听"存在"的"道说":

问题始终在于,倾听着这种游戏的诸定律的我们是否与之共同游戏,如何与之共同游戏,是否及如何使我们适合于这种游戏。

---

① 张柯译注:这句话的意思是,游戏乃最高的东西和最深的东西。事实上,本文语境中的"游戏"乃是那个贯彻和支配了作者一生思路的基础问题:存在与人之关联(Bezug)。
② 海德格尔. 根据律[M]. 张柯,译. 北京:商务印书馆,2016:243—244.

这最后一讲之最后的内容向我们表明，海德格尔将儿童、儿童游戏摆在了其整个哲学体系的最后位置。他的"Ereignis"其实就是游戏的儿童——那个存在者整体的主宰。倾听存在之音，其实就是倾听那游戏的儿童。

按照《根据律》中的思想，宇宙人生都应当遵循根据律，关于宇宙人生的整个哲学都应当遵守根据律。这就意味着，出现在最后位置的儿童，其实也就居于最高位置。这是其中的一个方面，还有另一方面。前面说过，海德格尔十分重视荷尔德林"你如何开端，／你就将如何保持"这一诗句，海德格尔借此表达自己对"源始"和"开端"的重视。如此看来，出现在最后位置的儿童，必然又是出现在开端位置的；出现在最后位置的儿童，又必然是宇宙人生的开端与根据，必然是关于宇宙人生的整个哲学体系的开端与根据。这本身就是海德格尔"Ereignis"的微言大义。以上两个方面不都在体现"主宰是儿童"或"儿童统治"这一古老命题吗？

在系列讲座"根据律"最后一讲的结尾处，海德格尔以下这几个具体观点值得特别关注：

1. 存在之本质"乃是一个游戏着的儿童，一个游戏着棋戏的儿童"。游戏着的儿童掌握存在所造化的那个王国，那个王国属于儿童。这谈的是儿童与世界或宇宙的关系。

2. 儿童是伟大的；儿童的游戏的秘密是伟大的儿童，伟大的儿童是游戏的秘密；人和人的一生都处于这种游戏中，人的本质就是儿童的游戏，儿童的游戏就是人的本质。这谈的是儿童与成人的关系，谈的是儿童与人生的关系。

3. "没有什么是没有根据的"，这就是根据律。这一根据律又可表述为："存在与根据：同一者。"即存在 = 根据。"作为建立着根据的东西，存在没有任何根据，存在作为'离开根据'而游戏着那种游戏，这种游戏作为天命置送向我们传递了（zuspielt）存在与根据。"① 如果说没有任何根据的存在有其自身的根据的话，那么这种根据便是儿童们的游戏作为天命置送所传递的。存在便是这种儿童游戏。这进一步说明："始终只是游戏：最高的东西和最深的东西。"

4. "儿童游戏，因为儿童游戏。""始终只是游戏：最高的东西和最深的东西。""'只是'是全部，是一，是唯一者。"这就意味着：儿童游戏即存在、根据、本有，存在、根据、本有即儿童游戏。海德格尔将赫拉克利特残篇第五十二中的"主宰是儿童"，阐释为"亦即是存在者整体的主宰"。这就将儿童游戏视为存在者整体的总根源，即儿童游戏是存在者整体的本有与自成、自因与自然的根源与根据，也即存在＝根据＝儿童游戏。

5. "始终只是游戏：最高的东西和最深的东西。"这也是说，整个世界自始至终只是儿童的游戏，因此，"主宰是儿童"，这是"最高的东西和最深的东西"。

6. 这个系列讲座结尾的最后一节，落实到存在者何以自存、人如何生活的问题上。"问题始终在于，倾听着这种游戏的诸定律的我们是否与之共同游戏，如何与之共同游戏，是否及如何使我们适合于这种游戏。"这是要求我们倾听游戏，应和游戏的召唤，与儿童共同游戏，不断调整自己以便适合于儿童的游戏。之所以去应和儿童游戏，是因为"主宰是儿童"，"儿童"是根据。

作为鼓吹从本有而来、推崇自然自成的哲学家，海德格尔将"根据律"与赫拉克利特残篇第五十二对接，自然而然会主张，存

---

① 海德格尔. 根据律［M］. 张柯，译. 北京：商务印书馆，2016：243—244.

在者整体应随儿童的游戏而游戏。由此亦可推论，根据那本有自成、注重开端的哲学，从赫拉克利特经尼采再到海德格尔，哲学的未来路向是朝向儿童游戏的，是朝向儿童的；哲学的未来展开是童心主义或儿童主义的展开。

"童年是存在的深井。"[①]儿童在存在哲学中具有根源、根据的地位。因此海德格尔将其"根据律"系列讲座归结于斯："主宰是儿童"（"儿童统治"）以及应和儿童的游戏。

但是，海德格尔在讲座手稿的第一页中，却留有这样一则笔记：

<u>不誊写下来</u>！！

《根据律》这个讲座是一种尝试：去探讨入乎本有（Ereignis）的~~存在~~。

这种探讨建造了一条穿越诸关系（诸研究）之地方的道路。[②]

一旦此定律的声调变化了，~~存在~~就变得可发见了。建基活动（让前存—采集着的放置）作为"~~存在~~"之特性。[③]

"<u>不誊写下来</u>！！"表明这几句话是海德格尔内心的嘀咕，他不愿意让读者看到这些内心独白。豫兮？犹兮？他在犹豫什么呢？"古之善为道者，微妙玄通，深不可识。夫唯不可识，故强为之容：豫兮若冬涉川，犹兮若畏四邻，……保此道者，不欲盈。夫唯不盈，故能弊不新成。"（《老子》第十五章）《老子》中的这些话莫非可以解释海德格尔之要求"<u>不誊写下来</u>"？ Ereignis 一定是玄妙

---

① 加斯东·巴什拉. 梦想的诗学［M］. 刘自强，译. 北京：三联书店，1996：144.
② 张柯译注：这里译为"地方"的德语词 Ortschaft 也可考虑译为"位置性"或"位置整体"。
③ 海德格尔. 根据律［M］，张柯，译. 北京：商务印书馆，2016：276—277.

的，而"根据律"系列讲座便是尝试"去探讨入乎本有（Ereignis）的存在"，在这种尝试里，海德格尔修造通往"伟大的儿童们"的道路。不要忘记，海德格尔将赫拉克利特残篇第五十二中的"主宰是儿童"，阐释为"亦即是存在者整体的主宰"。

"不誊写下来！！"表明海德格尔意识到这个问题过于微妙，以至于"豫兮若冬涉川，犹兮若畏四邻"。这是对"不誊写下来"这句话勉为其难所做的一点点精神分析。

面对"主宰是儿童"这样的命题，我们不禁要问：所谓Ereignis是什么？这个"儿童"是谁？是我们身边的儿童？还是以我们身边的儿童为修辞来喻指那微妙玄通"入乎本有（Ereignis）的存在"？海德格尔不是给出答案了吗？但他出于何种考虑来指令不许印出这些话呢？是对发现儿童游戏不自信吗？对于将存在哲学对接儿童游戏的哲学，是略感突兀，还是另有纠结？

从海德格尔"根据律"系列讲座此前的哲学文本看，海德格尔一直试图探讨这个问题，但他发现，这个问题太过艰难。1951—1952年度冬季学期，海德格尔在弗莱堡大学举办了题为"什么叫思想"的系列讲座。在该系列讲座的最后一讲（第十讲），海德格尔主要围绕尼采哲学尤其是尼采的相同者的永恒轮回学说展开论说。他说："存在与人之本质的关联，作为人之本质与存在的关系，就其本质和本质来源来看都是尚未得到思考的。因此，对于这一切，我们也还不能充分地和适恰地加以命名。"他又说："很可能在即将到来的时代里，……不断转动的相同者之轮回将显露出来。"他以这样一句话作为系列讲座最后一讲的收尾："存在者之存在乃是最闪耀明亮者；然则我们通常竟看不到它——若能看到，也只是艰难之举。"海德格尔对此处的文字加了边注："而且根本上：存在之为存在。"① 四年之后，海德格尔在"根据律"系列讲座的最后一讲尝试回答了这个难题。或许太过艰难，于是他写道："《根据律》这个讲座是一种尝试：去探讨人乎本有（Ereignis）的存在。"或许他的解答只是一个尝试，所以他才指令："不誊写下来！！"他不打算将其内心的纠结大白于天下。

无论如何，赫拉克利特、尼采、海德格尔已经十分明确地将"儿童"作为宇宙人生的主宰或永恒轮回的轴心。这表明，赫拉克利特、尼采、海德格尔的哲学与童年哲学（儿童哲学）有一种亲缘关系。童年哲学（儿童哲学）研究有助于更深刻地把握宇宙人生的主宰，而直指"主宰是儿童"的哲学不只是凸显了儿童的地位，而且显然可以用以凸显童年哲学（儿童哲学）的学科价值。目前，童年哲学（儿童哲学）作为学科还处于初创阶段，其走向成熟还有很长的哲学之路要开辟。对儿童，对儿童游戏，我们迄今依然所知有限，依然需要继续架桥铺路。这是未来哲学的艰巨任务，也正因为如此，未来哲学在一定意义上是童年哲学（儿童哲学），是童心主义的或儿童主义的。

我以前曾经主张，儿童本位不只是现代教育的原则，而且还是社会、文化、政治、伦理建设的基本原则。当遭遇赫拉克利特、尼采与海德格尔，我们得以发现："[世界的]主宰是儿童"，儿童"是存在者整体的主宰"。我们与如此伟大的思想蓦然邂逅，可谓深受震撼！既然"[世界的]主宰是儿童"，儿童"是存在者整体的主宰"，那么，儿童本位便是宇宙的基本法则，便是宇宙人生最大的自然法。这足以进一步铁板钉钉般地表明：教育应以儿童为本，社会、文化、政治、伦理均应以儿童为本。

让我们调适教育、社会、文化，使之适合于儿童。当然，这

---

① 海德格尔. 什么叫思想[M]. 孙周兴，译. 北京：商务印书馆，2017：121，125.

样做的前提是我们调适自我,使我们成人自己适合于儿童。其实,每个成人都曾经是儿童,先秦时期的中国思想家号召"复归于婴儿""不失其赤子之心",其深义不就是永葆赤子本色吗?王阳明《咏良知四首示诸生》的第一首有诗句"个个人心有仲尼",第三首有诗句"人人自有定盘针,万化根源总在心",可知王阳明将赤子之心视为导师("仲尼")和指针("定盘针")。中国的童心主义与赫拉克利特的"主宰是儿童"、尼采的儿童是同一者永恒轮回轴心的思想、海德格尔的儿童"是存在者整体的主宰"以及"存在＝根据＝儿童游戏"的思想等,可以相互会通,能够相互支援。

在对"伟大儿童"的认识方面,我们可以发现中西思想家们遥相呼应:让我们倾听儿童,应和儿童,跟从儿童,与儿童共游戏。

在本书《向童年致敬》一文的第四部分,我将孩提之心视为人类文明的原点和故乡,指出中国的儒道释三家都有这种思想倾向。此外还可说,儿童是人类文明这艘巨轮的舵手,是人类社会未来航程的领航员。

结　语

作为牧师和教师的夸美纽斯认为儿童是"上帝的灵魂",是"上帝的种子",是"上帝的生气勃勃的形象",儿童的地位不可谓不崇高。这是无意间对前苏格拉底哲学家赫拉克利特残篇第五十二的隔空回应。而卢梭认为,"我们的才能和器官"是朝向"自然的目标"的内在发展;朝向自然目标的内在发展自有其规律与路径,它们亦属于"我们内在的自然"。卢梭实际上将儿童视为自然人,并将儿童之内在发展的自然进程和自然目标,作为人的教育不可人为移易的天命或绝对命令,从而开出教育学之儿童中心主义的现代立场与现代观念。

浪漫主义诗人将儿童视为"成人之父",认为童年具有开端与源始的意义,为存在主义思想做了奠基。尼采的相同者的永恒轮回学说则将儿童视为永恒轮回的轴心,从而上与赫拉克利特残篇第五十二、下与海德格尔 Ereignis 相呼应。海德格尔则将尼采的永恒轮回学说视为尼采哲学的核心,进一步确认了儿童在尼采哲学中的核心地位。

海德格尔在《根据律》中将赫拉克利特残篇第五十二祭出,指出儿童是伟大的王者,是一切存在者的存在根据,号召倾听与应和儿童,从而与儿童共同游戏,这就将存在主义哲学化身为充满隐喻与象征的童年哲学,无形中道出儿童的地位和童年哲学(儿童哲学)的地位。

赫拉克利特、尼采与海德格尔的哲学,以及浪漫主义诗人对儿童的讴歌,是对夸美纽斯与卢梭儿童观的支援,是对尊重儿童地位的现代教育与现代教育学的支援。海德格尔等人主张倾听儿童,倾听儿童所体现的"存在"的"道说",亦可与夸美纽斯的师法自然以及卢梭的自然教育论相呼应、相会通。存在主义哲学、浪漫主义诗学以及现代教育学不约而同将儿童置于崇高的中心位置,这对于教育场景、教育过程中儿童地位的高扬,对于高举儿童本位的旗帜进行教育改革和教育学建设,都具有极其重要的意义。

"问题始终在于,倾听着这种游戏的诸定律的我们是否与之共同游戏,如何与之共同游戏,是否及如何使我们适合于这种游戏。"海德格尔在其"根据律"系列讲座最后一讲的最后一句话,前面已经反复引述,它给出的重要启示是,开辟通往"伟大的儿童们"的道路,有可能是未来哲学应当重视的"最高的东西和最深的东西"。

从西方童年哲学到中国童心主义,在此基础上使二者相互阐释,相互会通,相互补充,相互支援,相互提升,是我个人所走的思想之路。继续开辟通往"伟大儿童"的道路乃我辈之"天命",也是赤子童心的自我寻求、自我发现和自我确证。

参考文献

一、外文文献

Blake, W.. Auguries of Innocence[EB/OL]. [2018-12-02]. https://www.poetryfoundation.org/poems/43650/auguries-of-innocence.

Bogin, B.. Evolutionary Hypotheses for Human Childhood[J]. Yearbook of Physical Anthropology, 40(1997).

Charlton, B. G.. The Rise of the Boy-Genius: Psychological Neoteny, Science and Modern life[J]. Medical Hypotheses. Volume 67, Issue 4, 2006.

Chomsky, N.. Reflections on Language[M]. New York: Pantheon Books, A Division of Random House, 1975.

Chomsky, N.. Knowledge of Language: Its Nature, Origin, and Use[M]. 北京：外语教学与研究出版社, 2002.

Coleridge, Samuel Taylor. Biographia Literaria II[M]. London: Rest Renner, 1817.

Elkind, D.. The Hurried Child: Growing Up Too Fast Too Soon[M]. Mass: Addison-Wesley Pub. Co., 1981.

Emerson, R. W.. Essays & Lectures[M]. New York: Viking Press, 1983.

Frobel, F.. Pedogogics of the Kindergarten[M], trans. Josephine Jarvis, D. Appleton and Company, 1895.

Gould, S. J.. Ontogeny and Phylogeny[M]. Cambridge: MA, USA: Harvard University Press, 1977.

Gould, S. J.. The Mismeasure of Man[M]. New York: Norton, 1981.

Harper, G.. William Wordsworth II[M]. New York: Charles Scribner's Sons, 1916.

Heidegger, M.. Existence and Being[M]. Chicago: Vision Press Lit., 1967.

Heidegger, M.. Poetry, Language, Thought[M]. New York: Harper & Row Publishers, Inco., 1971.

Heidegger, M.. The Principle of Reason[M]. tr. Reginald Lilly. Bloomington: Indiana University Press, 1991.

Henke, W.. Handbook of Paleoanthropology: Volume 1[M]. NY: Springer Books, 2007.

Lehman, A.. Evolution, Autism and Social Change[M]. neoteny. org. 2010.

Matthews, G. B.. The Philosophy of Childhood[DB/OL]. The Stanford Encyclopedia of Philosophy(Spring 2015 Edition), Edward N. Zalta(ed.), URL = <http: //plato. stanford. edu/archives/spr2015/entries/childhood/>.

Matthews, G. B.. The Philosophy of Childhood[M]. Cambridge, Mass. : Harvard University Press, 1994.

Mill, John Stuart. Autobiography, Essay on Liberty[M]. New York, P. F. Collier & son, 1909.

Montagu, A.. Growing Young[M]. New York: Bergin & Garvey Publishers, 1989.

Obituary: Gareth Matthews, Professor Emeritus of Philosophy[EB/OL]. (2011-04-25). [2015-05-31]. http: //www. umass. edu/newsoffice/article/obituary-gareth-matthews-professor-emeritus-philosophy.

Piaget, J.. Children's Philosophies[J]. in A Handbook of Child Psychology, ed. Carl Murchison, 2nd ed. rev. Worcester, Mass: Clark University Press, 1933.

Pritchard, M.. Philosophy for Children[G]. First published Thu May 2, 2002; substantive revision Tue May 30, 2006. http: //plato. stanford. edu/enies/children/.

Rantala, M. J.. The Evolution of Nakedness in Homo Sapiens[J]. Journal of Zoology.

2007.

Ross, D., Hall, G. S.. The Psychologist as Prophet[M]. Chicago: University of Chicago press, 1972.

Turner, S. M. and Matthews, G. B. eds. The Philosopher's Child: Critical Essays in the Western Tradition[M]. Rochester, N. Y. : University of Rochester Press, 1998.

Woof, Robert. William Wordsworth: The Critical Heritage Vol I[M]. New York: Routledge, 2001.

Wordsworth, W.. My Heart Leaps Up When I Behold[EB/OL]. English Poetry II: From Collins to Fitzgerald. The Harvard Classics. 1909–14. http: //www. bartleby. com/106/286. html.

Wordsworth, William. Ode: Intimations of Immortality from Recollections of Early Childhood, Arthur Quiller-Couch, ed. 1919. The Oxford Book of English Verse: 1250–1900. http: //www. bartleby. com/101/536. html.

Wright, E. H.. The Meaning of Rousseau[M]. London: Oxford University Press, 1929.

Young, J. Z.. The Life of Mammals[M]. Oxford. 1957; 2nd ed 1975.

Young-Bruehl, E. Childism: Confronting Prejudice against Children[M]. New Haven, CT and London, England: Yale University Press, 2012.

河原和枝. 童心の時代——大正期「童心主義」をめぐって, ソシオロジ/36 巻(1991-1992)3 号[EB/OL]. [2018-03-07]. https: //www. jstage. jst. go. jp/article/soshioroji/36/3/36_53/_article/-char/ja/.

二、中文文献

卡洛琳·爱德华兹, 莱拉·甘第尼, 乔治·福尔曼. 儿童的一百种语言［M］. 罗雅芬, 等, 译. 台北: 心理出版社, 2000.

洛利斯·马拉古兹等. 孩子的一百种语言［M］. 张军红, 陈素月, 叶秀香, 译. 台北: 光佑文化事业股份有限公司, 1998.

玛丽亚·蒙台梭利. 教育与和平［M］. 庄建宜, 译. 台北: 及幼文化出版股份有限公司, 2000.

里塔·克雷默. 玛丽亚·蒙台梭利: 第三部蒙台梭利教学法与运动［M］. 魏宝贝, 译. 台北: 及幼文化出版股份有限公司, 1998.

阿利埃斯. 儿童的世纪: 旧制度下的儿童和家庭生活［M］. 北京: 北京大学出版社, 2013.

爱因斯坦. 爱因斯坦文集: 第一卷［M］. 许良英, 范岱年, 编译. 北京: 商务印书馆, 1976.

巴利诺. 巴什拉传［M］. 顾嘉琛, 杜小真, 译. 上海: 东方出版中心, 2000.

巴什拉. 梦想的诗学［M］. 刘自强, 译. 北京: 生活·读书·新知三联书店, 1996.

班马. 方卫平与中国儿童文学理论重镇的营造［J］. 文艺争鸣, 2012 (10).

班马. 前艺术思想［M］. 福州: 福建少年儿童出版社, 1996.

班马. 游戏精神与文化基因［M］. 兰州: 甘肃少年儿童出版社, 1994.

北京大学哲学系外国哲学史教研室, 编译. 古希腊罗马哲学［M］. 北京: 生活·读书·新知三联书店, 1957.

波德莱尔. 我心赤裸: 波德莱尔散文随笔集［M］. 肖聿, 译. 北京: 中国广播电视出版社, 2000.

布莱克. 布莱克诗选［M］. 张炽恒, 译. 上海: 上海社会科学院出版社 2017.

布莱克. 天真与经验之歌［M］. 杨苡, 译. 南京: 译林出版社, 2012.

蔡元培. 就任北京大学校长之演说［G］. 蔡元培全集: 第三卷. 北京: 中华书局, 1984.

蔡元培. 全国临时教育会议开会词［G］// 蔡元培教育文选. 高叔平, 编. 北京: 人民教育出版社, 1980.

蔡元培. 新教育与旧教育的歧点［G］// 蔡元培教育文选. 高叔平, 编. 北京: 人民教育出版社, 1980.

陈智勇, 郭雅莹. "他是东亚最具代表性的自由思想家"［N］. 泉州晚报 2014-10-10.

岛田虔次. 中国思想史研究［M］. 邓红, 译. 上海: 上海古籍出版社, 2009.

岛田虔次. 中国近代思维的挫折［M］. 甘万萍，译. 南京：江苏人民出版社，2008.

丁汉波，等，主编. 发育生物学［M］. 北京：高等教育出版社，1987.

杜威. 学校与社会·明日之学校［M］. 赵祥麟，等，译. 北京：人民教育出版社，1994.

方卫平. 方卫平儿童文学理论文集：卷二［M］. 济南：明天出版社，2006.

方卫平. 童年：儿童文学理论的逻辑起点［J］. 浙江师范大学学报（社会科学版），1990（2）.

丰子恺. 丰子恺文集2：艺术卷二［M］. 杭州：浙江文艺出版社，1990.

丰子恺. 丰子恺文集4：艺术卷四［M］. 杭州：浙江文艺出版社，1990.

丰子恺. 丰子恺文集5：文学卷一［M］. 杭州：浙江文艺出版社，1992.

冯乐堂. "儿童本位论"的历史考察与反思［J］. 四川大学学报（哲学社会科学版），1997（2）.

冯友兰. 中国现代哲学史［M］. 香港：中华书局（香港）有限公司，1992.

福禄培尔. 人的教育［M］. 孙祖复，译. 北京：人民教育出版社，1991.

高清海. 论人的"本性"——解脱"抽象人性论"走向"具体人性观"［J］. 社会科学阵线，2002.

宫川健郎. 日本现代儿童文学［M］. 黄家琦，译. 台北：三民书局，2001.

沟口雄三. 李卓吾·两种阳明学［M］. 孙军悦，李晓东，译. 北京：生活·读书·新知三联书店，2014.

沟口雄三. 中国前近代思想的曲折与展开［M］. 龚颖，译. 北京：生活·读书·新知三联书店，2011.

孤城. 背井离乡［G］. 诗刊. 2003（3）下半月刊.

古尔德. 自达尔文以来［M］. 田洺，译. 北京：生活·读书·新知三联书店，1997.

谷川俊太郎. 大人的时间［G］. 田原，译. 诗刊，2003（1）.

郭法奇. 欧美儿童研究运动［M］. 北京：北京师范大学出版社，2012.

郭晓东. "生之谓性"与"天命之谓性"——程明道"性"论研究［J］. 复旦学报，2004（1）.

哈尼. 植物与生命［M］. 龙静宜，等，译. 北京：科学出版社，1987.

海德格尔. 根据律［M］，张柯，译. 北京：商务印书馆，2016.

海德格尔. 荷尔德林诗的阐释［M］. 孙周兴，译. 北京：商务印书馆，2016.

海德格尔. 尼采［M］. 孙周兴，译. 北京：商务印书馆，2010.

海德格尔. 现象学之基本问题［M］. 丁耘，译. 北京：商务印书馆，2018.

海德格尔. 哲学论稿：从本有而来［M］. 孙周兴，译. 北京：商务印书馆，2016.

韩庆祥. 哲学的现代形态——人学［M］. 哈尔滨：黑龙江教育出版社，1996：28.

荷尔德林. 荷尔德林诗集［M］. 王佐良，译. 北京：人民文学出版社，2016.

荷尔德林. 荷尔德林诗新编［M］. 顾正祥，译. 北京：商务印书馆，2012.

荷尔德林. 荷尔德林文集［M］. 戴晖，译. 北京：商务印书馆，1999.

黑格尔. 精神现象学：上卷［M］. 贺麟，等，译. 北京：商务印书馆，1987.

华宇清，编. 泰戈尔散文诗全集［M］. 杭州：浙江文艺出版社，1990.

华兹华斯，柯尔律治. 华兹华斯、柯尔律治诗选［M］. 杨德豫，译. 北京：人民文学出版社，2001.

华兹华斯. 序曲或一位诗人心灵的成长［M］. 丁宏为，译. 北京：北京大学出版社，2017.

华兹华斯. 华兹华斯抒情诗选［M］. 杨德豫，译. 长沙：湖南文艺出版社，1996.

黄仁宇. 万历十五年［M］. 北京：中华书局，2006.

贾德. 苏菲的世界［M］. 萧宝森，译. 北京：作家出版社，1995.

贾平凹. 我的老师［N］. 文汇报. 1994-05-05（5）.

蒋雅俊. 儿童是目的：教育的伦理基础［J］. 南京师大学报（社会科学版），2015（4）.

卡西勒. 卢梭问题［M］. 王春华，译. 南京：译林出版社，2009.

康德. 任何一种能够作为科学出现的未来形而上学导论［M］. 庞景仁，译. 北京：商务印书馆，1978.

夸美纽斯. 大教学论［M］. 傅任敢，译. 北京：教育科学出版社，1999.

劳伦斯. 现代教育起源和发展［M］. 纪晓林，译. 北京：北京语言学院出版社，1992.

蓝蓝. 飘零的书页［M］. 郑州：河南人民出版社，1999.

蓝蓝. 人间情书［M］. 北京：东方出版社，1993.

雷永生. 讨论"人道主义"与"异化"为何成了"精神污染"？——"人道主义与异化"大讨论始末［J］. 社会科学论坛，2012（7）.

李汉荣. 父亲和他用过的农具［G］. 散文，2003（1）.

李曙光. 乔姆斯基"儿童即语言学家"命题的实质与作用［J］南京师大学报（社会科学版），2017（4）.

李泽厚. 美学三书［M］. 合肥：安徽文艺出版社，1999.

李执中. 普通心理学概要［M］. 台北：汇华图书出版有限公司，1999.

利基. 人类的起源［M］. 吴汝康，等，译，上海：上海科学技术出版社，1995.

刘晓东. "幼态持续"及其人文意蕴［J］. 南京师大学报（社会科学版），2014（6）.

刘晓东. 2013年度中国儿童文化理论研究述评［J］. 浙江师范大学学报（社会科学版），2014（5）.

刘晓东. 不朽的暗示来自童年［J］. 南京师范大学文学院学报. 2001（1）.

刘晓东. 儿童本位：从现代教育的原则到理想社会的生成［J］. 全球教育展望，2014（5）.

刘晓东. 儿童教育新论［M］. 南京：江苏教育出版，2008.

刘晓东. 儿童精神哲学［M］. 南京：南京师范大学出版社，1999.

刘晓东. 儿童文化与儿童教育［M］. 北京：教育科学出版社，2006.

刘晓东. 儿童学的回顾与前瞻［J］. 中国儿童文化（第八辑），杭州：浙江少年儿童出版社，2013.

刘晓东. 华兹华斯《颂诗：忆幼年而悟永生》的儿童哲学意蕴［J］. 教育学报，2015（4）.

刘晓东. 解放儿童［M］. 北京：新华出版社，2002.

刘晓东. 论"儿童是成人之父"［J］. 南京师大学报（社会科学版），1999（4）.

刘晓东. 论道德教育的文化使命［J］. 南京师大学报（社会科学版），2005（6）.

刘晓东. 论儿童本位［J］，教育研究与实验，2010（5）.

刘晓东. 论儿童教育学的古今中西问题［J］. 南京师大学报（社会科学版），2010（6）.

刘晓东. 论儿童文化——兼论儿童文化与成人文化的互哺互补关系［J］. 华东师范大学学报（教育科学版），2005（2）.

刘晓东. 蒙蔽与拯救：评儿童读经［M］. 南京：江苏教育出版社，2009.

刘晓东. 论童年在人生中的位置［J］. 南京师大学报（社会科学版），2013（6）.

刘晓东. 童年是人生的井——童年崇拜的隐喻表述［J］. 山东教育，2012（Z3）.

刘晓东. 童年资源：从贫乏的童年到丰饶的童年［J］. 人民教育，2014（4）.

刘晓东. 童年资源与儿童本位［J］. 教育研究与实验，2013（4）.

刘晓东. 为杜威"儿童中心论"辩护［J］. 学前教育研究，2002（2）.

刘晓东. 学前教育"小学化"的病根在哪［N］. 中国教育报，2012-10-14（2）.

刘晓东. 政治改造背景下陈鹤琴的生活与思想［J］. 南京师大学报（社会科学版），2012（6）.

刘绪源. 1960年，为何突然批判陈伯吹［N］. 南方周末，2012-05-1（E24）.

刘绪源. 对儿童文学，周作人怎么说（上）［N］. 文艺报，2011-12-23（7）.

刘绪源. 对儿童文学，周作人怎么说（下）［N］. 文艺报，2012-1-16（11）.

刘再复，李泽厚. 二十一世界的哲学展望——对谈录［G］. 读书，2010（1）.

刘再复，刘剑梅. 共悟人间——父女两地书［M］. 上海：上海文艺出版社，2001.

卢梭. 爱弥儿［M］. 李平沤，译. 北京：商务印书馆，1978.

卢梭. 论科学和艺术［M］. 何兆武，译. 北京：商务印书馆，1997.

卢梭. 书信全集［M］// 新编剑桥世界近代史：第八卷. 北京：中国社会科学出版社，1999.

鲁迅. 鲁迅全集：第八卷. 北京：人民文学出版社，2005.

鲁迅. 朝花夕拾［M］. 北京：人民文学出版社，1999.

鲁迅. 鲁迅全集：第四卷. 北京：人民文学出版社，2005.

鲁迅. 鲁迅全集：第一卷. 北京：人民文学出版社，2005.

罗曼·罗兰，编选. 卢梭的生平和著作［M］. 王子野，译. 北京：生活·读书·新知三联书店，1993.

马克思. 1844年经济学—哲学手稿［M］. 刘丕坤，译. 北京：人民出版社，1979.

马克思恩格斯全集：第47卷［M］. 中共中央马克思恩格斯列宁斯大林著作编译局，译. 北京：人民出版社，2004.

马克思恩格斯文集：第1卷［M］. 中共中央马克思恩格斯列宁斯大林著作编译局，译. 北京：人民出版社，2009.

马克思恩格斯选集：第2卷［M］.［M］. 中共中央马克思恩格斯列宁斯大林著作编译局，译. 北京：人民出版社，1995.

马克思恩格斯选集：第3卷［M］. 中共中央马克思恩格斯列宁斯大林著作编译局，译. 北京：人民出版社，1995.

马克思恩格斯选集：第4卷［M］. 中共中央马克思恩格斯列宁斯大林著作编译局，译. 北京：人民出版社，1995.

马斯洛. 自我实现的人［M］. 许金声，刘锋，译. 北京：生活·读书·新知三联书店，1987.

马修斯. 童年哲学［M］. 刘晓东，译. 北京：生活·读书·新知三联书店，2015.

马修斯. 哲学与幼童［M］. 陈国容，译. 北京：生活·读书·新知三联书店，1989.

玛格丽特·米德. 代沟［M］. 曾胡，译. 北京：光明日报出版社，1988.

毛泽东. 毛泽东选集：第1卷［M］. 北京：人民出版社，1991.

眉睫. 周作人最早提出"儿童本位论"吗［J］. 博览群书，2012（2）.

蒙台梭利. 蒙台梭利幼儿教育科学方法［M］. 任代文，主译校. 北京：人民教育出版社，1993.

蒙台梭利. 童年的秘密［M］. 马根荣，译. 北京：人民教育出版社，1990.

缪勒. 发育生物学［M］. 黄秀英，等，译. 北京：高等教育出版社，1998.

莫兰. 复杂性理论与教育问题[M]. 陈一壮, 译. 北京：北京大学出版社, 2004.

莫理斯. 人类动物园[M]. 刘文荣, 译. 上海：文汇出版社, 2002.

莫言. 我在美国出版的三本书——科罗拉多大学波尔德校区的演讲[G]//我的高密. 北京：中国青年出版社, 2011.

牟宗三. 从陆象山到刘蕺山[M]. 上海：上海古籍出版社, 2001.

尼采. 查拉图斯特拉如是说[M]. 黄明嘉, 译. 漓江：漓江出版社, 2000.

尼采. 希腊悲剧时代的哲学[M]. 周国平, 译. 南京：译林出版社, 2014.

皮亚杰. 儿童的心理发展[M]. 傅统先, 译. 济南：山东教育出版社, 1982.

皮亚杰. 发生认识论原理[M]. 王宪钿, 等, 译. 北京：商务印书馆, 1995.

皮亚杰. 皮亚杰发生认识论文选[G]. 左任侠, 等, 主编. 上海：华东师范大学出版社, 1991.

普济, 辑. 五灯会元[M]. 重庆：西南师范大学出版社, 1997.

钱穆. 中国文化对人类未来可有的贡献[J]. 中国文化, 1991（1）.

钱锺书. 谈艺录[M]. 北京：中华书局, 1984.

乔姆斯基、福柯. 乔姆斯基、福柯论辩录[M]. 刘玉红, 译. 桂林：漓江出版社, 2012.

乔姆斯基. 乔姆斯基语言哲学文选[M]. 徐烈炯, 尹大贻, 程雨民, 译. 北京：商务印书馆, 1992.

荣格. 回忆·梦·思考——荣格自传[M]. 刘国彬, 杨德友, 译. 沈阳：辽宁人民出版社, 1988.

叔本华. 作为意志和表象的世界[M]. 石冲白, 译. 北京：商务印书馆, 1982.

苏霍姆林斯基. 把整个心灵献给孩子[M]. 唐其慈, 等, 译. 天津：天津教育出版社, 1981.

苏文菁. 华兹华斯诗学[M]. 北京：社会科学文献出版社, 2000.

索利. 英国哲学史[M]. 段德智, 译, 济南：山东人民出版社, 2007.

特里林. 知性乃道德职责[M]. 严志军, 张沫, 译. 南京：译林出版社, 2011.

王浩. 新文化运动中"儿童的发现"[M]. 北京：中国社会科学出版社，2012.

王侃. 哗变的学术——论方卫平的儿童文学研究[J]. 文艺争鸣，2012（10）.

王蒙、袁鹰, 主编. 忆周扬[M]. 呼和浩特：内蒙古人民出版社，1998.

王敏. 日本儿童文学中的童心主义[J]. 外国文学研究，1986（3）.

王泉根. 现代中国儿童文学主潮[M]. 重庆：重庆出版社，2000.

王诜, 编. 世界著名作家访谈录[Z] 南京：江苏文艺出版社，1991.

维果茨基. 维果茨基教育论著选[G]. 余震球, 选译. 北京：人民教育出版社，1994.

吴其南. 20世纪中国儿童文学的文化阐释[M]. 北京：中国社会科学出版社，2012.

吴其南. 为一个学科寻找逻辑起点——评方卫平的儿童文学研究[J]. 文艺争鸣，2012（10）.

吴震. 泰州学派研究[M]. 北京：中国人民大学出版社，2009.

西默斯·希尼. 希尼诗文选[G]. 吴德安, 等, 译. 北京：作家出版社，2001.

许苏民. 李贽的真与奇[M]. 南京：南京出版社，1998.

许苏民. 李贽评传[M]. 南京：南京大学出版社，2006.

雅卡尔. 睡莲的方程式——科学的乐趣[M]. 姜海佳, 译. 桂林：广西师范大学出版社，2001.

杨日飞. 论"儿童本位"的意蕴及其教育规定性[J]. 全球教育展望，2012（2）.

杨适. 马克思《经济学—哲学手稿》[M]. 北京：人民出版社，1982.

杨适. 哲学的童年. 北京：中国社会科学出版社，1987.

叶谓渠, 唐月梅. 日本文学史：古代卷[M]. 北京：昆仑出版社，2004.

于华. 为女性而诞生的杂志：《青鞜》[G]. 南开日本研究，2010.

袁伟时. 帝国落日：晚清大变局[M]. 南昌：江西人民出版社，2003.

张建业, 汇编. 李子研究资料汇编[M]. 北京：社会科学文献出版社，2013.

张振华. 荷尔德林的颂歌《日耳曼尼亚》与《莱茵河》[M]. 北京：商务印书馆，2018.

赵德宇, 等. 日本近现代文化史[M]. 北京：世界知识出版社，2010.

钟启泉. 维果茨基学派儿童学研究述评[J]. 全球教育展望，2013（1）.

周国平. 爱的五重奏：周国平说女人、性、爱情、婚姻、孩子［M］. 桂林：广西师范大学出版社，2011.

周国平. 妞妞：一个父亲的札记［M］. 上海：上海人民出版社，1996.

周作人，著. 刘绪源，辑笺. 周作人论儿童文学［M］. 北京：海豚出版社，2012.

周作人. 儿童文学小论［M］. 石家庄：河北教育出版社，2002.

周作人. 知堂回想录［M］. 香港：三育图书有限公司，1980.

钟叔河，编. 周作人文类编·上下身［M］. 长沙：湖南文艺出版社，1998.

朱屺瞻. 癖斯居画谭［M］. 上海：上海人民美术出版社，1981.

朱智贤. 儿童发展心理学问题［M］. 北京：北京师范大学出版社，1982.

朱自强. 朱自强学术文集 4：日本儿童文学论［M］. 南昌：二十一世纪出版集团，2016.

筑波大学教育学研究会编. 现代教育学基础［M］. 钟启泉，译. 上海：上海教育出版社，1986.

左力. 我为什么重走长征路［N］. 新商报. 2016-09-08（A26）.

说　明

本书对所收已刊文章均做了修订，有的做了大量增补。这里对这些文章的刊发情况做如下说明。

序曲：
《童年的月夜》，刊于《幼教园地》2011年第7—8期合刊。

第一章：
《从贫乏的童年到丰饶的童年》，以《童年资源：从贫乏的童年到丰饶的童年》为题刊于《人民教育》2014年第4期。《人民教育》编者的按语是："老子主张'复归于婴儿'，孟子主张'不失赤子之心'，宋明心学讴歌'良知良能'、'童心'或'赤子之心'，可见中国具有悠久的童心哲学的文化传统。可以说，'儿童本位'思想在中国具有深厚的文化根基。本期发表的《童年资源：从贫乏的童年到丰饶的童年》一文，将中西古今的儿童观做了一定程度的会通，是对丰饶童年的一次重新发现。相信该文对读者建设现代儿童观、现代教育观以及思考基础教育改革的道路，会有所启发。"

《童年是人生的井》,以《童年是人生的井——童年崇拜的隐喻表述》为题刊于《幼教园地》2012年第3期。

《月亮在童年之井荡漾》,是一篇读书笔记,未刊,作为附录放于《童年是人生的井》文后,仅供读者参考。

《婴儿的话语》,以《婴儿的话语即诗的源泉》为题刊于《教育研究与评论》(综合版)2019年第4期。

《童年何以如此丰饶》,以《童年何以如此丰饶:思想史视角》为题刊于《南京师大学报》(社会科学版)2017年第5期。

《向童年致敬》,刊于《中国教育学刊》2018年第5期。

第二章:

《童年在人生中的位置》,以《论童年在人生中的位置》为题刊于《南京师大学报》(社会科学版)2013年第6期。

《幼态持续学说及其人文意蕴》,以《"幼态持续"及其人文意蕴》为题刊于《南京师大学报》(社会科学版)2014年第6期。

《童年资源与儿童本位》,刊于《教育研究与实验》2013年第4期。

《发现儿童与儿童本位》,以《论儿童本位》为题刊于《教育研究与实验》2010年第5期。

《儿童本位:从教育原则、文化原则到理想社会》,以《儿童本位:从现代教育的原则到理想社会的生成》为题刊于《全球教育展望》2014年第5期。2012年11月15日下午,作者应浙江师范大学儿童文化研究院院长方卫平教授邀请,在该院红楼会议室发表题为《儿童本位:从教育原则、文化原则到理想社会》的演讲,本文在此演讲基础上修订而成。本文试图将儿童本位的立场和观念从教育领域向社会、文化、政治等领域延伸。这种立场和观念的进一步发展，就是本书第三章所谓儿童主义。

第三章：

《童心哲学论要》，以《童心的哲学》为题刊于《中国德育》2017 年第 11 期。

《童心哲学史论》，以《童心哲学史论——古代中国人对儿童的发现》为题刊于《南京师大学报》（社会科学版）2015 年第 6 期。

《李贽童心哲学》，以《李贽童心哲学论略》为题刊于《西北师大学报》（社会科学版）2016 年第 4 期。

《日本童心主义》，以《日本大正时代童心主义史论》为题刊于《南京师大学报》（社会科学版）2018 年第 3 期。

《儿童主义论》，以《童年哲学论纲》为题刊于《江苏教育》2019 年第 18 期。该文是应邀出席"新时代·新学校·新儿童——2018 新儿童教育年会"（扬州，2018 年 7 月）暨成尚荣研究员新著《儿童立场》首发式的演讲。面对众多幼儿园和中小学的教师，临时起意脱离讲稿做了天马行空的演说。江苏教育报刊社领导提供了此次谈话的语音转录稿，刊出前我对内容作了全面修订。

尾声：

《开辟通往"伟大儿童"的道路》，以《修造通往"伟大儿童"的道路》为题刊于《全球教育展望》2019 年第 12 期。部分内容曾以《儿童的地位与未来的哲学》为题，由笔者于 2018 年 10 月 12 日下午在日本御茶水女子大学的演讲会上做过报告。）

本书所收各篇文章均可独立成篇，个别文章所使用的史料相互间有少量重复。这些重复的内容往往是论说时不可或缺的逻辑环节，一旦删除，论说即难连贯，文章便不完整；这些重复，也表明相关内容是必不可少的，亦可视为对相关内容的一再强调。谨此亦作说明。

致　谢

"天何言哉？""予欲无言。"这本小书翻来覆去说得够多了，但还是要说几句热切感谢的话。

感谢我博士生阶段的导师鲁洁教授、硕士生阶段的导师卢乐珍教授；感谢那些接纳、栽培、熏陶、引领、保护和期许，让我有机会进入学术世界，有动力不断深入学术研究。

感谢我童年的村庄，感谢故乡的亲人。童年的村庄在空间上与外面的世界相比是窄小的，然而，当我还是小孩子时，那里就是宏伟的童话世界、神话世界，一个无比强大的巨人国。感谢那里的春夏秋冬、雨雪风霜，感谢那里或干巴或泥泞的小路，感谢那里的××河、××河，感谢那里一年又一年的麦田、稻田、黄豆田、高粱田、玉米棒子田，感谢各类庄稼从萌芽到成熟的全程陪伴，感谢童年的小伙伴们以及蜻蜓、蝴蝶、蝌蚪、莲荷、芦苇、葛芭草、紫云英……它（他）们融入我的成长，是我童年的一部分，是我生命最深处的一部分。

——我相信，孩提是故乡的中心，是故乡的故乡。

——辩证地看，童心即桃花源，童年即理想国。

感谢生活·读书·新知三联书店，感谢责任编辑胡群英女士对拙稿的专业编校。胡群英女士是著名的加雷斯·马修斯"儿童哲学三部曲"（《哲学与幼童》《与儿童对话》《童年哲学》）中文版的积极促动者，近年来儿童哲学在汉语圈迅速热起，其中有她一份功劳。

感谢伟大的思想家们。今生有幸能在书籍里与他们相聚。没有伟大思想家们的引领，就不可能发现思想史里敞开的通往未来的道路。这里只说说海德格尔。

打开海德格尔《哲学论稿》，翻到扉页，从海德格尔写下的文字可看出，海德格尔童年跟父亲学做木工的经历——做木工时的工具、做木工的基本准则乃至工作场景——依然在影响他的哲学构思与表述。

扉页只有三行文字：

> 这里记录了在长期的踌躇中
> 抑制着的东西，有所暗示地
> 乃作为一种赋形活计的准绳。

这三行文字表露出海德格尔写作《哲学论稿》的工作状态、精神状态。

长期的踌躇，不断地追问、思考、自我批判，往还反复，隐忍未发……这是海德格尔的自白。

在通往思想的路上，又岂止海德格尔一人有如此感怀！前前后后，隐隐约约，或踽踽独行，或三五成群……于是随性而发，顺手写下这些不约而至的文字：

读海德格尔《哲学论稿》扉页有感

多少的日子
踟蹰前行

多少的日子
迷失于林木深处
（听远处传来"布谷""布谷"……）

多少的日子
漂摇于汪洋浪尖
（天际回荡德沃夏克的《自新大陆》旋律）

多少孤寂的日子
多少次蒙受
心潮澎湃的洗礼
多少孤寂的日子
多少次感受
心花怒放的蓦然而至

多少次严寒里
极目遥望
远方是一片片
青黛色的春意

多少的日子
勘探

建基

铺路

设标

这一切

都是

"为了梦中的橄榄树"

（就是那已老的校园歌谣，其中的一句！）

为了通往春天里……

（"暮春者，春服既成，冠者五六人，童子六七人，浴乎沂，风乎舞雩，咏而归。"——《论语·先进》）

"长期""踌躇""抑制"……是为了探路，是为了聆听天道之音，是为了领受天命、使命，是为了对标、设标，是"为了梦中的橄榄树"。

后　记

"发现儿童"（或"对儿童的发现"）是教育学史中的重大历史事件。有了"发现儿童"，现代教育学才得以诞生；有了"发现儿童"的不断推进，现代教育学才得以不断进步。因而，儿童、儿童观、"发现儿童"是现代教育学的关键概念。

"发现儿童"可从狭义和广义上来界定。狭义的"发现儿童"，是指卢梭《爱弥儿》实现了对儿童的发现。广义的"发现儿童"，是从夸美纽斯、卢梭开始的人类历史上对儿童不断深入的认识和发现。不过，广义的这种发现及其历程往往是模糊的、隐蔽的，无论中国还是西方皆是如此。

发现"童年如此丰饶"并做相关思考，这发生在我在南京工作期间。2017年到上海后，我逐步觉悟到儿童的"伟大"，尤其是接触海德格尔《根据律》系列讲座后，我的这一认识得到确立。

一旦确立"伟大儿童"概念或"儿童是伟大的"这一命题，回望历史，你会发现这条路上已经有了一串串脚印，尽管这些脚印往往是模糊的、隐蔽的。"发现伟大儿童"固然不可能完全替代"发现儿童"，但可以提升"发现儿童"并使之进入新的境界、新的高度。

鲁迅曾经说过,一部《红楼梦》,"经学家看见《易》,道学家看见淫,才子看见缠绵,革命家看见排满,流言家看见宫闱秘事"①。同样道理,我从童年哲学的角度观察中西方哲学的主流,所见则是童年哲学。无论它们怎样千变万化,如同月映万川,它们的魂魄依然是童年哲学,是儿童主义。

海德格尔是在《根据律》系列讲座的结尾处"突兀地"发现伟大儿童的。如果海德格尔得以复生,从"发现伟大儿童"开启他的存在哲学研究,他可能会做出怎样的新发现呢?童年哲学是不是海德格尔所谓从"另一开端"出发的"未来哲学"呢?

对哲学家们来说,我相信,谁走进儿童的世界,谁就可能别开生面而成就别有洞天的伟大哲学。

童年哲学可以将中西方哲学史作为思想资源,将自身培植得高大丰满雄壮起来,从而有力量改造以往的哲学,并开辟新的哲学道路。

---

① 鲁迅.《绛洞花主》小引[M]//鲁迅.鲁迅全集:第八卷.北京:人民文学出版社,2005:179.